21世纪高等学校物流管理与物流工程规划教材

运输与包装
（第3版）

主　编　郑全成
副主编　杨延梅
主　审　陈宜吉

清华大学出版社
北京交通大学出版社
·北京·

内容简介

本书系统论述了运输与包装的基本知识和基本理论；全面介绍了各种运输方式的主要环节和运输组织，并从经济的角度分析了运输结构、市场和供需关系；介绍了物流过程的运输和集装化运输；阐述了在市场经济中运输包装的作用和所发挥的社会效益和经济效益；具体分析了运输包装件的环境条件和各种运输包装的防护原理及防护技术；全面介绍了运输包装的质量检验、测试原理和技术方法。

本书可作为高等院校运输管理专业、包装工程专业、物流管理专业相关课程的教材使用，也可作为运输、包装行业从业人员学习相关知识的专业用书。

本书封面贴有清华大学出版社防伪标签，无标签者不得销售。
版权所有，侵权必究。侵权举报电话：010-62782989　13501256678　13801310933

图书在版编目（CIP）数据

运输与包装：第3版/郑全成主编. —北京：北京交通大学出版社：清华大学出版社，2020.11
（21世纪高等学校物流管理与物流工程规划教材）
ISBN 978-7-5121-4291-6

Ⅰ.①运…　Ⅱ.①郑…　Ⅲ.①物流-货物运输-高等学校-教材　②物流-货物运输-运输包装-高等学校-教材　Ⅳ.①F252　②TB485.3

中国版本图书馆CIP数据核字（2020）第140317号

运输与包装
YUNSHU YU BAOZHUANG

责任编辑：郭东青
出版发行：清 华 大 学 出 版 社　　邮编：100084　　电话：010-62776969
　　　　　北京交通大学出版社　　邮编：100044　　电话：010-51686414
印 刷 者：北京鑫海金澳胶印有限公司
经　　销：全国新华书店
开　　本：185 mm×260 mm　　印张：13.75　　字数：360千字
版　　次：2005年1月第1版　　2009年12月第2版　　2020年11月第3版　　2020年11月第1次印刷
印　　数：1~3 000册　　定价：46.00元

本书如有质量问题，请向北京交通大学出版社质监组反映。对您的意见和批评，我们表示欢迎和感谢。
投诉电话：010-51686043，51686008；传真：010-62225406；E-mail：press@bjtu.edu.cn。

第 3 版前言

本书是在 2005 年第 1 版，2009 年第 2 版的基础上，根据运输与包装行业中的新变化、新动向，结合加强学生素质教育、能力培养和拓宽专业面的要求修订而成的。

交通运输与包装产业作为国民经济重要的基础产业和支撑力量，十余年来得到了极大发展和进步，笔者结合本领域的新发展和新变化，对原版内容做出相关的修订，以利于师生在规定的课时内教好学好。这次修订，突出了"运输"与"包装"两个重点，主要内容如下。

交通运输是人类社会活动和经济活动中不可缺少的方面，是国民经济中的重要组成部分。随着社会经济的发展和人们对交通运输需求的增长，形成了现代交通业。现代交通业主要包括铁路、公路、水路、航空和管道 5 种基本的运输方式。这 5 种运输方式具有不同的技术经济特征和不同的适用范围。

一切物流过程均离不开运输，它是物流活动的重要组成部分。充分发挥我国铁路、公路、水路、航空和管道各种运输方式的特性和综合运输的优势，推行合理运输，才能实现社会物流过程的合理化。包装是用来盛装、储运、交换物资和商品的有效工具。包装随着人类社会的进步、生产的发展和科学技术水平的提高而经历了古代的原始包装、近代的传统包装和现代包装 3 个历史发展阶段。

现代包装是实现现代商品价值和使用价值的重要手段，是商品生产的重要组成部分和商品生产的最后一道工序。现代商品如果没有现代包装的技术防护，就不能形成最终产品。包装质量的优劣，能充分体现一个国家的经济、技术、科学和文化的发展程度，在国内外市场上不仅关系着企业和国家的信誉，而且还会直接影响商品的技术经济效益。

现代包装按照在流通领域所起的作用分为销售包装、运输包装和集合包装等。从某种程度上讲，运输包装是销售包装的组合，而集合包装又是运输包装的再组合。运输包装和集合包装在物流领域的重要作用在于保护商品质量，简化作业过程，有利于实现机械化和提高储运作业效率。

本书由郑全成任主编，杨延梅任副主编，陈宜吉任主审。具体编写分工为：朱大鹏编写第 1 章、第 2 章；杨延梅编写第 3 章、第 4 章；郑全成编写第 5 章、第 6 章、第 7 章；张志昆编写第 8 章、第 9 章。

本书涉及的内容非常广泛，随着经济的发展和技术的提高，这些相关的内容在不断地进行着变化，由于编者水平有限，错误和疏漏在所难免，请读者和专家不吝赐教。

编 者
2020 年 8 月

第 2 版前言

本书是在 2005 年该书第 1 版的基础上,根据运输与包装行业中的新变化、新动向,结合加强学生素质教育、能力培养和拓宽专业面要求的需要修订而成的。

这次修订,进一步突出了本书的"运输"和"包装"的两个重点,以利于大多数师生在规定的课时内教好学好,并结合本领域的新发展和新变化,做了相关的一些改进。本书的主要内容如下。

交通运输是人类社会活动和经济活动中不可缺少的方面,是国民经济中的重要组成部分。随着社会经济的发展和人们对交通运输需求的增长,形成了现代交通业。现代交通业主要包括铁路、公路、水路、航空和管道 5 种基本的运输方式。这 5 种方式具有不同的技术经济特征和不同的适用范围。

一切物流过程均离不开运输,它是物流活动的重要组成部分。充分发挥我国铁路、公路、水路、航空和管道各种运输方式的特性和综合运输的优势,推行合理运输,才能实现社会物流过程的合理化。包装是用来盛装、储运、交换物资和商品的有效工具。包装随着人类社会的进步、生产的发展和科学技术水平的提高而经历了古代的原始包装、近代的传统包装和现代包装 3 个历史发展阶段。

现代包装是实现现代商品价值和使用价值的重要手段,是商品生产的重要组成部分和商品生产的最后一道工序。现代商品如无现代包装的技术防护,就不能形成最终产品。包装质量的优劣,能充分体现一个国家经济、技术、科学和文化的发展程度,在国内外市场上不仅关系着企业和国家的信誉,而且还会直接影响商品的技术经济效益。

现代包装按照在流通领域中所起的作用可分为销售包装、运输包装和集合包装等。从某种程度上讲,运输包装是销售包装的组合,而集合包装又是运输包装的再组合。运输包装和集合包装在物流领域中的重要作用在于保护商品质量,简化作业过程,有利于实现机械化和提高储运作业效率。

本书由郑全成主编,杨延梅任副主编,陈宜吉主审。具体编写分工为:朱大鹏编写第 1 章、第 2 章;杨延梅编写第 3 章、第 4 章;郑全成编写第 5 章、第 6 章、第 7 章;张志昆编写第 8 章、第 9 章。

本书涉及的内容非常广泛,随着经济的发展和技术的提高,这些相关的内容在不断地进行着变化,由于编者水平有限,错误和疏漏在所难免,请读者和专家不吝赐教。

本书配有电子教案和习题答案,可发邮件至责编邮箱 764070006@qq.com 索取。

编 者
2009 年 9 月 12 日

前　言

运输与包装是在流通领域研究物流的运输和包装的科学。

交通运输是人类社会活动和经济活动不可缺少的方面，是国民经济重要的组成部分。随着社会经济的发展和人们对交通运输需求的迅速增长，形成了现代交通运输业。现代交通运输业主要包括铁路、公路、水路运输、航空和管道5种基本的运输方式。这5种方式具有不同的技术经济特征和不同的适用范围。

一切物流过程均离不开运输，它是物流活动的重要组成部分。充分发挥我国铁路、公路、水路运输、航空和管道各种运输方式的特性和综合运输的优势，推行合理运输，才能实现社会物流过程的合理化。包装是用来盛装、储运、交换物资和商品的有效工具。包装随着人类社会的进步、生产的发展和科学技术水平的提高而经历了古代的原始包装、近代的传统包装和现代包装3个历史发展阶段。

现代包装是实现现代商品价值和使用价值的重要手段，是商品生产的重要组成部分和商品生产的最后一道工序。现代商品如无现代包装的技术防护，就不能形成最终产品。包装质量的优劣，能充分体现一个国家的经济、技术、科学和文化的发展程度，在国内外市场上不仅关系着企业和国家的信誉，而且还会直接影响商品的技术经济效益。

现代包装按照在流通领域中所起的作用有销售包装、运输包装和集合包装之分。从某种程度上讲，运输包装是销售包装的组合，而集合包装又是运输包装的再组合。运输包装和集合包装在物流领域中的重要作用在于保护商品质量，简化作业过程，有利于实现机械化和提高储运作业效率。

本书的内容比较广泛，涉及许多新理论、新技术和新工艺，由于我们水平有限，殷切希望读者对书中的不足之处批评指正。

本书由郑全成主编，杨延梅为副主编，陈宜吉主审。具体编写分工为：朱大鹏编写第1章、第2章；杨延梅编写第3章、第4章；郑全成编写第5章、第6章、第7章；张志昆编写第8章、第9章。

在本书编写过程中得到了交通运输、包装、质量检验等部门许多同志的帮助，特此表示感谢。

编　者
2005年1月

目　录

第1章　交通运输方式概述 …………… 1
　1.1　铁路运输 ………………………… 1
　　1.1.1　铁路线路 ………………… 1
　　1.1.2　机车与车辆 ……………… 4
　　1.1.3　铁路区间与车站 ………… 7
　　1.1.4　铁路运输组织 …………… 7
　　1.1.5　高速铁路与重载运输 …… 10
　　1.1.6　旅客运输专线 …………… 11
　1.2　公路运输 ………………………… 12
　　1.2.1　公路线路 ………………… 12
　　1.2.2　车辆及设备 ……………… 13
　　1.2.3　高速公路 ………………… 13
　　1.2.4　公路运输组织 …………… 14
　1.3　水路运输 ………………………… 15
　　1.3.1　运输船舶种类与构造 …… 15
　　1.3.2　港口及其主要设施 ……… 17
　　1.3.3　航道与航标 ……………… 18
　　1.3.4　航路运输环节及组织 …… 19
　1.4　航空运输 ………………………… 20
　　1.4.1　飞机基本构造与技术参数 … 20
　　1.4.2　机场设备 ………………… 21
　　1.4.3　航空运输管理 …………… 22
　1.5　管道运输 ………………………… 25
　　1.5.1　输油管道 ………………… 26
　　1.5.2　输气管道 ………………… 27
　　1.5.3　固体物料的浆液管道 …… 28
　　1.5.4　管道运输管理与组织 …… 29
　本章小结 ……………………………… 30
　复习思考题 …………………………… 30

第2章　运输经济 …………………… 32
　2.1　运输结构分析 …………………… 32
　　2.1.1　运输结构的含义 ………… 32
　　2.1.2　运量结构的演变及其影响
　　　　　因素 ………………………… 32
　　2.1.3　运输网络结构演变及其影响
　　　　　因素 ………………………… 34
　2.2　运输需求与供给 ………………… 35
　　2.2.1　运输需求的产生与影响
　　　　　因素 ………………………… 35
　　2.2.2　运输供给 ………………… 36
　　2.2.3　各种运输方式的技术经济
　　　　　特征和运输成本 …………… 37
　2.3　运输市场 ………………………… 39
　　2.3.1　运输市场的分类和结构 … 39
　　2.3.2　运输市场的运行环境及
　　　　　规则 ………………………… 40
　　2.3.3　运输市场的运行 ………… 41
　2.4　运输价格 ………………………… 41
　　2.4.1　概述 ……………………… 41
　　2.4.2　运输价格的结构及形式 … 42
　　2.4.3　运价形成机制及其改革 … 43
　本章小结 ……………………………… 44
　复习思考题 …………………………… 44

第3章　物流运输 …………………… 46
　3.1　物流运输基础知识 ……………… 46
　　3.1.1　物流运输结点 …………… 46
　　3.1.2　物流运输线路 …………… 50
　　3.1.3　物流运输合理化 ………… 52
　3.2　配送运输 ………………………… 54
　　3.2.1　配送运输的特点 ………… 55
　　3.2.2　配送运输的基本作业流程 … 55
　　3.2.3　配送线路类型 …………… 56
　　3.2.4　车辆集装技术 …………… 58
　　3.2.5　配送运输技术 …………… 59

3.3 物流运输组织 …………… 60
  3.3.1 整车货物运输 …………… 60
  3.3.2 零担货物运输 …………… 63
本章小结 …………………………… 68
复习思考题 ………………………… 68

第4章 集装运输 …………………… 69
4.1 集装箱运输 ………………… 69
  4.1.1 集装箱的定义 …………… 69
  4.1.2 集装箱的类型 …………… 70
  4.1.3 集装箱的换算单位和箱体标记 …………………… 71
  4.1.4 集装箱标准化 …………… 73
  4.1.5 集装箱货物的交接方式 … 75
  4.1.6 集装箱运输的优越性 …… 76
4.2 集装化运输 ………………… 77
  4.2.1 集装化运输的基本概念 … 77
  4.2.2 集装化货流构成分类 …… 78
  4.2.3 集装器具功能与类型 …… 80
  4.2.4 集装化运输的优越性 …… 84
4.3 集装器具标准化 …………… 85
  4.3.1 集装器具标准化的意义和原则 ………………………… 85
  4.3.2 托盘标准化 ……………… 86
4.4 集装化运输经济效益 ……… 88
  4.4.1 集装化运输经济效益分析 … 88
  4.4.2 集装化运输经济效益计算 … 89
本章小结 …………………………… 92
复习思考题 ………………………… 92

第5章 包装概论 …………………… 94
5.1 包装的基本概念 …………… 94
  5.1.1 包装的定义 ……………… 94
  5.1.2 包装的作用 ……………… 95
5.2 包装的分类 ………………… 96
  5.2.1 按包装材料分类 ………… 97
  5.2.2 按包装形态层次分类 …… 98
  5.2.3 按经营贸易惯例分类 …… 98
  5.2.4 按包装使用范围分类 …… 99
  5.2.5 其他分类 ………………… 99

5.3 包装标准 …………………… 100
  5.3.1 标准及其分类 …………… 100
  5.3.2 包装标准的范围及体系 … 102
5.4 包装标准化 ………………… 105
  5.4.1 包装标准化的概念 ……… 105
  5.4.2 包装标准和包装标准化的关系 ………………………… 105
  5.4.3 包装模数与物流模数的协调 ………………………… 106
  5.4.4 包装标准化的社会效益和经济效益 …………………… 108
本章小结 …………………………… 110
复习思考题 ………………………… 110

第6章 包装件的流通环境 ………… 111
6.1 概述 ………………………… 111
6.2 流通环境的冲击特性 ……… 112
  6.2.1 装卸时的冲击 …………… 113
  6.2.2 运输过程中的冲击 ……… 113
6.3 流通环境的振动特性 ……… 115
  6.3.1 汽车运输振动 …………… 115
  6.3.2 火车运输振动 …………… 116
  6.3.3 空运与海运振动 ………… 117
6.4 流通环境的气象条件 ……… 119
  6.4.1 温度及其对产品的影响 … 119
  6.4.2 潮湿环境及其对产品的影响 ………………………… 120
  6.4.3 霉菌及其对产品的影响 … 121
  6.4.4 盐雾及其对产品的影响 … 122
  6.4.5 太阳辐射及其对产品的影响 ………………………… 124
  6.4.6 低气压及其对产品的影响 … 125
本章小结 …………………………… 127
复习思考题 ………………………… 127

第7章 包装材料与容器 …………… 129
7.1 概述 ………………………… 129
  7.1.1 包装材料的性能 ………… 129
  7.1.2 包装材料的选用 ………… 130
7.2 包装材料及应用 …………… 131

7.2.1　纸质包装材料 …………… 131
7.2.2　塑料包装材料 …………… 136
7.2.3　其他包装材料 …………… 139
7.3　包装容器及应用 ………………… 144
7.3.1　瓦楞纸箱 …………………… 144
7.3.2　塑料包装容器 ……………… 147
7.3.3　通用木箱 …………………… 150
7.3.4　金属包装容器 ……………… 150
7.4　包装资源的合理利用与环境
　　　保护 ……………………………… 154
7.4.1　包装资源的合理利用 ……… 154
7.4.2　环境保护 …………………… 155
本章小结 ……………………………… 157
复习思考题 …………………………… 157

第8章　包装技术 …………………… 159
8.1　包装容器结构设计概述 ………… 159
8.1.1　概述 ………………………… 159
8.1.2　包装容器结构设计原则 …… 160
8.1.3　包装容器结构设计基本
　　　　因素 ………………………… 161
8.2　运输包装 ………………………… 162
8.2.1　运输包装技法的选用 ……… 162
8.2.2　一般包装技法 ……………… 162
8.3　缓冲包装 ………………………… 164
8.3.1　基本原理 …………………… 164
8.3.2　缓冲包装技术 ……………… 168
8.4　防潮包装 ………………………… 170
8.4.1　基本原理 …………………… 170
8.4.2　防潮包装方法 ……………… 173
8.5　防锈包装 ………………………… 175
8.5.1　基本原理 …………………… 176
8.5.2　防锈包装方法 ……………… 177
8.6　防霉包装 ………………………… 181

8.6.1　基本原理 …………………… 181
8.6.2　防霉包装方法 ……………… 183
本章小结 ……………………………… 185
复习思考题 …………………………… 185

第9章　运输包装件的基本试验 …… 187
9.1　运输包装件试验准备 …………… 187
9.1.1　流通过程对运输包装件危害
　　　　的因素分析 ………………… 187
9.1.2　包装件的部位标示 ………… 188
9.1.3　温湿度的调节处理试验 …… 189
9.2　运输包装件耐压力试验 ………… 190
9.2.1　堆码试验 …………………… 190
9.2.2　压力试验 …………………… 192
9.3　运输包装件抗冲击试验 ………… 192
9.3.1　跌落试验 …………………… 192
9.3.2　水平冲击试验 ……………… 194
9.3.3　倾翻试验 …………………… 195
9.3.4　滚动试验 …………………… 197
9.4　运输包装件抗振动试验 ………… 198
9.4.1　正弦定频振动试验 ………… 199
9.4.2　正弦变频振动试验 ………… 199
9.4.3　振动试验设备 ……………… 200
9.5　运输包装件耐水、耐低气压
　　　试验 ……………………………… 200
9.5.1　喷淋试验 …………………… 200
9.5.2　浸水试验 …………………… 201
9.5.3　低气压试验 ………………… 201
9.6　大型运输包装件试验 …………… 202
9.6.1　试验原理 …………………… 202
9.6.2　试验设备 …………………… 202
9.6.3　试验方法 …………………… 203
本章小结 ……………………………… 206
复习思考题 …………………………… 206

第1章

交通运输方式概述

　　交通运输是人类社会生产活动和生活活动不可缺少的方面，随着社会经济的发展，人们对交通运输的需求迅速增长，从而形成了现代交通运输业。交通运输业是国民经济的重要组成部分，它在整个社会机制中起着纽带作用，是国民经济结构中的先行和基础产业，它既是衔接生产和消费的一个重要环节，又是保证人们在政治、经济、文化、军事等方面联系交往的沟通手段。

　　现代交通运输业主要包括铁路、公路、水路、航空和管道五种基本的运输方式，由于这五种运输方式在运载工具、线路设备和运营方式等方面各不相同，并且各有不同的技术经济特征，因而也各有其适用的范围。但这五种运输方式之间的关系必然是相互补充、相互协作的。因此，只有各种运输方式协调发展，充分发挥各自的优势，扬长避短，才能最大限度地节省交通建设投资和运输费用，为各种运输方式的加速发展、不断更新技术和提高服务质量提供条件。

1.1　铁路运输

1.1.1　铁路线路

　　铁路运输是指一种陆上运输方式，以两条平行的铁轨引导。铁路运输是已知陆上交通运输中最有效的一种。铁路既是社会经济发展的重要载体，同时又为社会经济发展创造了前提条件。铁路线路承受机车和车辆的重量，并且引导它们的走行方向，是列车运行的基础。它由路基、桥隧建筑物（包括桥梁、涵洞、隧道等）和轨道（包括钢轨、轨枕、联结零件、道床、防爬设备和道岔等）组成。铺筑铁路，首先依据列车运行要求，结合地形和地质条件，进行线路平面、纵断面和横断面的布局和几何设计，并提供坚固而稳定的路基、桥涵和轨道等结构物。

　　目前，我国铁路运输网已经相当完善，截至 2018 年年底，全国铁路营业里程超过 13.1 万 km，其中高速铁路营业里程已达 2.9 万 km 以上，居世界第一位。与其他各种现代化运输方式相比较，铁路运输具有运能大、速度快的特点。每一列车运载旅客和货物的能力远比汽车和飞机大得多,我国常规铁路的旅客列车运行速度一般为 80 km/h 左右,快速旅客列车目前可达 120~160 km/h。此外,铁路运输成本低、受气候条件限制较小,一般可全天候运营并做到安全正点。

1.1.1.1 铁路等级和主要技术标准

铁路等级是铁路线路最重要的技术标准之一,它是确定各级铁路的运输能力、制定相应的技术标准和装备类型的依据。铁路等级高,要求设计标准高、输送能力大、运营质量好、安全舒适性强。划分铁路等级,在于体现国家对各级铁路的运营质量和运行安全等不同要求,有区别地规划不同铁路的运输能力,经济合理地制定相应的技术标准和设备类型,使国家资金得到合理的利用。

2000 年以前,我国铁路除广深准高速铁路外,其余的铁路大多为客货列车共线运行铁路,我国《铁路线路设计规范》中规定,新建铁路和改建铁路(或区段)的等级,应根据它们在铁路网中的作用、性质和远期的客货运量确定。中国铁路建设标准共划分为三个等级,即Ⅰ级、Ⅱ级、Ⅲ级。具体划分条件见表 1-1。

铁路主要技术标准包括:正线数目、限制坡度、最小曲线半径、牵引种类、机车类型、机车交路、车站分布、到发线有效长度和闭塞类型等

表 1-1 铁路等级和主要技术标准

等级	路网中作用	远期年客货运量 Q/Mt	最高设计行车速度/(km/h)	最小曲线半径/m		限制坡度/‰		
				一般地段	困难地段	牵引种类	电力	内燃
Ⅰ	骨干	$Q \geqslant 20$	160	2 000	1 600	一般地段	6.0	6.0
			120	1 200	800			
			80	500	450	困难地段	15.0	12.0
Ⅱ	骨干联络、辅助	$10 \leqslant Q < 20$	120	1 000	800	一般地段	6.0	6.0
			80	450	400	困难地段	20.0	15.0
Ⅲ	地区性	$Q < 10$	100	600	550	一般地段	9.0	8.0
			80	400	—	困难地段	25.0	18.0

注:1. 远期——指交付运营后第 10 年;
  2. 年客货运量为重车方向的货运量与客车对数折算的货运量之和。每天 1 对客车按 1.0 Mt 货运量折算。

随着我国旅客运输专线和高速铁路的规划与建设,我国铁路的运输性质也从单一的客货列车共线模式发展为客货列车共线运行和旅客运输专线多种模式。目前,我国铁路根据运输性质的不同,将铁路分为旅客运输专线铁路、客货共线铁路和货运专线铁路三类,根据其在铁路网中的作用、性质、旅客列车设计行车速度和近期客货运量划分为七级,并为每一级铁路规定了旅客列车最高设计行车速度和货物列车最高设计行车速度。

1.1.1.2 线路平面和纵断面

铁路线路在空间的位置用线路中心线表示,线路中心线是指距外轨二分之一轨距的铅垂线与路肩水平线的交点的纵向连线。

线路中心线在水平面上的投影,叫作线路平面,它表明线路的直、曲变化状态。直线和

曲线是线路平面的组成要素，曲线采用的是圆曲线，在直线和圆曲线之间还要插入一段缓和曲线。

列车以一定的速度在圆曲线上行驶时，车辆会受到离心力的作用。离心力的大小同列车速度的平方成正比，同圆曲线的半径成反比。由于离心力的作用，会使列车外侧车轮轮缘压紧外侧钢轨，从而加速了钢轨和车轮的磨损；另外，列车在圆曲线上运行时，内侧车轮行走的距离短，而外侧车轮行走的距离长，故车轮会产生纵向滑动，这些滑动会使车轮同钢轨之间的黏着系数下降，使牵引力下降。因此，列车在圆曲线上运行时，必须进行限速。

列车在圆曲线上运行时，受到离心力的作用，而在直线上运行时，不受离心力的作用。为保证列车平稳运行，铁路线上的直线和圆曲线不能够直接相连，在它们之间需要插入一段缓和曲线。缓和曲线的作用主要是在缓和曲线范围内，其半径由无限大逐渐变化到等于它所衔接的圆曲线半径（或相反），从而使列车所受到的离心力逐渐增加或者逐渐消失，减缓外侧车轮对外侧钢轨的冲击力，使列车运行平稳，保证列车运行安全。

1.1.1.3 线路纵断面

线路中心线纵向展直后在铅垂面上的投影，称为线路纵断面，它表明线路的起伏变化情况。

为适应地形以减少工程量，铁路线路可在纵向设置上坡或下坡。列车在坡道上行驶时，会受到由坡道引起的附加阻力。坡道越大，它所引起的附加阻力越大，这将影响机车所能牵引的列车重量，直接影响线路的运输能力。

平道与坡道、坡道与坡道之间的交点称为变坡点。列车驶经各个变坡点时，会产生竖向的附加力和加速度。为了保证列车运行平稳和安全，我国规定，在Ⅰ、Ⅱ级线路上，相邻坡段的坡度代数差大于3‰，Ⅲ级线路上相邻坡段的坡度代数差大于4‰时，应以竖曲线连接。

1.1.1.4 铁路线路的构造

在没有桥梁和隧道的地方，铁路线路的横断面如图1-1所示。图1-1（a）的路基是在天然地面上填土筑成的，称为路堤，图1-1（b）的路基是开挖土石方构成的，称为路堑。

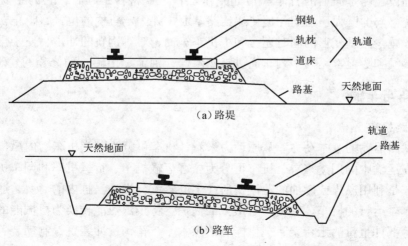

图1-1 铁路线路横断面示意图

在路基、桥隧建筑物修成之后，就可以在上面铺设轨道。轨道由钢轨、轨枕、联结零件、道床、防爬设备和道岔等主要部件组成。

我国钢轨的类型或强度用每米长度的质量（千克数）表示，现行的标准钢轨类型有：75 kg/m，60 kg/m，50 kg/m 等。为了提高线路的通过能力，我国铁路正在逐步淘汰小重量钢轨，主要线路一般为铺设 60 kg/m 的重型钢轨的无缝线路，重载路一般为铺设 75 kg/m 重型钢轨的无缝线路。一般线路上铺设的标准钢轨长度为 12.5 m 或 25 m。钢轨连续铺设时，相邻钢轨之间留有缝隙，以便适应温度变化时产生的胀缩。为了减少列车对钢轨接头的冲击振动，增加列车运行的平稳性，减少维修，各国正在迅速推广无缝线路。无缝线路是把若干根标准长度的钢轨经焊接成为 1 000~2 000 m 甚至更长的长钢轨，再进行铺设的铁路线路。为了克服长钢轨因温度变化而产生的变形问题，在长钢轨的两端，用钢轨联结零件和防爬设备加以强制性固定，其他部分也是用强度大的中间联结零件和防爬设备使之紧扣于轨枕之上，因此，温度发生变化时，钢轨不能自由伸缩，只能在钢轨内部产生应力。

图 1-2 为铁路线路的平面图，钢轨是用联结零件（扣件）固定在轨枕（木枕或钢筋混凝土枕）上的。两根钢轨头部内侧与轨道中心线相垂直的距离称为轨距。我国线路轨距为 1 435 mm，这也是国际上绝大多数国家通用的轨距，故称为标准轨距。

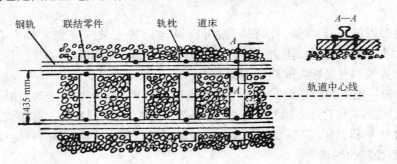

图 1-2 铁路线路平面图

道床是铺设在路基面上的石砟（道砟）垫层，主要材料是碎石，它的主要作用是支撑轨枕，把轨枕上部的巨大压力均匀地传递给路基面，并固定轨枕的位置，阻止轨枕纵向或横向移动，大大减少路基变形的同时还缓和了机车车辆轮对对钢轨的冲击，便于排水。

桥梁、涵洞和隧道都是为了列车通过自然障碍（河流、山岭）而修建的建筑物。

1.1.2 机车与车辆

1.1.2.1 铁路机车

机车是铁路运输的基本动力。从原动力来看，机车可分为蒸汽机车、内燃机车和电力机车；从机车在运输中的用途来看，机车可分为旅客运输机车、货运机车和调车机车。

蒸汽机车是利用燃煤或燃油的蒸汽机所产生的蒸汽，推动汽缸内的活塞，通过摇杆和连杆装置驱动车轮运行的机车。它由产生蒸汽的锅炉、将蒸汽热能转换为机械能的汽机、承受汽机和锅炉等部件重量的走行架、提供能源的煤水车、车钩缓冲装置、制动装置等组成。蒸汽机车结构简单，制造和维修方便，但它的热效率低（只有 8% 左右），需要大量的给水、上煤设备，因此，蒸汽机车已逐渐被淘汰。

内燃机车的原动力来自柴油机，通过传动装置将能量进行转换，传递至走行部分。根据传动装置的不同,可分为电传动、液力传动两种类型的内燃机车。电传动内燃机车(如东风型)是由柴油机驱动主发电机发电,向牵引电动机供电,使其旋转,再通过齿轮传动,驱动机车轮对旋转。液力传动内燃机车(如东方红型)在柴油机和机车走行部分之间采用液力变扭(矩)器,改变了柴油机的外特性,以适合机车运行的要求。内燃机车的热效率高,可达到30%左右,内燃机车的整备时间短,持续工作的时间长,适用于长交路,用水量少,适用于缺水地区。初期投资比电力机车少。

电力机车本身没有原动力,它依靠外部牵引供电系统供应电力,并通过机车上的牵引电机驱动机车运行。采用电力机车牵引的铁道称为电气化铁道,发电厂发出的电流经升压变压器提高电压后,由高压输电线送到铁路沿线的牵引变电所,在牵引变电所将高压的三相交流电变换成所要求的电压或电流,再传送到临近区间的接触网上供电力机车使用。电力机车利用其顶部升起的受电弓从接触网上取得电能,使电动机带动轮对运转。我国目前使用的干线电力机车主要是国产韶山型系列交—直流电力机车。电力机车的热效率比内燃机车和蒸汽机车高,当由火力发电厂供给电能时,热效率达35%左右;当由水电站供给电能时,热效率可高达60%以上。同时,由于电力机车牵引能力大,节省能源,运营成本低,行驶质量高,环境污染小,成为铁路主要的发展方向。

1.1.2.2 铁路车辆

铁路车辆分为货车和客车两大类。

货车的种类比较多,为了适应不同货物在运送中的各种要求,货车主要有棚车、敞车、平车、罐车、保温车(包括机械保温车)等。还有一些专门用途的车辆,如家畜车及为扩大货物运输需要而制成的凹形平板车或落下孔车等。虽然各种车辆外形、用途相差很大,但它们的基本构造都是相似的,都是由装载货物的车体、引导车辆运行的走行部、实现车辆间连挂的车钩缓冲装置、使机车车辆减速的制动装置和车辆内部设施5个基本部分组成的。

1. 棚车

棚车车体由地板、侧墙、端墙、车顶、门和窗组成,主要用来运送粮食、日用品及仪器等比较贵重的和怕晒、怕湿的货物。棚车大多都是通用型的。

2. 敞车

敞车车体由端墙、侧墙及地板组成,主要用来运送煤炭、矿石、钢材等不怕湿的货物。若在所装运的货物上加盖防水篷布,也可代替棚车装运怕湿货物。因此,敞车具有很大的通用性,在货车中数量最多。

3. 平车

大部分平车车体只有底架式,仅在底架上装有低矮并可放倒的活动侧板和端板。平车主要用于运送钢材、木材、汽车、机器等体积或质量较大的货物,也可借助集装箱装运其他货物。

4. 罐车

罐车的车体呈罐状,主要用来运送各种液体、液化气体和粉末状货物(如水泥)等。一般在罐车的顶部或气包设有呼吸式安全阀,外界温度变化使罐车内部压力超过一定值时,安全阀能够自动打开,将罐内气体放出;罐内压力低于一定数值时,通过安全阀向罐内补气,以减小液体对罐体的冲击作用。罐车按用途可分为轻油类罐车、黏油类罐车、酸碱类罐车、液化气体类罐车和粉状物罐车。

5. 保温车

保温车的车体和棚车相似，但车体外表涂成银灰色，以利于阳光的反射。车体墙板内装有隔热材料，车内设有制冷、加热、测温和通风装置。保温车主要用于运送鱼、肉、水果、蔬菜等新鲜易腐货物。

铁路客车是指专门用来运送旅客、为旅客服务的车辆，以及挂运在旅客列车中的其他用途的车辆。客车分别有硬座车、软座车和卧车，另有加挂在旅客列车上的餐车、邮政车、行李车、发电车等。为保证旅客安全，客车车体采用钢骨架加外包板的全金属结构，材质由普通钢发展为低合金钢、不锈钢乃至铝合金，以提高车体的强度和刚度。为提高旅客乘坐的舒适性，除了力求车体内部装饰美观外，车厢设有空气调节装置。同时，还采用优良的弹簧悬挂装置，让旅客在途中不会感到剧烈颠簸。

1.1.2.3 动车组

动车组是一种由若干辆带有动力的车辆和若干辆不带动力的车辆固定编组的列车组，带动力的车辆称为动车，不带动力的车辆称为拖车。列车两端都带有司机室，可在线路上往复运行。除了头车有司机室外，动车与拖车结构上的主要区别在于转向架。动车转向架上有动力，拖车转向架为非动力转向架，运行时，由前方司机室实施控制。在其发生故障无法操作时，由后方司机室顶替实施操作。

从原动力来看，动车组可分为内燃动车组和电力动车组。内燃动车组按传统方式又分为液力传动和电力传动，是由柴油动车演变而来的。初期的柴油动车可以牵引一节或数节轻型拖车，随着柴油机功率的增大，发展到两节动车可以集中同步控制时，便有了双节或多节动车连挂。电力动车组按电流制又分为直流和交流两种，是电力机车出现后产生的，其功率大于内燃动车组。内燃动车组及电力动车组列车运行时，启动及调速分别与内燃机车和电力机车的工作原理相同，制动常采用能提供强大制动力并能更好利用黏着力的复合制动系统，包含多个子系统，主要由电制动系统、空气制动系统、防滑装置和制动控制系统等组成。

从列车的动力配置方式来看，动车组又分为动力分散型和动力集中型动车组。动力分散型动车组又可细分为完全分散型和相对分散型动车组。完全分散型动车组，指动车组中的车辆全部为动车，如日本的 0 系高速列车，16 辆编组中全部是动车。另一种是相对分散型，即动车组列车由若干动力单元组成，每个动力单元既有动车也有拖车，如日本 E2-1000 系动力分散型动车组。动力分散型动车组是将电机驱动的动力轮对分散布置在全部动车组或大部分动车上，同时将主要电器及机械设备吊挂在车辆下部，动车组的全部车辆都可载客。动力集中型动车组是将电器和动力设备集中安装在位于动车组两端的动车上，仅有动车的轮对是驱动动力轮对，动力车不载客，只有中间拖车可载客，如德国的 ICE-1 动车组（2 动 12 拖），南京浦镇车辆厂生产制造的"新曙光"号（2 动 9 拖）。

相对于传统的机车车辆模式，动车组在旅客运输方面有着很多突出的优点。由于列车在运行中固定编组，在车站折返或换向时无须摘挂机车，可节约停站时间，提高列车使用效率，减轻车站咽喉区压力。在保证安全的前提下，可明显提高行车密度，提高整个铁路网的运输能力。

1.1.3 铁路区间与车站

为保证行车安全和必要的线路通过能力,铁路上每隔一定的距离(10 km 左右)需要设置一个车站。车站把每一条铁路线划分为若干个长度不同的段落,每一段线路叫作一个区间,车站就是相邻区间的分隔点。

在车站上,除了正线(直接与区间连通的线路)以外,根据车站的作业需要,一般还配有各种用途的站线,如图 1-3 所示。站线包括到发线、牵出线、货物线、调车线及站内指定用途的其他线。到发线是指用于接发旅客列车与货物列车的线路;牵出线是指用于进行调车作业时将车辆牵出的线路;货物线是指用于货物装卸作业时的货车停留线路;调车线是指用于车列解体和编组并存放车辆的线路;站内指定用途的其他线路主要有机车走行线、车辆站修线、驼峰迂回线及驼峰禁溜线等。为了保证行车和工作人员的安全,相邻线路之间应保持适当的线间距。

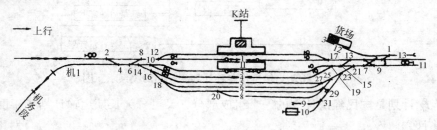

Ⅱ—正线;1、3、4—到发线;5、6、7、8—调车线;9、10—站修线;
11、13—牵出线;12—货物线;机 1—机车走行线
图 1-3 车站线路图

目前,我国铁路有大小车站几千个。根据它们所负担的任务量和在国家政治上、经济上的地位,共分为六个等级,即特等站和一、二、三、四、五等站。车站按技术作业不同可分为编组站、区段站和中间站;按业务性质不同可分为货运站、客运站、客货运站和专用线联轨站。

编组站是办理大量货物列车的解体、编组作业的专业技术站,一般不办理客货运业务;区段站是机车牵引区段的分界点,主要任务是办理通过列车的技术作业,如机车的更换、整备和检修;中间站是为了提高铁路的通过能力、保证行车安全而设立的车站,主要办理列车的到发、会让、越行业务,同时还承担少量的客货运业务。铁路枢纽是在铁路线路交会点,往往是在大城市和大工矿区,由若干个车站、各种运输服务设施及进出站线路和联络线等组成的铁路运输综合体,它是铁路网的中枢,沟通纵横交错的铁路线,使铁路网四通八达。它的主要任务是承担客、货流的集散和中转,以及货物的承运、交付、中转和换装等作业。

1.1.4 铁路运输组织

铁路运输系统的基本任务,是合理地运用铁路运输的设备,安全、准确、经济、迅速地运送旅客和货物,保证完成和超额完成运输任务。铁路运输工作组织主要包括旅客运输组织和货物运输组织。这里主要介绍货物运输组织。

铁路为了实现运输工作的集中统一指挥，除了建立相应的组织机构，制定必要的规章制度以外，还必须制订各种计划，才能使铁路运输各部门、各单位有一个共同的奋斗目标，使铁路运输工作有条不紊地进行。我国铁路运输工作的计划主要包括年度运输计划、年度旅客运输计划和年度货物运输计划、月度货物运输计划、列车编组计划、列车运行图、运输工作技术计划、铁路运输方案和运输工作日常计划。它们之间的相互关系如图1-4所示。

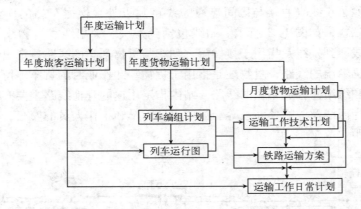

图1-4　铁路运输工作各种计划相互间的关系示意图

铁路运输计划是国民经济计划的一个组成部分，又可分为长期运输计划、年度运输计划和月度运输计划。

长期运输计划是指五年以上的运量规划，它是根据国民经济的发展愿景而制订的，表明了相应时期内全路运量规划和预期达到的目标。

铁路年度运输计划是根据长期运输计划规定的任务和下一年国民经济生产发展等而编制的，它直接反映了年度国家分配给铁路的运输任务，并作为铁路编制机车车辆运用计划、货物列车编组计划和列车运行图等的依据。

铁路月度货物运输计划是根据国民经济各部门在本月度内对运输的需要、铁路运输能力和国家运输政策等而编制的。它是完成年度货物运输计划的保证，是编制铁路运输工作技术计划和铁路运输方案的基础，也是组织铁路日常生产活动的依据。

铁路运输工作技术计划是合理运用机车车辆和其他运输设备的计划，它根据月度运输计划、列车编组计划和列车运行图，每月编制一次。

铁路运输方案是在月度货源货流的基础上，把货运工作、列车工作和机车工作加以协调，进行全面安排，以使路内外各有关单位和部门的工作紧密衔接起来。它是编制运输工作日常计划的一个重要依据。根据以上各种计划规定的任务和要求，铁路运输部门还要制订运输工作日常计划，组织日常的运输生产活动。

在一定时期内，由某一发站运往某一到站的货物吨数，叫作货流。我国铁路的货流是由货物运输计划规定的，因此，铁路年度运输计划是铁路车流组织的基础。货物必须装进货车才能进行运输，首先，根据货物的性质选用适宜的货车类型。按照计划货流量，选定相应的车型之后，就可以确定应该装运的车辆数了。算出各种货物的装车数后，再把它们的发站和到站表示出来，就把品类别的货流变为车种别的车流了。铁路是以列车形式运送货物和旅客的，因此，货物装车后还必须编成列车，才能进行运输。首先根据机车类型、线路纵断面、车辆运行阻力等因素确定列车重量标准（或称机车牵引定数），也就是算出在某区间机车能牵引的列车的总重量。根据列车重量标准，就可以算出一列车的车辆数，接着，就可以把各区段的车流换算成列车流，确定各区段应开行的列车数。

货物列车编组计划是全路车流组织的规划，它根据全路车流结构、各站设备能力和作业条件，统一安排货物列车的编解作业任务，具体规定各货运站、编组站和区段站编组列车的种类、到站及编挂方法。

中国国家铁路集团公司（简称国铁集团）是一个由多部门多工种组成的运输企业，各个部门必须相互配合、协同工作，才能保证行车安全、提高运输效率。列车运行图在这方面起着极其重要的作用。机务、车站、工务、列检所、供电等部门都要依据列车运行图来安排自己的工作。这样，通过列车运行图就可将整个铁路网的活动联成一个统一的整体。如图1-5 所示为一列车运行图，横轴表示时间，纵轴表示距离，图中水平线表示各站中心线，垂直线表示具体的时间，斜线为列车运行线，它与车站中心线的交点就是该列车在车站的到、发或通过时刻。运行图中，用不同的颜色表示不同种类的列车。

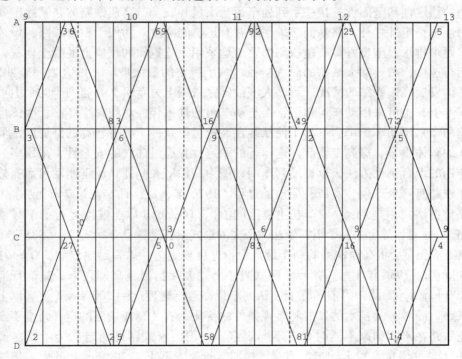

图1-5 列车运行图

车站是铁路运输企业的基层生产单位，是客货运输的起点、中转和终到地点，铁路运输生产过程中绝大部分作业环节都是在车站进行的。车站的行车组织工作主要有：接发列车工作、调车工作、到达列车的解体、始发列车的编组工作等。为使铁路这一庞大而复杂的系统能够不间断、均衡高效地运转，必须对铁路的日常生产活动实行分级管理、集中领导、统一指挥。为此，我国铁路的各级运输部门都建立了相应的调度机构，即全路设调度中心，铁路局设调度科，铁路分局设调度所，车站（主要是编组站、区段站、大货运站）设调度室。铁路运输调度机构的基本任务是：正确编制和执行铁路运输生产计划，科学组织客流、货流和车流，经济合理地使用各种运输设备，提高运输效率和效益；与运输有关的各部门紧密配合，相互协作，努力完成运输任务。

铁路运输业是一个复杂的综合系统，运营管理工作必须实行集中领导，统一指挥，使整个运输生产过程经常处于优化状态。这就要求管理的科学化与现代化，广泛采用新技术和新方法，建立以运营管理为中心的运营管理信息系统，对整个运输生产过程进行实时控制，实现铁路运营管理工作的综合自动化。要实现这一目标，首先，要在全路建立完善的计算机网络，并用软件把网络上所有设备管理起来，实现资源共享，各用户都可以与计算中心进行数据交换；其次，要设计一套解决各种业务问题的应用软件系统。目前，我国已建成全路运输管理信息系统（transport management information system，TMIS）。

1.1.5　高速铁路与重载运输

高速铁路是当代铁路发展的一项重大技术成就，由于要求运行的速度快，因此对铁路各方面的设备提出了更高的要求。

路基的稳定性和坚固性直接关系到列车运行质量和安全，高速铁路的路基除了要求有足够的坚固性和稳定性之外，路基面必须平顺并有足够的宽度。为便于检修线路，设计了较宽的路肩，要求排水设施良好。高速铁路的轨道均采用无缝钢轨和预应力混凝土轨枕。为了提高列车运行速度，需要加大线路的曲线半径，减小线路的最大坡度，加大坡间竖曲线半径。从目前各国发展高速铁路的情况来看，大多数国家采用电力牵引，高速列车的牵引可采用传统的机车牵引，也可采用动车组牵引，由于动车组的轴重轻，对线路损坏小，因此世界上大部分高速列车采用动车组牵引。为了使旅客在高速运行条件下具有较高的舒适度，要求降低高速客车的车体重量，提高走行部高速运行的稳定性和通过曲线的安全性，采用多种制动方式共同作用的综合制动方法，以提高列车制动能力，保证在高速情况下制动可靠有效。

高速铁路有一个产生、发展、形成的过程。1970年5月，日本在第71号法律《全国新干线铁路整备法》中规定："列车在主要区间能以200 km/h以上速度运行的干线铁道称为高速铁路。"这是世界上第一个以国家法律条文的形式给高速铁路下的定义。1985年5月，联合国欧洲经济委员会将高速铁路的列车最高运行速度规定为：旅客运输专线300 km/h，客货混线250 km/h。1986年1月，国际铁路联盟秘书长勃莱指出，高速列车最高运行速度至少应达到200 km/h。因此，目前国际上公认列车最高运行速度达到200 km/h及其以上的铁路为高速铁路。随着科学技术的发展和客观条件的变化，有关高速铁路的定义将会不断更新。

高速铁路在不同国家不同时代有不同规定。我国国家铁路局的定义为：新建设计开行250 km/h（含预留）及以上动车组列车，初期运营速度不小于200 km/h的旅客运输专线铁路。特点：新建的，时速不低于250 km及旅客运输线。区别：国际铁路联盟1962年把旧线改造时速达200 km、新建时速达250～300 km的铁路定为高铁；1985年日内瓦协议做出新规定：新建客货共线型高铁时速为250 km以上，新建旅客运输专线型高铁时速为350 km以上。

重载运输是在一定的铁路技术装备条件下，扩大列车编组长度，大幅度提高列车重量，采用大功率内燃机车或电力机车（双机、多机）牵引的运输方式。为了安全行车、提高线路通过能力，实现多运快运货物的目的，对铁路运输组织和技术装备都有新的要求。

开行重载列车必须有与之相适应的线路，主要是指线路的承载能力、几何尺寸、站线长度、线路坡度等。重载铁路的基本特征是运量多、轴重大，因此，重载铁路线路应选用重型和特重型的钢轨标准；钢轨应采用 60 kg/m 及以上的新轨和超长轨条；在曲线地段、长大下坡制动地段，为减少可能引起的伤损，应采用全长淬火钢轨和轨头钢化钢轨、承载能力大的轨枕。为满足重载列车的牵引要求，通过增加机车牵引功率和实现轮轨之间最佳黏着来提高机车的牵引力，还需要机车有较高的启动牵引力。重载列车的车辆应采用载重量大、强度高、自重系数小的大型四轴货车。由于列车重量大，列车总长度长，因此对制动系统的要求也比较高。

1.1.6 旅客运输专线

铁路线路中，专门运输旅客的线路称之为旅客运输专线，这是相对于不仅运输旅客，又运输货物的客货混跑线路来说的。其特征是运行速度高，旅客输送能力大，安全可靠，环保节能，技术含量高。

定义：旅客运输专线是以旅客运输为主的快速铁路。目前在我国，铁路等级除Ⅰ、Ⅱ、Ⅲ级外又增加了"旅客运输专线"等级，时速在200 km 至350 km 专门运输旅客的铁路统称为旅客运输专线，曲线半径一般在 2 200 m 以上。

我国的旅客运输专线，根据不同的标准，可以有不同的分类。

在我国目前规划的旅客运输专线中，根据速度高低不同，可分为以下两种。

（1）速度在 300 km/h 及以上的旅客运输专线，如运营中的京广、京沪及京津城际铁路等。

（2）速度在 200～250 km/h 的旅客运输专线，如广深港旅客运输专线、石太旅客运输专线、武合旅客运输专线等。

根据近期采用的基本运输组织模式，可分为以下两种。

（1）纯旅客运输专线，如京广、京津等旅客运输专线。

（2）近期采用客货混跑模式的旅客运输专线，如石太、武合、福厦等旅客运输专线。在这类旅客运输专线中，又可分为两类，一类是有平行的货运通道的旅客运输专线，如石太；另一类是该地区目前尚未建有铁路线的旅客运输专线，如武合、福厦等。

根据旅客运输专线在旅客运输专线网中的位置，可分为以下两种。

（1）通道型旅客运输专线，如《中长期铁路网规划》所规划的"四纵四横"铁路快速旅客运输通道，具体线路有京广、京沪旅客运输专线等。

（2）城际旅客运输专线，如《中长期铁路网规划》所规划的环渤海、长江三角洲、珠江三角洲三个城际快速旅客运输系统，还有绵—成—乐城际快速旅客运输系统等，具体线路有京津、沪杭、沪宁、广深港、成绵旅客运输专线等。

旅客运输专线列车运行速度很高，要求线路的建筑标准也很高，包括最小曲线半径、缓和曲线、外轨超高、正线线间距、限制坡度、竖曲线和道岔等线路构造都有特定要求。由于高速线路比一般线路的修建与养护标准高，且要保持更严格的容许误差，因此，旅客运输专线必须采取提高钢轨质量、采用焊接长钢轨、使用新型弹性扣件和高质量的衬垫及新型道岔等必要措施。为了适应高速运行和繁重运输任务的要求，必须加强线路的检测、监视和维修养护工作，采用新型机车车辆和现代化的信息设备，以保证线路的质量和行车安全。

我国铁路旅客运输专线的修建是为了解决既有线路通过能力紧张问题，有效地提高铁路客货列车旅行速度,增强铁路参与市场竞争的能力。在旅客运输专线上只运行旅客列车,货物列车一般走既有线路。国外高速旅客运输专线一般采用全高速列车运行的运输组织模式,并已取得了良好的经济效益。旅客运输专线的全高速列车运行的运输组织模式是我国旅客运输专线运输组织的发展方向。但在将来的一段时间内,由于我国的国情和路情决定了旅客运输专线仍将采用多种速度列车共线运行的运输组织模式。在旅客运输专线上开行不同速度的列车,是我国铁路高速旅客运输专线运输组织的重要特征。

1.2 公路运输

公路运输是经济和社会发展的基础结构部门之一,它对经济和社会发展起基本保障作用。

1.2.1 公路线路

1.2.1.1 公路的等级

公路是指连接城市、乡村,主要供汽车行驶的具备一定技术条件和设施的道路。根据公路的作用和使用性质,可划分为国道主干线公路(国道)、省级干线公路(省道)、县级干线公路(县道)、乡级公路(乡道)及专用公路。公路根据交通量及其在交通网中的意义,可分为5个等级,如表1-2所示。

表1-2 公路等级

公路等级	在交通网中的意义	年平均昼夜交通量
高速公路	具有特别重要的政治、经济意义,专供汽车分道行驶,全部控制出入	25 000辆以上
一级公路	连接重要政治、经济中心,通往重点工矿区,可供汽车行驶,部分控制出入	10 000辆至25 000辆
二级公路	连接政治、经济中心或大工矿区的干线公路,或运输任务繁忙的城郊公路	2 000辆至7 000辆
三级公路	沟通县以上城市的一般干线公路	200辆至2 000辆
四级公路	沟通县、乡、村等的支线公路	200辆以下

1.2.1.2 公路横断面与纵断面

1. 横断面

公路横断面主要包括行车道宽度、中间带和路肩宽度等。

行车道宽度与汽车尺寸、行驶速度、交通流量等因素有关,一般应有能满足对向车辆错车、超车和并列行驶所必需的宽度。车道数取决于设计交通量和车道的通行能力。高等级公路一般中间应设置分隔带,以分隔往返车流,提高通行能力,保证行车安全。行车道的两侧须设置路肩,以保证行车道的功能和临时停放车辆,并起到路面横向支撑的作用。

2. 纵断面

公路线路最大纵坡的确定是直接影响公路线路长短、使用质量、行车安全、工程造价和运输成本的重要指标。其坡度值的确定应使车辆上坡时行驶顺利,下坡时不发生危险。为了行驶安全、乘客舒适和减少汽车零部件的磨损，在纵坡变换的地点应设置竖曲线（圆弧线或抛物线），使之联结圆顺。

3. 行车视距

驾驶员在行车中，从发现前方障碍物后进行刹车或绕避时，车辆所行驶的最短距离，称为行车视距，它是保证汽车运行安全所必须考虑的因素。视距主要分为以下几种。

（1）停车视距。指汽车在单车道或明显分车道上行驶时，驾驶员遇到障碍物不能绕行只能刹车停住所需要的最短距离。停车视距包括驾驶员心理反应时间内车辆所行驶距离、制动距离和必要的安全距离。

（2）会车视距。指在单车道上或路面不宽的双车道上，对向行驶的车辆未能及时或无法错车，只能相对停住避免碰撞所需要的最短距离。会车视距规定为停车视距的2倍。

（3）超车视距。指在双车道上，后车超越前车时，从开始驶离原车道之处起，至可见逆行车道来车，并能超车后安全驶回原车道所需要的最短距离。

1.2.2 车辆及设备

汽车是自带动力装置驱动、无架线的运载工具。其作为一种陆上交通工具，具有方便、机动、灵活、速度快、适应性强等特点。此外，其品种多、数量大，为工农业生产和国防建设及人们日常生活所不可缺少。汽车按用途可分为：轿车、客车、货车、专用（特种）汽车、越野汽车、工矿自卸车、农用汽车、牵引汽车和汽车列车等。

汽车类型虽然很多，各种汽车的总体构造有所不同，但它们的基本组成是一致的，都由发动机、底盘、车身和电气设备四大部分组成。

1.2.3 高速公路

1.2.3.1 高速公路的概念

高速公路是专供汽车高速行驶的公路。由于在高速公路上采取了限制出入、分隔行驶、汽车专用、全部立交及采用较高限行标准和完善的交通安全和服务设施等措施，为汽车大量、快速、安全、舒适、连续地运行创造了条件。高速公路是社会经济发展的必然产物，它的产生和发展，是与整个社会的政治、经济、军事的发展相关的。

1.2.3.2 高速公路的特点

与一般公路相比，高速公路具有如下特点。

（1）实行交通限制，规定汽车专用。

（2）实行分隔行驶，对向车辆中间设分隔带，同向车辆，至少两车道以上，并且画线行驶。

（3）严格控制出入，采用较高的限行标准和完善的交通安全与服务设施，从行车条件和技术上为安全、快速行车提供可靠的保障。

因此高速公路具有行车速度高，通过能力大等特点。

1.2.3.3 高速公路的沿线设施

高速公路的沿线设施包括安全设施、服务设施、交通控制及管理系统等。这些设施是为保证公路安全、减轻驾驶员和乘客疲劳、方便旅客、保护环境而设置的不可缺少的组成部分。

安全设施主要包括防护栅、防眩设备、防噪声设施、道路标志、照明设施等。防护栅设在公路两侧及中央带,用于防止高速公路车辆驶出车道或闯入对向车道,降低对乘客和车辆的伤害,并使车辆恢复到正常行驶方向及便于诱导驾驶员的视线。防眩设备有:植树防眩,既防眩光又美观,树木可以是常青树,树木之间植以草皮,或采用百叶板式和金属网式防眩栅等。在高速公路上还采用隔音墙、隔音堤、隔音林带等来减轻噪声的影响。为了保证交通安全、行车顺利,使司机能事先知道道路交通准确情况,需要在高速公路上设置交通标志,主要包括:提示急弯、陡坡的警告标志,禁止通行、车辆限制的禁令标志,指示车辆、行人行进和停止的指令标志,提示地名、预告中途出入口、服务设施的指路标志等。另外,在接近市区和所有立体交叉处,还要采用照明设施。

服务设施包括服务区(加油站、休息室等)、停车区(停车场、电话等)和辅助设施(养路站、园地等)。当高速公路需要收费管理时,还需要建收费站。

交通控制及管理系统是高速公路附属设施中的重要组成部分,它对保证高速公路的畅通起到重要作用。现代化的交通管理系统,用计算机控制及信号自动化来监视路段内的交通情况,迅速测出交通阻塞和交通事故,通过发出交通信息变换标志和无线电行车信号,告知司机有关信息,以便将汽车开到合适的公路上以保证交通畅通。并且也可以使中心控制室能在较短的时间内与有关方面联系,迅速处理事故现场,尽快恢复通车。

1.2.4 公路运输组织

1.2.4.1 公路运输生产过程的构成

在公路运输生产过程中,客货对象通过汽车运输实现其空间场所移动,需要经过很多环节才能完成,一般可划分为运输准备、运输生产、运输生产辅助三项主要工作环节。

运输准备工作是指运输客货之前所需进行的全部准备工作,主要包括:运输经济调查与运输工作量预测、营运线路开辟、营运作业站点设置、客货运输对象组织、运力配置、制定有关规章制度等。

运输生产工作指直接实现客货空间位移的车辆运输工作,主要包括乘客上下车及货物装卸车作业、车辆运送作业以及必需的车辆调控作业等。

运输生产辅助工作,是指为运输生产及其准备工作提供后勤保障服务的各项工作的总称,主要包括车辆选择与技术运用的组织、运输生产消耗材料的组织供应与保管、运输劳动组织等。其中运输生产工作为基本运输工作环节,其他工作环节应围绕着它来展开。

1.2.4.2 公路货物运输作业程序与组织

公路货物运输作业基本程序包括货物托运、承运验货、计划配运、派车装货、起票发车、运送与途中管理、运送卸货交货、运输统计与结算和货运事故处理等内容。公路货物运输作业基本程序如图1-6所示。

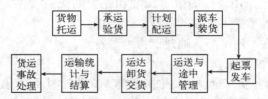

图1-6 公路货物运输作业基本程序

公路货物运输主要采取以下方式。

（1）多（或双）班运输。多班运输指在昼夜时间内的车辆工作超过一个班以上的公路货物运输形式。组织多班运输的基本方法是每辆汽车配备两名左右的驾驶员，分日、夜两班轮流行驶。这是提高车辆生产率的有效措施之一，但要注意安排好驾驶员的休息时间和车辆的保修。

（2）定点运输。定点运输指按发货点用固定车队，专门完成固定货运任务的运输组织形式。实行定点运输，可以加速车辆周转，提高运输和装卸工作效率，提高服务质量，并有利于行车安全和节能。

（3）定时运输。定时运输指运输车辆按运行作业计划中所制定的行车时刻表来进行工作。由于车辆事先已经拟定好了时刻表，因此加强了各环节工作的计划性，提高了工作效率。

（4）集装箱运输。集装箱运输指把一定数量的货物集中于一个便于运输、搬运、装卸、储存的集装箱内来进行运送的运输组织形式。公路集装箱运输的优越性同样也体现在可提高货物运输质量，减少货物运输过程中的货损、货差，保证货物运输安全，便于实现装卸和搬运工作的机械化、提高运输效率等。

除此之外，公路货物运输还采用甩挂运输、直达联合运输、零担货物运输等方式。

1.3 水路运输

水路运输是指利用船舶和其他浮运工具，在海洋、江河、湖泊、水库及人工水道上运送旅客和货物的一种运输方式。

1.3.1 运输船舶种类与构造

运输船舶是指载运旅客与货物的船舶，通常又称为商船。随着世界经济的发展，现代运输船舶已形成了种类繁多、技术复杂及高度专业化的运输船舶体系。运输船舶按运载物的性质分类，可分成客船和货船两大类。货船通常包括干货船、液货船等。

1.3.1.1 客船

客船是用来载运旅客及其行李并兼带少量货物的运输船舶，一般定班定线航行。按航行的海区和适居性的要求，客船分为远洋客船、近海客船、沿海客船和内河客船等。对客船的要求首先是安全可靠，其次应具有良好的适航性和居住条件及较快的航速。为了旅客的安全，客船上按规定应配备足够的救生设备，如救生艇、救生筏、救生圈和救生衣等。消防也有严格的规定，对要求高的客船上的舱室设备、家具和床上用品等须经防火处理。此外，客船上还要求装备完善而高效的通信设备、照明设备，有的还设有空调系统。为了减少在海洋中航行的颠簸，有些客船上还装有减摇水舱或防摇鳍等减摇设施。客船外形美观大方，多数首尾呈流线型。上层建筑庞大，有的多达7~8层甲板，一般内河客船也有5~6层甲板。

客船与其他交通工具相比，具有旅客运输量大、费用低、安全度高、旅客所占用的活动空间大等优点。但自远程大型航空客机迅速发展以来，航空旅客运输已取代了远洋客船。目前客船为适应市场需求正向游船、车客渡船方向发展。

1.3.1.2 干货船

干货船是用于装载各种干货的船舶。常见的干货船主要有：杂货船、集装箱船、散货船、滚装船及载驳船等。

1. 杂货船

杂货船是用于载运各种包装、桶装及成箱、成捆等件杂货的船舶。它具有 2~3 层全通甲板，根据船的大小设有 3~6 个货舱。在上甲板货舱口两端设有吊杆或立式塔形吊车，用于装载货物。有的杂货船还备有 1~2 副重型吊杆，用于装卸大件重货。杂货船一般没有固定的航线和船期，而是根据货源情况和货运需要航行于各港口之间，也可以载运散装货或大件货。为了进一步提高对各种货物的适应能力，新的杂货船尽量设计成多种用途型船，以便既能运送普通件杂货，也能兼运散货、部分集装箱及冷藏货等。这种船也被称为多用途船。

2. 集装箱船

集装箱船是以载运集装箱为主的专用运输船舶，可分为全集装箱船和半集装箱船两种。其中全集装箱船是将全部货舱及上甲板都用于装载集装箱，而半集装箱船只有部分舱室用于装载集装箱，其余舱室则用来装运成件货物或杂货。集装箱船通常设置单层甲板，机舱及上层建筑通常位于船尾，以留出更多甲板面积堆放集装箱。集装箱的装卸通常是用岸上的专用起重机集装箱装卸桥来进行的，因此绝大多数的集装箱船上不设起货设备。集装箱船由于装卸效率高、船舶停港时间短，为加快船舶周转，要求其具有较高的航速。

3. 散货船

散货船是指专门用于载运粉末状、颗粒状、块状等非包装类大宗货物的运输船舶。一些专用的散货船只载运一种货物，如煤炭、矿石、粮食等。散货运输通常用来运输批量大的大宗货物，因而其船形较大，货舱的容积大，货舱口也较大，以便于装卸。为了提高装卸效率，通常采用码头专用设备装卸，故较大的散货船上一般不设装卸设备。

4. 滚装船

滚装船是把装有集装箱及其他成件货物的半挂车或装有货物的带轮子的托盘作为货运单元，由牵引车或叉车直接进出货舱进行装卸的船舶。滚装船是由汽车轮渡发展而来的一种专用船舶。使用滚装船运输货物，能大大提高装卸效率，加速船舶周转，并有利于水陆直达联运。

5. 载驳船（子母船）

载驳船是一种用来运送载货驳船的运输船舶，又称子母船。各种货物或集装箱装到规格统一的驳船上（子驳），驳船在港内（码头或锚地）装完货后，用母船的起重设备装到母船上，母船把子驳运至目的地后，卸下子驳，子驳可被拖运至母船无法通行的航道和无法停靠的码头。卸下子驳上的货物或集装箱，装上回程货物或集装箱，被拖船拖至指定水域，然后再将子驳装到载驳船上去，运往目的地。

1.3.1.3 液货船

液货船是专门用于运输液态货物的船舶，它在现代商船队中占有很大比例，液货船主要包括油船、液化气船和液体化学品船等。

1. 油船

油船是专门用于载运散装石油及成品的液货船，因此，一般油船分为原油船和成品油船两种。就载重吨位而言，油船列世界第一位。由于油船载运的是易挥发、易燃烧和易爆炸的危险货物，决定了油船在构造、设备及营运方面必须考虑到防火、防爆、防污染等要求。油船没有大货舱口，只有油气膨胀口，并设有水密舱口盖。石油是通过油泵和输油管进行装卸的，因此油船上不设吊货杆等装卸设备。

2. 液化气船

液化气船是专门用于装运液化气的液货船，这种船舶装有特殊的高压液舱，先把天然气或石油气液化，再用高压泵打入液舱内运输。液化气船的液舱结构与其他货船的货舱结构不相同，它采用全封闭的金属罐。

3. 液体化学品船

液体化学品船是专门用于载运各种液体化学品，如醚、苯、醇、酸等的液货船。由于液体化学品一般都具有易燃、易挥发、腐蚀性强的特性，有的还具有剧毒，所以对船舶的防火、防爆、防毒、防泄漏、防腐等方面有较高的要求。货舱内壁和管道采用不锈钢制作或用抗腐蚀涂料保护，并且对货物围护和各种系统的分隔都有周密的布置。根据所运载货物危险性的大小，液体化学品船分为Ⅰ、Ⅱ、Ⅲ级。Ⅰ级船危险性最大，其货舱容积要求小于 1 250 m³，Ⅱ级船则应小于 3 000 m³，Ⅲ级船装载危险性较小的液体化学品。

1.3.1.4 其他类型的船舶

1. 驳船

驳船是内河运输货物的主要运载工具，它本身一般无推进动力装置，依靠推船或拖船等机动船带动行程船队运输，其船体结构和类型都比货船简单。驳船没有锚、舵等设备，也不设装卸机械和上层建筑。主要用于沿海、内河或港内驳运货物，往往用于转驳那些因吃水等原因不便进港靠泊的大型船舶的货物，或组成驳船队运输货物。

2. 拖船和推船

拖船和推船是专门用于拖曳或顶推其他船舶、驳船队、木排或浮动建筑物的机动船。它本身不运载旅客和货物，是多用途的工作船，被称为水上的"火车头"。拖船和推船一般要求船体比较坚固。

1.3.2 港口及其主要设施

1.3.2.1 港口的作用与分类

港口是一个国家或地区的门户，是交通运输的枢纽，是对外贸易的重要通路。港口具有运输、工业和商业等多种功能，是一个国家和地区的重要经济资源。港口是具有一定面积的水域和陆域，是水路运输工具的衔接点，又是水路运输货物的集散地。港口除了供船舶停靠使用外，还为船舶提供补给、修理等技术服务和生活服务。为了客货的疏运，还必须与陆路交通相接。

港口按用途可分为商港、渔港、工业港、军港、避风港等；按地理位置可分为海港、河港、湖港和水库港；按潮汐的影响可分为开敞港和闭合港；按其作用可分为世界性港、国际性港、地区性港等。

1.3.2.2 港口的组成

港口由水域和陆域两大部分组成。水域部分是供船舶进出港，以及在港内运转、锚泊和装卸作业使用的，因此要求水域部分有足够的水深和面积，水面基本平静，流速和缓，以便于船舶的安全操作；陆域部分是供旅客上下船，以及货物的装卸、堆存和转运使用的，因此要求陆域部分必须有适当的高程、岸线长度和纵深，以便在这里安置装卸设备、仓库、堆场、铁路、公路及各种必要的生产、生活设施等。

1. 港口水域

水域是港口最主要的组成部分，港口的水域主要包括港池、锚地和航道。港池一般指码头附近的水域，它需要有足够的深度和宽广的水域，供船舶靠离操作。对于开敞海岸港口，为了阻挡海浪或泥沙的影响，保持港内水面平静与水深，必须修筑防波堤。锚地是供船舶抛锚候潮、避风、办理进出口手续、接受船舶检查或过驳装卸等停泊的水域。锚地要求有足够的水深，锚地的底质一般为泥质或沙质，使锚具有较大的抓力，而且远离礁石、浅滩等危险区。这里的航道指的是船舶进出港航道，为保证安全通行，航道必须具有足够的水深和宽度。

2. 港口陆域

凡是在港口范围的陆地面积统称为陆域，陆域由以下几个部分组成。

（1）码头与泊位。码头主要供船舶停靠，以便旅客上下、货物装卸，码头前沿线既为港口的生产线，也是港口水域和陆域的交接线。泊位是供船舶停泊的位置，一个泊位即可供一艘船舶停泊，泊位的长度依船形的大小有一些差异。

（2）仓库和堆场。它们是供货物装船前和卸船后短期存放使用的，多数较贵重的货物都在仓库内堆放保管，只有不怕风吹雨淋的货物如矿石、建材等可放入露天堆场或货棚内。

（3）铁路及道路。货物在港口的集散还需要利用陆路交通，因此铁路和公路是港口陆域上的重要设施。当有大量货物需要用铁路运输时，需设置专门的港口车站，公路对于港口货物的集散也起到了重要的作用，对于有集装箱运输的港口，道路系统尤为重要。

（4）起重运输机械。现代港口装卸工作基本是由各种机械来完成的，用来起吊货物的机械称为起重机械，用于搬运货物的机械称为运输机械。它们在港口可对船舶、火车和汽车进行装卸工作，在船舱内进行各种搬运、堆码和拆垛工作，在货场上进行起重、搬运、堆码、拆垛等工作。

（5）辅助生产设施。为维护港口的正常生产秩序，保证各项工作得以顺利进行，港口还需要在陆域上配备一些辅助设施，如给排水系统、输电配电系统、燃料供应站、船舶修理站、各种办公用房等。

1.3.3 航道与航标

1.3.3.1 航道

航道是供船舶航行的水道，为了保证船舶安全畅通地完成运输任务，对航道也有一定的要求。

1. 有足够的航道深度

航道深度是指在全航线中所具有的最小通航保证深度，它是选用船舶吃水量和载重量的主要因素。航道深度增加，可以航行吃水深、载重量大的船舶，但是增加航道深度，必然会使整治和维护航道的费用增高。

2. 有足够的航道宽度

航道宽度视航道等级而定，通常单线航行的情况极少，双线航行最普遍，在运输繁忙的航线上还应考虑三线航行。

3. 有适宜的航道转弯半径

航道转弯半径是指航道中心线上的最小曲率半径，一般航道转弯半径不得小于最大航行船舶长度的4~5倍。若航道转弯半径过小，将造成航行困难，应加以整治。

4. 有合理的航道许可流速

航道许可流速是指航线上的最大流速。船舶航行时，上水行驶一般要避开流速大的区域而在流速缓和的区域行驶，下水行驶在流速大的区域行驶。如果航道的流速过大，上水行驶的船舶必须加大马力才能通过，降低了航行的经济性。

5. 有符合规定的水上外廓

水上外廓是保证航行船舶水面以上部分通过所需要的高度和宽度。

此外，航行还要求航道的冰冻期要短，没有水下障碍。

1.3.3.2 航标

航标即助航标志，起到帮助船舶定位、引导船舶航行、表示警告和指示障碍物的作用。在港口和航线附近海岸均应设置航标。

1. 海上航标

海上航标主要设于海上的某些岛屿、沿岸及港内重要地点。航标白天以形状、颜色，夜间用灯光颜色、时间长短、次数来区别各自作用。海上航标主要有以下几种。

（1）灯塔。这是海上航行的重要航标，设在港口附近和海上某些岛屿的高处。

（2）灯船。设于不能设置灯塔而又很重要的航道进出口附近。

（3）浮标。设在港口附近或港口航道上。其中，方位标志用来直接表示各种危险物的所在地或危险物（区）的界限；侧面标志用来标示航道一侧界限；中线标志用来标示来往船舶可靠近标志的任何一侧驶过。

此外，为了在雾、雪等视距不良的天气里让航行船舶大概知道航标位置，在某些地点设置有雾钟、雾笛、电雾号等音响设备。另外还有无线电指向标、雷达导航站等无线电导航设备。

2. 内河航标

内河航标的主要作用是准确标出江河航道的方向、界限、水深和水中障碍物，预告洪汛，指挥狭窄和急转弯水道上的水上交通，引导船舶安全航行。内河航标一般分为三等，在水路运输发达的航道上设置一等航标，夜间全部发光，保证船舶夜间和白天都能从一个航标看到下一个航标。在水路运输较发达的河段设置二等航标，它的密度比一等的稀，夜间只有主航道上的航标发光，亮度较弱。在水路运输不发达的河段设置三等航标，夜间不发光，密度稀。

内河航标主要有以下几种。

（1）过河标。标示跨河航道的起点和终点。引导对岸的船舶过河，也引导本岸的船舶驶往对岸。

（2）接岸标。标示沿着河岸的航道，指示船舶沿着河岸行驶。

（3）电缆标。标示该标附近有过江电缆，指示船舶注意安全并不要在此抛锚。

（4）水深信号杆。在浅滩两端航道附近的岸上，一般设有水深信号杆，指示航道的水深。

（5）通行信号杆。设在对船舶行驶有危险的狭窄航道、单孔通行的桥梁、急弯、船闸等处，利用信号指挥船舶安全通过。

1.3.4 航路运输环节及组织

1.3.4.1 水路运输生产过程

水路运输生产过程即船舶将货物从发货港运至目的港的过程。一个完整的水路运输生产

运输与包装

过程应包括：船舶装卸前的准备工作；船舶在发货港装货，船舶载货从发货港航行至目的港；船舶在目的港卸货这几项作业。船舶每完成一次货物运输任务都必须重复这些作业，船舶完成一次完整的运输生产过程称为一个生产周期。在水路运输生产中，用航次来表示船舶运输的生产周期，航次的时间构成分为三部分：第一部分为基本作业，包括装货、卸货、上下旅客等；第二部分为辅助作业，包括装卸前的准备、开闭舱盖、办理文件等；第三部分为服务作业，包括燃料、淡水、食品等供应作业。

1.3.4.2 船舶运行组织

船舶运行组织就是对运输船舶运行活动的合理安排。船舶为了安全、迅速、经济、方便地运送旅客与货物，必须与港口、航道等环节在技术条件、营运管理上相互适应，还应该和其他运输方式等进行协调配合，所以必须对船舶运行活动进行合理安排与调整。

船舶运行组织的形式有航线形式和航次形式两种。

航线形式是指在固定的港口之间，为完成一定的运输任务，配备适合具体条件的、性能接近的一定数量的船舶，并按一定的程序组织船舶运行活动的一种船舶运行组织形式。航线形式作为一种独特的组织形式，是由航次形式在具有稳定的运输需要的航区形成和发展起来的。可见，组织航线形式的条件，首先是要有稳定而且量大的货流（客流）。

生产航次形式是指船舶的运行没有固定的出发港和目的港，船舶仅为完成某一次运输任务、按照预先安排的航次计划运行。航次形式是一种非正规的运行组织形式，它具有很大的机动灵活性，对航线形式能够起到调整和补充的作用。

单从经济角度考虑，组织航次的基本原则是：对于起讫港之间距离长、港口装卸效率高的运输任务，选派载重量大、航速高的货船去承运。在国际航行中，根据贸易与市场的需要，可组织船舶以航线形式或航次形式运行。在国内沿海及内河运输中，航线形式是船舶运输的基本组织形式，而航次形式则是一种辅助的、但不可缺少的船舶运输组织形式。

1.4 航空运输

航空运输又称飞机运输，它是在具有航空线路和飞机场的条件下利用飞机作为运输工具进行客货运输的一种运输方式。它是随着社会、经济的发展和技术进步发展起来的，而它的发展又促进了全球经济、文化的交流与发展，促进了物资流通和经济生产增长，推动了人类社会文明进步。

1.4.1 飞机基本构造与技术参数

航空运输的主要工具是飞机，现代飞机按用途主要可分为军用机和民用机两类，另有一类专门用于科研和试验的飞机称为研究机。下面主要介绍民用机。飞机是由机体、推进装置、飞行系统、机载设备四个基本部分构成的。

1. 机体

飞机机体由机翼、机身、尾翼、起落架等组成。现代民用飞机机体除起落架外，一般都是以骨架为基础加蒙皮的薄壁结构，强度高、刚度大、质量轻。

2. 推进装置

航空发动机是飞机的推进装置，主要有活塞式航空发动机、燃气涡轮发动机和冲压发动机几种。

3. 飞行系统

飞行系统包括飞机操纵系统、液压传动系统、燃油系统、空调系统、防冰系统等。操纵系统将驾驶员发出的操纵指令传递给有关装置，改变和控制飞行姿态；液压传动系统的作用主要是传动和控制操纵系统和起落架系统等；燃油系统的主要作用是存储所需燃油并向发动机连续可靠地供油；空调系统用于抵御飞机在高空飞行时因低压、缺氧和低温给人体带来的不适；防冰系统是防止结冰给飞机飞行带来的危险，它包括防止结冰和除去结冰。

4. 机载设备

机载设备主要是指为驾驶人员提供有关飞机及其系统的工作情况的设备，通过机载设备，驾驶人员能够随时得到飞行所必需的信息，并可在飞行后向维修人员提供有关信息。

1.4.2 机场设备

1.4.2.1 机场的分类与构成

机场是供飞机起飞、着陆、维修、补充给养及组织飞行保障活动所用的场所。机场是飞机航行的经停点，也是终点站。

一般可将机场分为空侧和陆侧两部分。空侧是受机场当局控制的区域，包括飞行区、站坪及相邻地区和建筑物，进入该区域是受限制的。陆侧是为航空运输提供各种服务的区域，是公众能够自由进出的场所和建筑物。航站楼是这两部分的分界处。机场主要由飞行区、航站区及进出机场的地面交通系统三部分组成。

1.4.2.2 机场场道

机场场道包括飞行区和停机坪。

1. 飞行区

跑道是提供飞机起飞、着陆、滑跑及起飞滑跑前和着陆滑跑后运转的场地。跑道数目主要取决于航空运输量的大小。跑道长度是机场的关键参数之一，它与飞机的起降安全直接有关。跑道的方位是指跑道的走向，跑道的方位主要与当地的风向有关。飞机最好是逆风起降，过大的侧风妨碍飞机起降。跑道应有足够的宽度，应尽量避免跑道的纵向坡度及坡度的变化，以保证飞机起飞、着陆和滑跑时的安全。跑道面应具有良好的平整度和摩擦特性，以便保证飞机滑跑时的稳定性。

滑行道的主要功能是提供从跑道到航站区的通道，使已着陆的飞机迅速离开跑道，不与起飞滑跑的飞机相干扰，并尽量避免延误随即到来的飞机的着陆。同时，滑行道也提供了飞机由航站区进入跑道的通道，且将性质不同的航站各功能分区连接起来。

为安全起见，飞机在机场起飞降落必须按规定的起落航线飞行。这样，就必须对机场附近沿起降航线一定范围的空域提出要求，即净空要求，这个空域称为机场净空区。在该空域内，不应有高障碍物和干扰导航信息的电磁环境。

2. 停机坪

停机坪包括站坪、维修机坪、隔离机坪、等待起飞机坪等。停机坪上设有机位（供飞机停放的划定位置）。航站楼空侧所设停机坪称作站坪，可供飞机滑行、停驻机位和上下旅客及加油。

1.4.2.3 机场设施与设备

1. 航站楼

航站楼（主要指旅客航站楼，即候机楼）是航站区的主体建筑。航站楼一侧连着机坪，另一侧又与地面交通系统相联系。旅客、行李及货邮在航站楼内办理各种手续，并进行必要的检查以实现运输方式的转换。旅客航站楼的基本功能是安排好旅客和行李的流程，为其改变运输方式提供各种设施和服务，使航空运输安全有序。其基本设施包括：公共大厅、候机大厅、安全检查设施、登机梯、机械化代步设施、行李处理设施、信息服务设施等。

2. 目视助航设施

为了满足驾驶员的目视要求，保证飞机的安全起飞、着陆、滑跑，应在跑道、滑行道、停机坪及相关区域设置目视助航设施，包括指示标和信号设施、标志、灯光、标记牌和标志物。

3. 地面活动引导和管制系统

地面活动引导和管制系统是指由助航设备、设施和程序组成的系统。该系统的主要作用是使机场能安全地解决运行中提出的地面活动需求，即防止飞机与飞机、飞机与车辆、飞机与障碍物、车辆与障碍物及车辆之间的碰撞等。

4. 地面特种车辆和机务设备

进出港的飞机都需要一系列的地面服务，这些服务往往都是由工作人员操作各种车辆（牵引车、加油车、客梯车、行李车、升降平台）或设备来完成的。

1.4.3 航空运输管理

1.4.3.1 基本概念

1. 航路

航路是指飞机按指定的航线由一地飞行到另一地的空中通道或空域。航路由空军划定，经国务院和中央军委批准。各部门的飞机经申请批准后在指定航路上飞行。

2. 航线

航线是航空公司开辟的从甲地航行到乙地的营业路线。

3. 航班

按照民航管理当局批准的民航运输飞行班期时间表、使用指定的航空器、沿规定的航线在指定的起讫、经停点停靠的客货邮运输飞行服务，称为航班。

1.4.3.2 航空旅客运输管理

航空旅客运输是指使用航空器将旅客从一地运往另一地的空中交通运输形式，是航空运输业的主要运输任务。

航空运输是一个复杂的生产过程，需要地面保障和空中服务等多方面工作的密切配合，通过各生产体系中有关部门的综合协调来共同完成。航空运输生产可以分成机场保障、机务维修、航行业务管理、油料供应和运输服务五个生产体系，它们在运输指挥部门的统一组织协调下，分工合作，共同完成生产任务。

航空旅客运输的任务是实施航班计划，完成将旅客和行李从始发机场安全地运送到目的机场。航空旅客运输生产过程可以分为以下五个阶段。

1. 航班计划

航空公司根据公司的发展目标、航线计划、运力、人力资源及资金等情况，在市场调查的基础上，进行航班安排，具体确定飞行班次、航班频率和经停机场，并制定航班时刻表。航空公司和机场的所有生产活动，将以航班计划为核心进行组织安排，确保航班计划的顺利实施。

2. 市场销售

根据航班计划，航空公司市场销售部门及销售代理，在公布的订座期限内，进行航班座位销售。市场销售是航空公司回收投资的主要环节。航班座位销售将直接影响航空公司的经济效益。

3. 旅客乘机

航空公司根据航班时刻表，为旅客安排登机准备，接受旅客的行李交运。同时，机场有关部门对旅客和行李进行安全检查，提供候机服务和查询服务。

4. 运输飞行

运输飞行阶段是具体实施运输任务的过程，分为飞行准备和飞行实施两部分。

5. 旅客离港

在飞机安全抵达目的机场后，运输服务部门安排旅客下机，卸运行李，航空公司为旅客提供查询和领取行李服务。

1.4.3.3 航空货物运输管理

1. 航空货物运输方式

航空货物运输方式主要有班机运输、包机运输、集中托运和航空快递业务。

（1）班机运输指具有固定开航时间、航线和停靠航站的飞机。

（2）包机运输指航空公司按照约定的条件和费率，将整架飞机租给一个或若干个包机人（包机人指发货人或航空货运代理公司），从一个或几个航空站装运货物至指定目的地。包机运输适合于大宗货物运输，费率低于班机，但运输时间则比班机要长。

（3）集中托运是指航空货运代理公司将若干批单独发运的货物集中成一批向航空公司办理托运，填写一份总运单至同一目的地，然后由其委托当地的代理人负责分发给各个实际收货人的运输方式。

（4）航空快递业务，是由专门经营该项业务的航空货物运输公司派专人用最快的速度，在货主、机场、用户之间传递急件的运输服务业务。

航空货物运输管理是指通过航空器将货物从一地运往另一地的空中交通运输形式，是一种快捷的现代运输方式。它具有速度快、超越地理限制、运价高、货物的广泛性和运输具有方向性（来回程运输量有差异、通常是经济发达和开放程度高的地区货运量大）等特点。

2. 航空货物运输货物种类

航空货物运输的单位成本很高，因此，主要适合运载的货物有以下几类。

（1）急快件货物运输。

急快件货物运输，是顾客紧急需要把货物以最快的速度运达目的地。这一类货物的特点首先是需要运输的时间短，而运输费用在其次，如商业信函票证、生产部件、急救用品、救援物资，以及紧急调运物品等。

（2）易腐货物运输。

这类物品有两种，一种是指物品本身容易腐烂变质的货物，如鲜花、海鲜、应时水果等；另一种是指物品价值与时间密切相关，对进入市场的时间要求短。

（3）常规货物运输。

常规货物运输的对象主要是指有时间要求，不宜颠簸或容易损坏的精密仪器设备、价值与体积比较大的贵重物品等。

3. 航空货物运输组织

航空货物运输生产任务，就是承运人按照货运单上的发运日期和航班要求，组织运力将货物运达目的地。航空货物运输生产过程大致分为货物收集、进港、运送、到港和交货等阶段。从生产性质上来看，航空货物运输生产可以分为两大部分，一部分是以货物收集为中心的货物运输市场组织和管理，另一部分是以货物运输为中心的货物进港、货物运送、货物出港和交付过程。

（1）航空货物运输市场组织和管理。

航空货物运输市场组织的任务，就是按照市场销售计划，积极开拓货物运输市场，组织货源，收集货物，为运输生产做好充分的准备。组织航空货物运输市场主要有以下几种方式。

①直接销售。航空运输企业通过自己的销售部门或收货站，直接进行航空货物运输企业业务的销售。直接销售的业务点一般分布在运量较大的城市，可以直接组织市场。直接销售的优点是能够直接控制市场，减少中间环节，提高销售利润。

②代理销售。航空运输企业进行直接销售可以减少代理费用，但如果进行直接销售的业务量不足，将会增加销售成本，因此航空运输企业的相当一部分货运吨位通过销售代理人销售。销售代理人根据与航空运输企业之间的协议，代替航空运输企业销售空余吨位，按照协议提取代理费用。

由于航空运输企业能够提供服务的航线有限，对于本身不能运达的航线部分，航空运输企业之间通常采用联运服务。这种服务是有偿的，上一个承运人即为下一个承运人的销售代理人，它们之间通过多边协议的比例分摊来分配销售收入。

（2）航空货物运输生产组织与管理。

航空货物运输生产的任务，是指承运人按照货运单上标注的发运日期和航班要求，组织运力将承运的货物运达目的地。

①货物运输生产计划。根据航空运输企业市场调查和预测结果，估算航空货物在各机场之间的流量和流向，确定本航空运输企业的市场目标和市场份额。在此基础上，航空货物运输企业制订货物运输生产计划，主要包括运力计划、运量计划、周转量计划、收入计划及运输综合计划等。

· 运力计划。运力计划是指在市场调查和预测的基础上，根据货物运输企业飞机运力情况，预期市场目标和市场份额，计划投入航线的机型、航班数，也就是计划航线的可提供吨位。

· 运量计划。根据市场需求预测航空货物运输企业可提供的吨位和历史生产完成情况等，计划货物运输企业在每条航线上的运输量及总运输量。

· 运输周转量计划。根据航线航班计划和运输量计划，制订每条航线的运输周转量计划和总周转量计划，也就是航线的运输计划。

· 收入计划。也称发运收入计划，是航空货物运输企业货运的主要收入计划，也是编制货物运输财务计划的主要依据之一。

· 运输综合计划。运力计划、运量计划、运输周转量计划和收入计划等，都是货物运输生产计划的一部分，在上述计划的基础上，将各分类计划的有关总量指标汇集在一起，形成运输综合计划，以反映货物运输企业计划年度的主要运输指标、收入指标和发展情况等。

②货物进出港生产组织与管理。航空货物运输市场销售部门接手的交运货物，一般在机

场组织进出港生产过程。航空货物运输企业通常委托航线上机场进行货物进出港组织和管理，大型航空货物运输企业一般在基地机场自行组织货物进出港生产。

货物的进出港是一个组织严密的生产过程，有严格的工序控制和定时要求，涉及的部门多，需要统一组织和协调，密切合作，共同完成。图 1-7 简要描述了航空货物进出港的过程。

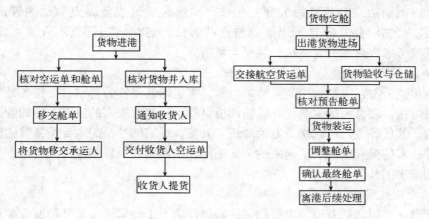

图 1-7　航空货物进出港的过程

1.4.3.4　空中交通管制

空中交通管制，是为避免飞行中飞机相撞及飞机与机场内的物体相撞而适用的一套管理设备与规则，在航空运输中发挥着重要作用。它的主要目的是：飞机按计划飞行，保障工作有条不紊；维护飞行秩序，合理控制空中交通流量，防止飞机之间、飞机与障碍物之间相撞，保证飞行安全；对违反飞行管制的现象，查明情况，进行处理。空中交通管制由空中交通管制机构、程序管制和雷达管制三部分组成。

1. 空中交通管制机构

空中交通管制机构包括空中交通服务报告室、塔台管制室、进近管制室、区域管制中心和全国交通管制中心（中国民航局调度室）。

2. 程序管制

程序管制是依照《空中交通管制规则》、机场和航路的有关规定，依靠通信手段进行管制的方法。它要求机长报告飞行中的位置和状态，管制员依据飞行时间和机长的报告，通过精确的计算，掌握飞机的位置和航迹。程序管制的主要职责是为飞机配备安全间隔。

3. 雷达管制

雷达管制是依照《空中交通管制规则》、依靠雷达监视的手段进行管制的方法。它对飞行中的飞机进行雷达跟踪监视，随时掌握飞机的航行位置和有关的飞行数据，并主动引导飞机运行。

1.5　管道运输

管道运输是指利用管道输送气体、液体和粉状固体的一种运输形式。管道运输已有 130 多年的历史，在各主要工业国均已成为独立的技术门类，形成庞大的工业体系，与铁路、公路、水路、航空运输等并列为五大运输方式。与其他运输方式相比，管道运输具有运量大、运距短、安全性好、劳动生产率高、耗能低、运费低等优点。但其运输方式不灵活，承运货物比较单一,因此适用于单向、定点、量大的货物运输。

1.5.1 输油管道

1.5.1.1 基本组成

输油管道由输油站和管线两大部分组成,输送轻质油或低凝点原油的管道不需要加热,对易凝、高黏油品,需要采用加热输送的方法。热油输送管道不仅要考虑摩阻的损失,而且还要考虑散热损失,输送工艺更为复杂。

1. 输油站

输油站包括首站、末站、中间输油站。输油管道的起点称为首站,其任务是集油,经加压向下一站输送,故首站的主要设备除输油机泵外,一般有较多的油罐。输油管道沿途设有中间输油站,其任务是对所输送的原油加压、升温。中间输油站的主要设备有输油泵、加热炉、阀门等。末站接收输油管道送来的全部油品,供给用户或以其他方式转运,故末站有较多的油罐和准确的计量装置。

2. 输油管道的线路(即管线)部分

输油管道的线路包括管道,沿线阀室,穿越江河、山谷等的设施和防腐保护设施等。为保证长距离输油管道的正常运营,还设有供电和通信设施。

1.5.1.2 主要设施

1. 离心泵与输油泵站

离心泵是一种将机械能(或其他能量)转化为液体能的水力机械,它也是国内外输油管线广泛采用的原动力设备,是输油管线的心脏。离心泵通过离心力的作用完成介质的输送任务。当离心泵内充满液体时,叶轮旋转产生离心力,叶轮槽中的液体因此被甩向外围而流进泵壳,使叶轮中心压力降低并低于水池液面压力,液体在此压力差下流进泵壳,通过泵的不断吸入和压出,完成液体输送。

输油泵站的基本任务是供给油流一定的能量(压力能或热能),将油品输送到终点站(末站)。输油泵站包括生产区和生活区两部分,生产区又可以分为主要作业区和辅助作业区。主要作业区的设备包括输油泵房、总阀室、清管器收发装置、计量间、油罐区、油品预处理装置(多设于首站)、加热炉和换热器组等。

2. 输油加热炉

在原油输送过程中对原油采用加热输送的目的是使原油温度升高,防止输送过程中原油在输油管道中凝结,减少结蜡,降低动能损耗。通常采用加热炉为原油提供热能。加热炉一般有辐射室(炉膛)、对流室、烟囱和燃烧设备。加热方法有直接加热和间接加热两种。直接加热方式是使原油在加热炉炉管内直接加热,即低温原油先经过对流室炉管被加热,再经过辐射室炉管被加热到所需要的温度。

3. 储油罐

储油罐是一种储存石油及其产品的设备。油罐按建造方式可分为地下油罐(罐内油品最高液面比相邻自然地面低 0.2 m 及其以上)、半地下油罐(油罐高度的三分之二左右在地下)和地上油罐(油罐底面在地面或高于地面)三种。油罐按建造材料可分为金属油罐和非金属油罐两种。一般地,应用较为广泛的是钢质金属油罐,安全可靠,经久耐用,施工方便,可储存各种油品。非金属油罐一般建在地下或半地下,用于储存原油或重油,容积小，易于搬迁，非金属油罐抗腐蚀能力比金属油罐强，缺点是易渗漏，不宜储存轻质油品。

4. 管道系统

输油系统一般采用有缝或无缝钢管，大口径者可采用螺旋焊接钢管。无缝钢管壁薄、质量轻、安全可靠，但造价高，多用于工作压力高、作业频繁的主要输油管线上。焊接钢管又称为有缝钢管，是目前输油管道的主要用管。

5. 清管设备

油品运输过程中，管道结蜡使管径缩小，造成输油阻力增加、输油能力下降，严重时可使原油丧失流动性，导致凝管事故。处理管道结蜡有效而经济的方法是机械清蜡，即从泵站收发装置处放入清蜡球或其他类型的刮蜡器械，利用原油输送泵输送原油在管内顶挤清蜡工具，蜡清除并随油输走。我国目前普遍应用的清管器有机械式清管器和泡沫式清管器两类。

6. 计量及标定装置

为保证输油计划的完成，加强输油生产管理，长输管线上必须对油品进行计量，以及时掌握油品的收发量、库存量及耗损量。管道上常用的流量计有容积式流量计和涡轮式流量计两种。计量系统由流量计、过滤器、温度及压力测量仪表、标定系统及排污管五部分组成。

1.5.1.3 管道防腐措施

在管道运输中，管道和储油罐的防腐措施主要有以下几种。

（1）选用耐腐蚀材料制造的管道。

（2）在输送或储存介质中加入缓蚀剂以抑制管道的内壁腐蚀。

（3）在管道内外壁采用防腐绝缘涂层，将钢管与腐蚀介质隔离。

（4）采用阴极保护法。

1.5.2 输气管道

1.5.2.1 基本组成

输气管道系统主要由矿场集气管网，干线输气管道（网），城市配气管网及与此相关的站、场等设备组成。这些设备从气田的井口装置开始，经矿场集气、净化及干线输气管道输送，再经城市配气管网送到终端用户，形成一个统一的、密闭的输气管道系统。输气管道系统如图 1-8 所示。

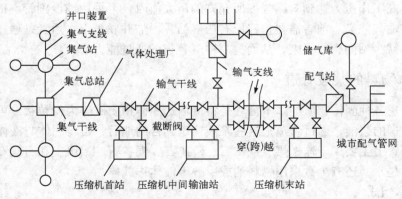

图 1-8 输气管道系统

1.5.2.2 主要设备

输气管道系统由矿场集气管网、输气站、干线输气管网、城市配气管网四部分组成。

1. 矿场集气管网

集气过程指从井口开始，经分离、计量、调压、净化和集中等一系列过程，到向干线输送为止。集气设备包括井场、集气管网、集气站、天然气处理厂、集气总站等。一般气田集气有单井集气和多井集气两种流程。单井集气方式下的每一口井场除采气树外，还有一套独立完整的节流（加热）、调压、分离、计量等工艺设施和仪表设备。多井集气方式下，井场只有采气树，气体经初步减压后送到集气站，集气站将气体通过集气管网集中于集气总站，外输至净化厂或干线。

2. 输气站

输气站又称为压气站。核心设备是压气机和压气机车间。任务是对气体进行调压、计量、净化、加压和冷却，使气体按要求沿着管道向前流动。由于长距离输气需要不断供给压力能，故沿途每隔一定距离（一般为 110~150 km）设置一座中间压气站。压缩机（压气机）是提高气体压力、输送气体的机器。输气管线上的压缩机主要是容积型的活塞式往复压缩机和速度型的离心式旋转压缩机。

3. 输气干线

干线是指从矿场附近的输气首站开始到终点配气站为止的管道，由于输气管道输送的介质是可以压缩的，其数量与流速、压力有关。压缩机站与管道是一个统一的动力系统。压缩机的出站压力就是该站所属管道的起点压力，终点压力为下一个压缩机站的进站压力。一般地，输气管道可以有一个或多个压缩机站。

4. 城市配气

城市配气管网是指从配气站（即干线终点）开始，通过各级配气管网和气体调压，按用户要求直接向用户供气的过程。配气站是干线的终点，也是城市配气的起点与枢纽。气体在配气站内经分离、调压、计量和添味后输入城市配气管网。城市一般都设有储气库，可调节输气与供气间的不平衡。

1.5.2.3 增加输气管道输气能力

输气管道在生产过程中常常需要进行扩建或改造，目的在于提高输气能力并降低能耗。当输气管道最高工作压力达到管路强度所允许的最大值时，可采用铺设副管、倍增压气站两种方法来提高输气能力。前者需要扩建原有压气站、增加并联机组；后者是通过在站间增建新的压气站、减少站间管路长度，从而提高输气管道的通过能力。

1.5.3 固体物料的浆液管道

用管道输送各种固体物质的基本措施是将待输送固体物质破碎为粉粒状，再与适量的液体配置成可泵送的浆液，通过管道把这些浆液输送到目的地后，再将固体与液体分离送给用户。目前浆液管道主要用于输送煤、铁矿石、磷矿石、铜矿石、铝矾土和石灰石等矿物，配置浆液的主要是水，还有少数采用燃料油或甲醇等液体作载体。

1.5.3.1 基本组成

固体物料浆液管道的基本组成与输油、输气管道大致相同，但还有一些制浆、脱水干燥设备。以煤浆管道为例，整个系统包括煤水供应系统、制浆厂、干线管道、中间加压泵站、终点脱水与干燥装置。它们也可以分为三个不同的组成部分：浆液制备系统、中间泵站、浆液后处理系统。

1.5.3.2 主要设备

固体物料浆液管道设备由浆液制备系统、中间泵站、后处理系统三部分组成。

1. 浆液制备系统

以煤为例，煤浆液制备过程包括洗煤、选煤、破碎、场内运输、浆化、储存等环节。为了清除煤中所含的硫及其他矿物杂质，一般要采用淘洗法、浮选法对煤进行精选，也可采用化学法或细菌生物法。从煤堆场用皮带运输机将煤输送至储仓后，经振动筛粗选后进入球磨机进行初步破碎，再经第二级振动筛筛分后进入第二级棒磨机掺水细磨，所得粗浆液进入储浆槽，由提升泵送至安全筛分，筛分后进入稠浆储罐。在进行管道输送之前，为保证质量要求，需进行检验，不合格的需返回重新处理。

煤浆管道首站一般与制浆厂合在一起，首站的增压泵从外输罐中抽出浆液，经加压后送入干线。

2. 中间泵站

中间泵站的任务是为煤浆补充压力能，停运时则提供清水冲洗管道。输送煤浆的泵也可分为容积式与离心式两种，其特性差异与输油泵大致相同。

3. 后处理系统

后处理系统主要包括脱水、储存等部分。影响脱水的因素主要有浆液温度与颗粒含量。浆液先进入受浆罐或储存池，然后再用泵输送到振动筛中区分为粗、细浆液。粗浆液进入离心脱水机，脱水后的颗粒可直接输送给用户，排出的废液输入浓缩池，与细粒浆液一起，经浓缩后再经压滤机压滤脱水，最后输送给用户。由于管道中流动的浆流是固液两相的混合物，其输送过程中除了要保证稳定流动外，还要考虑其沉淀的可能，尤其是在流速降低的情况下。

1.5.4 管道运输管理与组织

在管道运输过程中，利用技术手段对管道运输实行统一指挥和调度，以保证管道在最优化状态下长期安全而平稳地运行，从而获得最佳经济效益。

1.5.4.1 管道运输生产管理的主要内容

管道运输生产管理包括管道输送计划管理、管道输送技术管理、管道输送设备管理和管道线路管理。前两者又合称为管道运行管理，是生产管理的核心。

1. 管道输送计划管理

根据管道所承担的运输任务和管道设备状况编制合理的运输计划，以便有效地进行生产。首先编制年度计划，根据年度计划再编制月计划、批次计划、周计划等。根据这些计划安排管道全线运输计划，编制管道站、库的输入输出计划等。

2. 管道输送技术管理

根据管道输送货物的特性，确定输送方式、工艺流程和管道运行的基本参数等，以实现管道生产最优化。包括检测管道运行状况、分析运输条件变化、采取适当措施调整运行参数以充分发挥输送设备效能。

3. 管道输送设备管理

对管道站、库的设备进行维护和修理,以保证管道的正常运行。

4. 管道线路管理

对管道线路进行管理,以防止线路受到自然灾害或其他因素的破坏。

1.5.4.2 管道运输生产管理的检测和监控

管道运输线路长,站、库多,输送的货物易燃、易爆、易凝或易沉淀,且需要在较高的输送压力下连续运行。这样,要求管道生产管理具有各种可行的监控技术设备,主要有管道监控、管道流体计量、管道通信。

管道监控是指利用仪表和信息传输技术测试全线各站、库和线路上各测点的运行工况参数,作为就地控制的依据,或输给控制室作为对全线运行工况进行监视和管理的依据。管道流体计量是指为管道管理而提供传输量和油、气质量的参数,是履行油品交换、转运和气体调配所必需的。管道通信是指管道全系统利用通信系统交流情况,传递各种参数信息,下达调度指令,实现监控。通信系统对管道管理水平的提高起着重要的保证作用。

本章小结

交通运输是文明社会从混乱走向有序所需要的工具之一,随着科学技术的进步,交通运输方式也在不断发展变化。从经济、环境、社会和政治各个方面来看,交通运输无疑是世界上最重要的行业。它既衔接生产和消费,又保证政治、经济、文化、军事等多方面的沟通。

现代交通运输方式主要包括铁路、公路、水路、航空和管道五种基本的运输方式。各种运输方式有着各自不同的特点,分别适用于各种不同的旅客运输和货运要求,必须协调发展才能使其优势发挥到最大。本章要求学生掌握这几种运输方式的运载工具、线路设备、运营方式及技术经济特征、适用范围,对五种运输方式有一个全面的了解。

复习思考题

一、基本概念

编组站 高速公路 集装箱船 航空运输生产过程 航班

二、选择题(含多选)

1. 铁路主要技术标准包括:(   )。
   A. 正线数目、限制坡度   B. 最小曲线半径、牵引种类
   C. 机车类型、机车交路   D. 车站分布   E. 到发线有效长度、闭塞类型
2. 从原动力来看,铁路机车可分为:(   )。
   A. 蒸汽机车   B. 旅客运输机车   C. 内燃机车
   D. 电力机车   E. 货运机车
3. 我国铁路运输工作的计划主要包括:(   )。
   A. 运输计划、运输方案   B. 列车编组计划   C. 列车运行图
   D. 技术计划   E. 工作计划
4. 在公路单车道上或路面不宽的双车道上,对向行驶的车辆未能及时或无法错车,只

能相对停车避免碰撞所需的最短距离称为（　　）。
A. 停车视距　　　　　　B. 超车视距　　　　　C. 会车视距
D. 倒车视距　　　　　　E. 刹车视距

5. 一个完整的水路运输生产过程应包括：（　　）。
A. 船舶装卸前的准备工作　　B. 船舶在出发港装载货物或旅客
C. 船舶从出发港航行至目的港　D. 船舶在目的港卸载货物或旅客
E. 船舶返回出发港

6. 航空旅客运输生产过程可以分为（　　）几个阶段。
A. 航班计划　　　　　　B. 市场销售　　　　　C. 旅客乘机
D. 运输飞行　　　　　　E. 旅客离港

7. （　　）是指在市场调查和预测的基础上，根据公司飞机运力情况，预计市场目标和市场份额，计划投入航线的机型、航班数，也就是计划航线可提供的吨位。
A. 运输综合计划　　　　B. 收入计划　　　　　C. 周转量计划
D. 运力计划　　　　　　E. 运量计划

8. 管道运输生产管理包括：（　　）。
A. 管道输送计划管理　　B. 管道输送技术管理　C. 管道输送设备管理
D. 管道线路管理　　　　E. 管道生产管理

三、问题与思考

1. 简述铁路线路的构成。
2. 铁路货车主要有哪些种类？它们的作用各是什么？
3. 铁路运行图的作用是什么？
4. 高速公路和一般公路相比，有哪些特殊性？
5. 简述公路货运过程。
6. 干货船主要有哪些种类？它们各有何作用？
7. 根据顾客需求，航空货运主要有哪几类？
8. 简述管道输油的过程。
9. 简述管道输气的过程。

第2章

运输经济

运输经济学是用经济学理论与方法，去研究如何有效地在交通运输和其他经济活动之间分配资源，以及如何有效地利用已经分配用于运输部门的资源。

运输经济学的主要内容是研究对运输需求的估计和克服距离障碍所花费的代价问题，研究运输资源和其他经济资源的合理分配，探求运输业发展运作中的内在经济规律，分析它的规模、比例、结构及与其他经济活动和经济部门的关系。在运输的规划、经营管理、设计等工作中包含很多经济问题，因此都离不开运输经济学的理论与分析方法。只有运用运输经济学的知识，才能对未来的趋势进行预测和判断，作为决策的参考依据。

2.1 运输结构分析

2.1.1 运输结构的含义

运输结构是指运输部门内外相互联系的各个方面和环节的有机比例和构成，大体上可分为宏观、中观和微观三个层次。

宏观层次的运输结构是从国民经济整体考察运输业的运输能力与运输需求的适应程度，以及为了与之相适应，运输业应有的投入比例和产出比例。中观层次的运输结构是从运输行业内部考察各种运输方式的构成，以及为了实现合理分工协作所需的比例关系，如各种运输方式线网规模和地区分布、运输能力比例、客货运输在各种运输方式中所占比例等。微观运输结构是从每种运输方式内部各个环节考察其构成比例，如运输线路同运输工具之间的比例，港、站、场和线路的能力协调，技术装备构成及企业组织结构等。本章主要考虑的是中观层次的运输结构。

2.1.2 运量结构的演变及其影响因素

2.1.2.1 旅客运输结构演变分析

在美国，曾经有一个时期，城市之间的旅客运输几乎全部由铁路承担，在汽车、旅客运输飞机出现以后，铁路作为一种重要的旅客运输方式仍然持续了几十年。美国铁路旅客运输高峰出现在 20 世纪的 20 年代，此后，由于公路的改善和私人汽车拥有量的扩大，很多出行由私人汽车解决，铁路旅客运量逐渐减少。第二次世界大战之后，美国长途航空运输迅速发展，公路设施全面改善，使铁路旅客运量进一步大幅度下降。一般说来，在美国，运输距离在 1 000 km 以上的旅客运输中，航空运输占绝对优势，1 000 km 以内的旅客运输由私人汽车、公共汽车和铁路共同承担，其中私人汽车所占的比例最大。

我国改革开放以来，各种运输方式的旅客运输量均有不同程度的提高。民航和公路旅客运输增长速度较快，水路旅客运输的增长速度最慢，铁路旅客运输增长速度虽然不是很快，但增长趋势稳定，年均增加量较大，仍占主导地位。我国旅客运输系统的构成中，铁路是主要的运输方式，随着我国经济的不断发展和人民生活水平的不断提高，铁路旅客运输周转量在不断增加，但是它在旅客运输总周转量中所占比重在逐渐降低，这说明其他运输方式得到了更快的发展。公路旅客运输在总体结构中所占的比重不断增加，说明我国公路得到了快速而稳定的发展。水路旅客运输由于受航线固定和速度缓慢等因素的制约，所占比重较小，并且呈逐年下降的趋势，这说明随着生活节奏的加快，人们对运输方式的选择越来越倾向于弃水走陆。民航的旅客运输量的绝对值较小，但平均运输距离大，旅客运输周转量在总体结构中的比例增长速度较快。

影响旅客运输结构改变的主要因素如下。

（1）国家经济发展水平和阶段是决定旅客运输结构的首要条件。当整个社会还不太富裕的时候，劳动时间的价值也不太高，人们旅行的时候，并不过分注重旅行的速度，只有当人们的劳动时间具有相当高的价值时，人们才更重视旅行的速度。

（2）当各种运输方式的价格水平不再是人们选择运输方式的制约因素时，各种运输方式的速度、服务质量、安全、舒适度将成为影响旅客运输结构的共同因素。

（3）国土面积、地理位置、人口数量及分布情况对旅客运输结构均有重要影响。美国、俄罗斯国土面积大，因此航空运输所占比例较大；日本为人口密集的岛国，铁路旅客运输所占比例则较高；我国国土面积广大，人口众多，但经济欠发达，因此铁路在长途旅客运输方面的优势在今后相当长的时间内是其他运输方式难以替代的。

（4）运输方式的服务质量，如服务营业时间、灵活性、方便性、安全性对旅客运输结构也有重要影响。

（5）国家经济政策和运输政策。

2.1.2.2 货物运输结构演变分析

在美国，近几十年来，铁路承担的货物运输量仍占首位，铁路货物运输在大宗、远途、低值的原材料运输上具有其他运输方式所不可替代的优势，随着经济的发展，大宗、低值原材料、矿建材料等货物的运输周转量逐步低增长或停滞，铁路货物运输周转量所占比重下降。公路货物运输周转量逐步增长，内河水路货物运输周转量所占比重逐步下降，管道运输的周转量比重呈上升趋势，而航空货物运输周转量有大幅度的提高。

在我国，自改革开放以来到 20 世纪 90 年代，铁路货物运输周转量平均增长率最大，铁路货物运输是我国国内货物运输的主要运输方式，占主导地位。但是铁路货物运输的周转量增长速度较低，这除了铁路货物运输周转量基数大的原因之外，还受铁路建设的速度等因素影响。公路货物运输周转量中，专业货物运输周转量平均增长量较小，但社会货物运输周转量的增长量比较高，这说明公路货物运输内部结构已发生了很大的变化。内河水路运输周转量在这一时期基本保持平衡,管道运输的周转量所占比重呈上升趋势,而远洋运输、民航货物运输受运输对象的影响,所以其发展有一定的不稳定性,随着我国经济的发展,远洋运输和民航货物运输周转量的增长速度还会提高。

影响货物运输结构演变的主要因素有以下几种。

1. 需求结构（产业结构）的变化

发达国家运输历史表明,运输结构的变化正是适应运输需求结构变化的反映,运输需求结构变化的根源在于产业结构的变化。产业结构的变化会引起产品结构的变化,这样,运输的货物结构也相应地发生变化。由于各种运输方式的技术经济特征不同,其适用对象与范围也不相同,因此,随着货物结构的变化各种运输方式的发展速度也相应地发生变化,导致货物运输结构随之变化。

2. 供给因素的变化

运输业的供给是指科技进步为运输工具的革新所提供的技术手段及经济实力为运输业的发展所提供的物质基础。科学技术的进步不仅使五种现代运输方式得以改进和提高,而且使整个交通运输业向着运输方式多样化发展。

3. 国内经济政策的影响

政策因素是指根据运输需求的变化而对某种运输方式给予扶持或限制。经济政策合理与否会影响到运输结构的改变与合理化。

除此之外,地理位置、资源分布、生产布局等也是影响货物运输结构的重要因素。

2.1.3 运输网络结构演变及其影响因素

近些年来,我国的交通运输业有了很大的发展,已经形成了由铁路、公路、水路、航空和管道五种运输方式组成的现代运输网。随着青藏铁路的开通运营,我国各省市区都有铁路相通,全国90%以上的乡镇都通了汽车,民用航空已形成以北京为中心,连接国内各大中城市的航空运输网。

但是,我国的运输网仍然落后于经济与社会发展的需要,主要表现在两个方面:一是运输线路少,运输能力严重不足;二是运输网的技术装备水平比较落后。如我国铁路网的密度与发达国家相比还很低,线路少,设备不足,运输能力紧张;公路路况差,一、二级公路所占比例还很低;内河航道和港口很多还处于自然状态,港口的很多装卸设备还很落后;机场、导航设施和空中管制方式还比较落后;管道运输还处在起步阶段。

一个国家的运输网结构及其内容是由多方面的因素决定的,既与该国的运输现代化程度有关,又与这一国家的地理位置、国土面积等自然和经济条件有关。对于发达的工业化国家来讲,由于这些国家工业化时间早,运输网结构演变发展经历了诞生、成长、饱和及衰退几个完整的阶段,其发展过程完整,运输网结构更加合理。对于发展中国家,总体上运输网发展存在以下特点：运输网络发展不完整,表现在运输线路长度不足,运输网的空间分布不合理,技术水平参差不齐,先进运输工具和原始交通方式长期并存,运输能力紧张。影响发展中国家运输网络演变的主要因素如下。

①国家的工业化和运输化水平及发展阶段。

②传统产业和高、新技术产业的发展水平和比例。

③国民人均收入水平及国民收入的分布。

④国家及地区的发展战略,如产业政策、经济发展规划等。

2.2 运输需求与供给

2.2.1 运输需求的产生与影响因素

运输需求是指由于社会经济发展使得人与货物在空间位移方面所提出的有支付能力的需要。具有实现位移的愿望，同时具备支付能力是形成运输需求的两个必要条件。

2.2.1.1 运输需求的产生

旅客运输需求来源于生产和消费两个不同的领域。以公务和商务为目的的旅客运输需求来源于生产领域，是与人类生产交换分配等活动有关的运输需求，称为生产性旅行需求。以个人事务、旅游为目的的旅客运输需求，称为消费性旅行需求。生产性旅行需求是生产活动在运输领域的继续，运输费用进入产品成本或劳务成本。消费性旅行需求是一种消费活动，其费用来源于个人消费基金。

货物运输需求主要来源于以下三个方面。

①自然资源地区分布不均衡，生产力布局与自然资源的产地分离。

②生产力与消费群体分离。

③地区之间在商品品种、质量、性能、价格上的差异。

2.2.1.2 影响运输需求的因素

在旅客运输方面，影响运输需求的主要因素如下。

1. 社会经济发展水平

旅客运输需求与社会、经济的发展，以及市场繁荣密切相关。社会稳定、经济繁荣时，旅客运输需求会明显上升，反之，则会下降。改革开放以来，我国社会稳定，经济持续发展，随着农村经济的发展，促使大批剩余劳动力涌向城市。多年来，出现在铁路及其他运输部门的"民工潮"一浪高过一浪。经济的发展同时强化了城市与城市、城市与农村之间的联系，整个社会的流动性越来越明显。

2. 居民生活水平和消费水平

居民生活水平的高低影响其消费水平，而消费水平又直接影响到旅行需求。

3. 人口数量

人口的多少在一定程度上代表着消费市场的大小。

4. 运输服务质量

运输服务质量是影响运输需求的最重要的因素之一，旅客运输服务质量中，最重要的一项指标就是安全。在安全的前提下，人们更多地关注速度、准时和舒适。

5. 运输价格

运输价格是指运输企业对特定货物或旅客所提供的劳务的价格。

（1）运输价格的分类。按照不同的运输对象可以分为货物运输价格和旅客运输价格。

按照不同的运输方式可以分为铁路货物运输价格、公路货物运输价格、航空货物运输价格、水路货物运输价格和管道货物运输价格。

按货物联运形式可以分为国际货物联运价格和国内货物联运价格。

（2）运输价格的结构形式。运输价格的结构形式是指按照货物运输距离的差别制定的运输价格或按照不同运输线路制定的运输价格。

①距离—历程运输价格。又包括均衡里程运输价格和递远递减运输价格。通常，公路货物运输价格采用均衡历程运输价格的形式；水路和铁路货物运输价格采用递远递减运输价格的形式。

②线路和航线运输价格。指按照运输线路或航线不同分别确定的货物运输价格，主要用于国际海运与航空货物运输中。

（3）运输价格管理。运输价格管理是指根据运输价格本身运动的客观规律和外部环境，采用一定的管理原则和管理手段对运输价格的运动过程进行的组织、指挥、监督、调节等各种智能活动的总和，是交通运输行业管理的一项重要内容。

2.2.2 运输供给

运输供给是指运输生产者在某一时刻，在各种可能的运价水平上，愿意并能够提供的各种运输产品的数量。供给在市场上的实现同时具备两个条件：一是生产者有出售商品的愿望，二是生产者有生产的能力。

2.2.2.1 运输供给的特点

由于运输产业本身的特点，使得运输供给与一般商品和服务的供给相比，有很大的差异。

1. 运输供给的长期价格弹性较小，短期价格弹性相对较大

这主要有两方面的原因：各种运输方式的固定资本投资大，固定设备多，因而在短期内变动成本的比重小；另外，运输能力往往是按运输高峰的需求而设计的，因此运输业应在一定时期内保持相当大的运能储备，并可随时调整运量，从而使运输供给可在短期内随价格的变化而增减。

2. 运输供给存在很多外部成本

运输业可以在成本增加很少的情况下，在需求允许时，增加供给量。这种情况发生时，伴随而来的是运输条件的恶化，从而导致服务质量下降，而由改善服务条件所引起的成本则全部由消费者承担，从而降低了运输成本。另外，运输活动所引起的空气、水、噪声等污染，能源和其他资源的过度消耗及交通阻塞等，基本上都是运输业的外部成本。

3. 运输供给具有一定的不可分性

运输业是社会基础设施的一部分，运输网络是一个整体，要为整个国家或整个地区服务，它是公共事业，在某些情况下需要由社会共同负担承办。

4. 某种程度的可替代性和某种程度的不可替代性并存

各种运输方式的运输供给者之间存在着一定程度的可替代性，这也构成了运输供给者之间竞争的基础。但是，由于各种运输产品自身的特点和限制等原因，各种运输方式之间并不是完全可以替代的。

2.2.2.2 运输供给的影响因素

1. 运输产品的价格

运输产品的价格是影响运输供给最主要的因素。在其他因素不变的情况下，商品价格和供给量呈同增同减的变动关系。

2. 运输成本

随着运输成本的上升，运输供给者下降，反之则增加。

3. 相关商品的价格

如果运输价格不变，电力供应或通信业服务价格提高，会相应减少运输行业的投资者，从而会减少运输供给。

2.2.3 各种运输方式的技术经济特征和运输成本

2.2.3.1 各种运输方式技术经济特征

1. 铁路运输

从技术性能上看，铁路作为一种陆上的运输方式，它的运行速度快，安全性好，运输成本较低。我国铁路运输成本比沿海水路运输和长江干线高一些，但比公路运输和航空运输低。如我国铁路货物运输燃料耗费稍高于水路运输，但只有公路货物运输能耗的 1/7 左右。因此，铁路适合承担中、长距离的运量大的客货运输业务。

铁路运输的弱点是投资多，消耗金属量大。此外，铁路运输受既有轨道的限制，常需要其他运输方式为其集散客货。

2. 公路运输

公路的优势是机动灵活，可以实现"门到门"运输。汽车的适应性强，既可适应高速公路的高等级路面，又可克服道路条件较差的困难，深入广大地区，适应多方面的需求。公路运输的速度较快，且可以为铁路、水路、航空等运输方式集散客货。

公路运输的主要缺点是能耗和运输成本较高，一般不适合运输大宗而长距离的货物。公路运输的安全性和旅客运输的舒适性较差，而且与其他运输方式相比，它对环境的污染比较大。

3. 水路运输

水路运输的优势是运输能力大，运输成本低。水路运输既可运客，又可运货，通用性较好，同时船舶货舱容量大，可以装载体积大的货物。水路运输建设投资低，运输成本低。因为水路运输的行道主要是利用天然的河、湖、海，除了建设港口、购置船舶外，其他方面几乎不用投资，整治河道投资也比较少，而且内河航道的建设还可以与兴修水利和修建水电站相结合，取得综合经济效益。远洋运输由于运输距离远，载运量大，因而运输成本最低。

水路运输的主要缺点是受自然条件的影响较大，在运输布局中有一定的局限性，如河流的走向和货流的走向不完全一致，某些航道和港口受季节影响大，难以全年通航，机动性差等。另外，水路运输速度慢，货物运输时间长，增加了货主的流动资金占用量。

4. 航空运输

航空运输是速度最快的运输方式，机动性大，几乎可以飞跃各种天然障碍，大大缩短了两地之间的运输距离，可以到达其他运输方式难以到达的地区，能适应紧急和抢险救灾的需要。但是飞机造价高，能耗大，成本高，相对运输能力小，技术要求最严格，受气象条件的限制大。因此，航空在货运方面只适合担负轻、短、小等高价值的物品和运送报纸、邮件及贵重鲜活货物等。虽然航空货运总量目前还不大，但随着产业结构的改变，航空货运量的增长很快。在旅客运输方面，民航也是目前发展速度最快的运输方式。

5. 管道运输

管道运输的主要优势为工程量小，占地少，运输量大，安全可靠，不受气候影响，能耗小，运输成本低，可以实现密闭运输，石油及石油产品的损耗少。但管道运输是一种专用的运输方式，只能运送特定的货物，不能运送旅客和其他的货物，而且管道初始建设的投资较大，金属消耗量也大。

2.2.3.2 各种运输方式的运输成本

1. 铁路运输成本

铁路运输成本是指铁路运输发生的成本。有研究表明，在具有一定的路网里程后，继续扩大路网不一定能大幅提高铁路的效率和效益，也不一定能降低成本。当线路上的运量增加时，平均营业成本是在不断降低的。

在铁路运输中，由于大量不同的产品均是利用相同的铁路线路、机车车辆等运输设备完成的，因此产生了大量的联合成本。如从A地到B地的铁路运输，在缺乏返程货物或旅客的情况下，列车返回的运输费用即为联合成本。

2. 公路运输成本

在其他条件不变的情况下，公路的运输成本随着运输距离的延长而逐渐降低。除了运输距离之外，最能影响公路运输成本的是装载率。一般而言，随着装载量的增加，公路运输平均每吨或每人的运输成本会下降。车辆载重能力（车辆额定载重量）的大小对运输成本也有影响。随着车辆载重吨位或客座数量的增加，公路运输的吨公里或人公里成本会降低。

3. 航空运输成本

航空运输成本可分为直接飞行成本和间接飞行成本两部分。直接飞行成本主要包括飞行费用（空勤人员工资和津贴、航空燃料消耗、飞机保险费等）、修理费用、折旧费用及其他直接飞行费用。间接飞行成本主要包括售票及预订机票的服务费、行李及货物服务费、飞行中旅客的食品及其他服务费、广告费和管理费等。

航空运输中存在着飞机容量经济和运距经济。前者指大型飞机的运输成本低于小型飞机；后者指每次飞行距离延长，单位运输成本就相应下降。当投入要素价格不变时，飞机的容量和运距是影响单位成本最主要的因素。

此外，机场或航线上的拥挤程度对飞行成本也有影响。当发生拥挤现象时，飞机排队等候起飞，或在空中盘旋等待着陆，会降低飞行效率，增加运输成本。

4. 水路运输成本

水路运输成本包括三部分：航行成本、运营成本和资本成本。航行成本是指仅与一次运输有关的费用，主要包括港口费、燃料费和油脂费等。运营成本是与轮船的应用状态有关的费用，主要包括工资、维修维护费用、保险费及管理费等。如果船舶处于非运营状态，这些费用可以减少或不发生。资本成本主要是指折旧和利息。

水路运输最大的经济性是由船舶大小和航程远近决定的。吨位越大的船则每吨公里平均运输成本越低，但其他条件是必须有足够大的运量和相应的港口吞吐能力。另外航程越远，单位成本中所摊到的港口费用越低，水路运输的经济性越好。

5. 管道运输成本

管道运输最显著的特征是其规模经济特性。石油或天然气管道在运输距离不变的情况下，管道直径越大其平均运输成本越低。但为了充分发挥管道的规模经济特性，必须有足够的货源以保证管道能在多年内保持足量的运输。

2.3 运输市场

运输市场有狭义和广义之分。狭义的运输市场是指为完成旅客和货物的空间位移而提供客位或吨位的场所，即运输需求方、供给方及运输代理者进行运输交易的场所。广义的运输市场则包括运输活动各方在交易中所产生的经济活动和经济关系的总和，即不仅包括运输营业场地、提供客位和吨位的场所，还包括运输产品的生产者和消费者之间、运输能力供给和运输需求之间、运输部门和其他部门之间的经济关系，以及运输市场结构、运输市场机制、市场调节和管理等。本节主要讨论广义的运输市场。

2.3.1 运输市场的分类和结构

2.3.1.1 分类

（1）按运输距离进行分类，运输市场可分为短途、中途和长途运输市场。

（2）按运输市场空间范围进行分类，运输市场可分为地方运输市场、跨区运输市场和国际运输市场。

（3）按运输市场客体结构进行分类，运输市场可分为旅客运输市场、货运市场、交通工具租赁市场、车船修理市场等。

（4）按时间要求分类，运输市场可分为定期运输市场、不定期运输市场、快捷运输市场等。

2.3.1.2 构成

运输市场构成主要包括以下几个因素。

1. 运输需求者

运输需求者包括旅客运输需求者和货物运输需求者。

2. 运输供给者

运输供给者包括提供客货运输服务的不同运输方式的运输业者。在我国主要有国营运输企业、国营地方运输企业、集体运输企业、中外合资及外商独资运输企业、个体运输者等。

3. 运输中介

运输中介主要是指联系运输需求与运输供给的中间商，包括各种客货运输代理企业、经纪人和信息服务公司等。

政府也是构成市场的重要因素。它代表国家和公众的共同利益，对运输市场进行监督和控制。它不是市场运行的行为主体，它是一个监督者。

2.3.1.3 运输市场结构

运输市场的结构可以从以下几个方面进行考察和认识。

1. 不同运输方式划分的比例结构

根据不同的运输方式，运输市场可分为铁路运输市场、公路运输市场、航空运输市场、水路运输市场、管道运输市场。不同的运输方式具有不同的技术经济特征，因而在运输市场中承担着不同的运输任务，拥有不同的市场份额。不同的运输方式的比例结构是解释运输市场特征的一个重要参数。各国在经济发展过程中，各种运输方式在运输市场中所占的份额不断变化，不同国家和地区各种运输方式在运输市场中所占的份额不尽相同，但它们的发展存在着共同的规律，即除去自然条件，它们与经济发展水平、技术进步和运输市场的发育完善程度存在着一定的关系。寻找我国各种运输方式最优的市场结构和比例，是一个重要问题。

2. 按地理区域划分的空间结构

根据地理区域划分运输市场，可以观察分析运输市场的局部发展和整体平衡。我国的运输市场可分为东部地区、中部地区和西部地区运输市场，这三个部分在市场容量和需求规模上具有明显不同的特征。到 20 世纪 90 年代中期，我国东部地区总面积占国土面积的 13%，客货运量占全国总运量的一半左右，中部地区面积占国土面积的 30%，客货运量占全国总运量的 30%左右。西部地区面积占国土面积的一半以上，但完成的客货运量占全国总运量的 20%左右。地区之间不平衡，是我国运输市场的一个重要特征。

3. 按企业经济性质划分的市场结构

从这个角度观察运输市场，可以了解由于市场构成主体内在因素的变化所引起的新的市场现象。我国各种运输企业的经济性质已经随着经济体制的改革发生了变化，过去单一的国有国营已经被国有民营、民有民营、私人经营等多种形式所替代。很多大的运输企业将逐步向私人公司、集团公司、股份制公司的方向发展。这些变化势必会引起它们在市场行为方式上出现多样化和灵活性。

2.3.2 运输市场的运行环境及规则

2.3.2.1 运输市场的运行环境

影响运输市场的外部因素主要有以下几种。

1. 自然地理条件

运输的目的就是使旅客和货物克服地理空间对人和物流所产生的障碍而位移，因此自然地理条件就是影响运输的首要因素。

2. 经济发展水平

运输是商品经济发展的产物，一个国家经济发展必然直接制约着运输市场的规模、结构以及运行效率。经济发展水平是影响一个国家运输市场最重要的因素。

3. 经济体制、政策和法律环境

每个国家根据本国的经济制度和发展的需要制定自己的政策和法律，运输市场是在国家的宏观经济环境中运行的，必然会受到它们的影响。

4. 技术进步

科学技术的发展进步及其成果应用，不断转化为现实的交通生产力，推动交通基础设施的发展、交通工具性能的提高、交通方式的进步、交通运输布局的合理化、交通管理效能的提高以及交通管理体制的变化和从业人员素质的提高。

2.3.2.2 运输市场有关规则

运输市场规则是为使市场形式和市场行为规范化，国家对市场及市场中的行为主体做出的强制性规定。

按照市场规则所起的作用的范围，可以分为强制性市场规则和运行性市场规则。强制性市场规则是对市场形式及构成市场的基本要素的限定，是一套承认和解释财产所有权的法律制度，它具有长期性和稳定性。如《中华人民共和国公司法》就属于这一种法规。运行性市场规则是用于确定进入市场的利益主体的行为规范和处理相互关系的准则。如《中华人民共和国反不正当竞争法》就属于这种法规。国家还要制定比较专门的法规，如食品卫生条例、劳动保护法等，用于禁止有害的市场行为，使市场行为可被社会接受。

运输市场除了要遵守上述市场普遍通行的规则之外，由于它自身的特殊性，还必须遵守相应的特殊规则。运输市场管理最独特的地方就是实行社会管制和经济管制。为了保证运输的安全，需要对运输设备条件、经营者的资格等进行规定，制定交通规则等。对运输业的经济管制主要包括进入市场与经营业务管制、价格管制、兼并及过度竞争管制等。

2.3.3 运输市场的运行

运输市场的运行主要包括垄断、竞争、协作三种状况。

运输市场的垄断主要有三种形式：第一种垄断是由于某个运输组织所具有的竞争优势或其他原因，它在运输市场的供给中已占有大多数的份额和一定的支配地位；第二种垄断是由于技术组织形式上的独家经营所引起的，如我国的铁路运输设施是独家经营和使用的，每条铁路线只归一家铁路企业负责经营。第三种垄断是由于国家直接经营而引起的。政府机构直接参与运输业的经营，无疑会在有关的市场上引起垄断行为。由于后两种垄断行为的存在，使运输业很容易受到垄断的影响，为了避免垄断所引起的各种弊端，各国都对运输业实行了一定的管制制度，对运输业进行控制，鼓励竞争，使运输市场成为以竞争为主的合理市场。

运输市场的竞争主要分为三种：第一种是不同运输方式之间的竞争，如铁路和公路之间的竞争、高速铁路和航空之间的竞争等；第二种是同一运输方式内部的竞争，如不同航空公司之间的竞争等；第三种是自有运输和待雇运输之间的竞争，如企事业单位拥有自己的车队，可以解决本单位的运输问题，从而削减专业运输者的运量。

由于运输方式自身的技术经济条件的局限性及企业运输服务的范围有限，单个运输企业不一定能完成运输全过程，因此，运输企业协作是运输市场中非常重要的一部分。它主要有合作与联运两种形式。运输企业的合作主要是指同一运输方式下的运输企业通过共用设备、公共联系等方式进行协作，达到合作的目的。联运是指不同运输方式下的运输企业在运输业务上以某种方式相互协作。由于各种运输方式都有各自的局限性，当单独的运输方式无法完成运输需要时，要求两种及以上的运输方式进行协作，达到满足运输需要的目的。如航空货运和高速公路的合作，可以形成目前最快的货运链，旅客通过联运减少了旅途的换乘时间，使旅行更加舒适方便。多年来，铁路和水路开展的水陆联运和铁、水、公联运都取得了良好的经济效益。实践说明，通过联运，可以尽量避免各种运输方式的缺陷，充分发挥各自的优势。

2.4 运输价格

2.4.1 概述

价格是商品价值或劳务价值的货币表现，价格在经济社会中扮演着非常重要的角色，社会中需要解决的生产什么产品、生产多少、如何生产、为谁生产的问题主要都是由价格制度决定的，它起着调节供求，促进资源合理配置的作用。

按运输对象，运输价格可分为旅客运输运价、货运运价和行李包裹运价；按运价的使用范围可分为普通运价、特定运价和优待运价；按运输方式可分为铁路运价、公路运价、水路运价和航空运价等。

在运输业中，运输价值包含两部分，一是凝结在运输过程中的人类的一般劳动，二是在运输过程中所耗费的物化劳动和活劳动的总和。运输价值是运输价格的基础，运输价格是运输价值的货币表现。在总体上运输价格应与运输价值保持一致。但由于市场供求关系的变化，二者并不完全相等。运输价格包含以下三个方面内容。

（1）物化劳动的消耗支出，表现为设备的损耗等固定资产的折旧，燃料、材料等方面的支出。

（2）劳动报酬，如劳动者的工资。

（3）运输企业的盈利。

运输业是国民经济的基础部门，运输价格水平合理与否，对国民经济及人民生活都有直接的影响。运输价格的高低不仅会影响运输企业本身，而且还会对国民经济的发展和其他部门的物价都有一定的影响。

除了价格的一般功能之外，合理的运输价格体系和水平还可以发挥如下一些经济功能。

（1）促进国民经济的发展。一方面，合理的运输价格可以保证运输在国民经济中的基础作用和各地区经济活动的纽带、大动脉的作用；另一方面，合理的运价对运输事业的发展起到积极的推动作用，以适应经济发展对运输的需要。

（2）有利于提高各种运输工具的使用效率。如为了提高车船的使用效率，可以对重质货物和轻质货物规定不同质量的运价。

（3）有利于各种运输方式之间的合理分工。

（4）有利于合理地组织运输。如通过规定不同运输距离的运输价格，以消除过远运输和过近运输等不合理运输。

（5）有利于促进工农业生产的合理布局。运输费用的高低对商品的价格具有一定的影响，因此，合理的运输价格有利于工农业、商业地点的合理布局。

2.4.2 运输价格的结构及形式

2.4.2.1 运输价格（运价）结构

运价的结构主要分为以下两种形式。

1. 按距离别的差别运价结构

按距离远近制定运价是最简单的也是最基本的运价结构形式。但是按距离远近制定的运价并不是按距离成比例地增长，绝大多数距离运价是按递远递减的原则制定的。这是因为运输支出分为发到作业支出、运行作业支出和中转作业支出。在运输支出中，随着运输距离的增长而成比例增长的只是运行作业支出和中转作业支出，而发到作业支出是不变的。因此，运输距离长时，分摊到单位运输成本中的始发和终到作业费用较少，因而运输成本降低。相反，运输距离短时，分摊到单位运输成本中的始发和终到作业费用较多，因而运输成本增加。

2. 按货物种别和旅客运输类别的差别运价结构

不同的货物，可能它们适用于不同的运价。造成运价不同的主要原因是，不同的货物,性质和状态不同,所需的运输设备和装卸设备也各不相同;货物的比重和包装状态不同,对车辆利用程度不同;不同的货物,其产销地分布不同,造成了运输距离的不同,因此运价也各不相同。

同一运输方式下,不同的旅客运输类别所需要的设备、占用的运输能力、消耗的运输成本有很大的差别,因此,运价也根据这些旅客运输类别的不同而不同。如铁路旅客运输中的硬座和硬卧,航空旅客运输中的头等舱和经济舱等。

2.4.2.2 运价的形式

1. 铁路运输的运价形式

铁路运输的主要运价形式如下。

(1) 统一运价。铁路运价的主要形式,适用于全国各个地区,实行按距离、货物种别的差别运价。

(2) 特定运价。根据运价政策,对按特定运输条件办理或在特定地区、线路运输的货物,规定特定运价。它是统一运价的补充。

(3) 浮动运价。对于不同的季节、忙闲不均的线路,根据不同的情况实行不同的运价。

2. 公路运输运价形式

公路运输主要运价形式如下。

(1) 计程运价。按照吨公里(整车运输)或千克公里(零担运输)为单位计价。

(2) 计时运价。以吨小时为单位计价,适用于特大型汽车或挂车运输。

(3) 长途运价。适用于长途运输的货物,实行递远递减的计价方法。

(4) 短途运价。适用于短途运输的货物,实行递近递增的原则采取里程分段或基本运价加吨次费的方法计算。

(5) 加成运价。对专项物质、特种货物、特殊条件下运输的货物等实行加成运价。

3. 水路运输主要运价形式

水路运输主要运价形式如下。

(1) 里程运价。适用于同一航区各港间不同货种、不同运距而规定的差别运价。

(2) 航线运价。适用于某两个港口之间的直达货物运价。

(3) 联运运价。适用于水陆联运、水水联运等货物的运价。

(4) 班轮运价。适用于国际水路运输,采取级差运价和航线运价相结合的运价。

4. 航空运输运价形式

航空运输主要运价形式如下。

(1) 普通票价。按距离制定的基本票价。

(2) 浮动票价。根据不同的季节,在普通票价的基础上加成或减成。

(3) 其他票价。在同一航线上,为了鼓励旅客乘坐飞机而规定的不同类别的票价,如优待折扣票价、预购旅游旺季往返票价、公务票价等。

2.4.3 运价形成机制及其改革

运价形成机制是指运价形成的条件和方法,它包含两个方面:一是运价形成的主体,即运价的制定、调整和管理由谁来决策;二是运价的形成方式。其中,运价形成主体起决定性作用。

在我国长期的计划经济条件下，实行的是集中统一的运价形成机制，定价主体是国家物价管理部门，价格形成是统一的计划价格，在一定时期这种集中统一的运价形成机制对我国经济发展、物价稳定等起到了一定的作用。但随着经济的发展，它的弊端也是显而易见的。

目前，我国铁路运输还基本上处于国有国营、独家经营的局面，国有铁路运价基本上由国家政府控制；公路和水路运输竞争机制已经基本形成，多数企业已完全拥有定价权，价格变化比较灵活，可以随市场变化情况而变动；航空运输已出现多家航空公司，同时，国外一些航空公司也进入了中国，经营很多国际航线，竞争比较激烈，在价格上也比较灵活。

由此可以看到，铁路运价体制改革目前是运价体制改革的核心，通过铁路运价体制改革，可以带动整个交通运价体系走向合理和完善。铁路运价体制改革的方向是，建立灵活的、多元化的运价体系，包含多种形式的铁路运价和多层次的铁路运价管理机制两个方面。多种形式的铁路运价是指以统一运价为基础，包括建设基金、特区特价、优质优价、季节浮动价、合同运价等多层次的铁路运价管理机制是指区别不同的投资关系、不同的运价形式和实行范围，实行铁路运价的分层决策，形成中央、铁路主管部门、地方政府、铁路运输企业分层次的新型管理机制。

本章小结

运输是生产与分配不可缺少的组成部分。经济发展依赖于大规模生产和成批销售，而没有高效率和相对便宜的运输，这两者都不可能实现。随着国民经济和现代运输业的快速发展，运输经济学的地位显得尤为重要。

运输需求与供给是运输经济学研究的主要内容之一，要求学生掌握运输需求的影响因素、运输供给以及各种运输方式的技术经济特征和运输成本。

运输市场和运输价格可以有效地促进运输产业结构的优化配置，可以有效地调节各种运输方式的运输需求，可以有效地促使资源优化配置。掌握运输市场的结构与运行以及运输价格的结构与形成机制，以便有效地分配各种资源。

 复习思考题

一、基本概念

运输结构　运输需求　运输供给　运输市场　运输价格

二、选择题（含多选）

1. 以下航空运输成本中不属于直接成本的是（　　）。
   A. 飞行费用　　　　　B. 修理费用　　　　　C. 折旧费
   D. 广告费　　　　　　E. 管理费
2. 运输市场按时间要求可分为（　　）。
   A. 定期运输市场　　　B. 旅客运输市场　　　C. 货运市场
   D. 不定期运输市场　　E. 快捷运输市场
3. 运输市场主要包括以下因素（　　）。
   A. 运输需求者　　　　B. 运输供给者　　　　C. 运输中介
   D. 政府　　　　　　　E. 个人

4. 以下选项不属于运输市场经济管制的是（　　）。
   A. 进入市场管制　　　B. 经营业务管制　　　C. 价格管制
   D. 交通规则　　　　　E. 兼并及过度竞争管制
5. 铁路主要的运价形式有（　　）。
   A. 统一运价　　　　　B. 航线运价　　　　　C. 特定运价
   D. 班轮运价　　　　　E. 浮动运价

三、问题与思考

1. 简述货运结构演变的主要因素。
2. 影响运输需求的主要因素有哪些？
3. 影响运输供给的主要因素有哪些？
4. 简述各种运输方式的技术经济特征。
5. 运输市场的运行主要有哪些状况？它们各是如何产生的？
6. 运输价格包括哪些方面？
7. 简述运价结构的两种形式。

第3章

物流运输

运输是物质资料或产品在空间较长距离的位移，一切物流过程均离不开运输，它是物流活动的核心业务。充分发挥我国铁路、公路、水路、航空和管道各种运输方式的特性和综合运输的优势，推行合理运输，才能实现社会物流过程合理化。

3.1 物流运输基础知识

3.1.1 物流运输结点

3.1.1.1 物流结点

物流结点又称物流接点，是物流网络中连接物流线路的结节之处，所以又称物流结节点。物流的过程，如果按其运动的程度即相对位移大小观察，是由许多运动过程和相对停顿过程组成的。一般情况下，两种不同形式运动过程或相同形式的两次运动过程中都要有暂时的停顿，而一次暂时停顿也往往连接两次不同的运动。物流过程便是由这种多次的运动—停顿—运动—停顿所组成。与这种运动形式相呼应，物流网络结构也是由执行运动使命的线路和执行停顿使命的结点两种基本元素所组成，而全部的物流活动也是在线路和结点上进行的。其中在线路上进行的活动主要是运输，物流功能要素中的其他要素则是在结点上完成的，事实上物流线路上的活动也是靠结点组织和联系的，如果离开了结点，物流线路上的活动势必陷入瘫痪。

现代物流网络中的物流结点对优化整个物流网络起着重要作用，从发展的观点来看，它不仅执行一般的物流职能，而且越来越多地执行指挥调度信息等神经中枢的职能，是整个物流网络的灵魂所在，因而更加受到人们的重视。所以，在有的场合也称之为物流据点，对于特别执行中枢功能的又称物流中枢或物流枢纽。综观物流结点在物流系统中的作用，物流结点具备以下几个主要功能。

1. 衔接功能

物流结点将各个物流线路连接成一个系统，使各个线路通过结点变得更为贯通而不是互不相干。它可以通过转换运输方式衔接不同的运输手段；可以通过加工，衔接干线物流和配送物流；可以通过储存衔接不同时间的供应物流和需求物流；可以通过集装箱、托盘等集装处理衔接整个"门到门"运输，使之成为一体。

2. 信息功能

物流结点是整个物流系统信息传递、收集、处理、发送的集中地。因此，每个结点都是一个信息点，它与物流系统的信息中心结合起来，便成了指挥、管理、调度整个物流系统的信息网络，这是一个物流系统建立的前提条件。

3. 管理功能

物流系统的管理设施和指挥机构往往集中设置于物流结点之中，实际上，物流结点大都是集管理、指挥、调度、信息、衔接及货物处理于一身的物流综合系统。整个物流系统运转的有序化、正常化和整个物流系统的效率水平取决于物流结点的管理职能实现的程度。

3.1.1.2 物流运输结点

由于现代物流发展了若干类型的结点，并在不同领域起着不同的作用，所以目前学者们对结点尚无一个明确的分类意见，在此仅介绍一种运输转运型结点，它是处于运输线路上的结点，是货物的集散地，是各种运输工具的衔接点，是办理运输业务和运输工具作业的场所，也是对运输工具进行保养和维修的基地，主要有铁路车站、汽车站（场）、港口、空港和管道站等。

1. 铁路车站

（1）中间站。中间站是铁路车站中最普遍、数量最多的一类，它遍布全国铁路沿线、小城镇和农村，在发展地方工农业生产、沟通城乡物资交流中起着很重要的作用。它的主要作业是办理列车的到发、通过、会让和越行及客货运业务等。

（2）区段站。区段站是位于中等城市和铁路牵引区段起讫点上的车站，它办理的客货运业务基本与中间站相同，但业务量较大。运输作业除办理列车接发等与中间站相同业务外，主要办理货物列车的无改编中转作业、区段货物列车和沿零摘挂列车的编组解体、向货场及专用线取送车作业等。由于区段站位于牵引区段的起讫点，因此具备两大特征：一是办理货物列车更换机车和乘务组，机车的检查和整备作业及列车的技术检查和车辆的检修；二是以办理无改编中转货物列车作业为主。

（3）编组站。编组站是铁路网上的主要车站，其主要任务是将重车与空车汇集后编成发往各目的地的直达列车，此外，还编组区段列车、摘挂列车、小运转列车等。编组站以改编车流作业为主，直通车流作业为辅。为适应大量解体与编组列车的需要，编组站上设有比区段站上更为完善的调车设备，如调车场、调车驼峰与调速设备。编组站具有作业量大、占地宽广、工程投资大、修建工期长等特点。

（4）货运站。货运站是指专门办理货物装卸作业、联运或换装的车站。货运站可分为综合性货运站和专业性货运站两种。前者办理多种不同种类货物的作业，后者则专门办理某一种类货物的作业，如危险品、粮食、煤、建筑材料等。货运站除办理货物的承运、保管、交付等作业外，有的还办理货物的换装、车辆的洗刷除污和保温车的加冰作业。在运转作业方面主要办理枢纽内编组站与需求站间小运转列车的接发和编解作业，以及向装卸地点的取送车作业等。货运站的主要服务设备有库场、站台、装卸设备、货运汽车道路与停车场，有的还设有轨道衡、加冰设备和牲畜饮水设备等。

（5）专用线。凡是铁路营业网衔接的厂矿企业自有线路，而又由铁路管辖和负责车辆取送作业的企业铁路称为专用线。这类专用线数量最多，但每条专用线的运量都较小，车站取送车任务不大，故接轨站通常是在统筹考虑本站工作的基础上安排其取送车作业和装卸车任务。

（6）专用铁路。凡与铁路营业网衔接的厂矿企业自有的线路、自己管辖并备有机车、自行办理取送作业的企业铁路称为专用铁路。这类企业一般都比较大，设有工业站，供解体和编组列车使用。

2. 汽车站（场）

汽车站（场）是保证车辆正常运行的营业场所。主要有停车场（库）和货运站。

（1）停车场（库）。停车场（库）的主要功能是保管停放车辆。按其保管条件可分为暖式车库、冷式车库、车棚和露天停车场四类；按其空间利用程度可分为单层停车场和多层停车场，多层停车场通常需要配备供车辆发生垂直位移的斜道、旋转车道或升降机。停车场（库）内还要按照车辆回场后的工艺过程，设立清洗、例保、加油、检验等有关设备，以及必要的照明、卫生和消防设施。

（2）货运站。汽车货运站有时也称为汽车站或汽车场，其主要任务是安全、方便、及时地完成货物运输生产作业。货运站的布局除了生产、生活用房外，主要是停车场的设置。大型汽车站还设有保养场、修理厂、加油站等，小型汽车站设有修车场和一、二级保养站。

3. 港口

港口通常指水港，由水域和陆域两大部分组成。水域是供船舶进出港及在港内运转、锚泊和装卸作业使用的，因此，要求它有足够的深度和面积，水面基本平静，流速和缓，以使船舶安全操作；陆域是供货物装卸、堆存和转运使用的，主要包括码头和泊位、仓库与堆场、铁道专用线和汽车线、装卸机械和辅助生产设施等部分，因此，要求陆域应有适当的高程、岸线长度和纵深。

（1）港口按用途可分为商港、渔港、工业港、军港、避风港。

①商港。主要指供旅客上下和货物装卸转运用的港口。商港又分为一般商港和专业港。一般商港是用于旅客运输和装卸转运各种货物的港口；专业港是专门进行某一种货物或以此种货物为主的装卸货物港口。

②渔港。专为渔船服务的港口，如沈家门渔港。

③工业港。固定为某一工业企业服务的港口。它专门负责为该企业进行原料、产品和所需物资的装卸转运工作，如宝钢港、甘井子港等。

④军港。专供军舰船用的港口，如旅顺港。

⑤避风港。供大风情况下船舶临时避风用的港口，一般只有一些简单的系靠设备。

（2）港口按地理位置可分为海港、河港和湖港。

①海港。在自然地理和水文气象条件方面具有海洋性质，而且是专为海船服务的港口。它又分为海湾港（如大连港、青岛港、横滨港、神户港）、海峡港（如湛江港、维多利亚港等）、河口港（如上海港、黄埔港、鹿特丹港、纽约港、伦敦港等）。

②河港。位于江河沿岸、最具有河流水文特性的港口。如我国长江沿岸的重庆、武汉、南京等港，松花江沿岸的哈尔滨港、佳木斯港，西江两岸的梧州港、贵港等。

③湖港（水库港）。位于湖泊或水库岸边的港口。世界上位于北美五大湖区的湖港最具影响。

(3) 港口按潮汐的影响可分为开敞港、闭合港和混合港。

①开敞港。港内水位潮汐变化与港外相同，即港口水域和海洋连通的港口，我国现有的港口多属于此类。

②闭合港。港口水域与外海隔开，使港内水位不受潮汐的影响，以保证低潮时港内仍有足够水深供船舶停靠，如伦敦港、利物浦港、阿姆斯特丹港等。

③混合港。既有闭合的港池，又有开敞的港池的港口，如比利时的安特卫普港。

(4) 港口按在水路运输系统中的地位可分为世界性港、国际性港和地区港。

①世界性港。指在各大陆之间有庞大货流活动的主要口岸，是国际货物集散的枢纽。

②国际性港。指与国外一些港口有海运业务联系的港口，如深圳港、大连港、青岛港、宁波港等。

③地区港。指主要为某一地区社会经济服务的港口，如营口港、威海港等。

4. 空港

空港惯称机场，具有执行客货运业务和保养维修飞机、起飞、降落或临时停机等用途。一般由飞行区、客货运输服务区和机务维修区三部分组成。机场的布局是以跑道为基础来安排的，并以此布置滑行道、停机坪、货坪、维修机坪及其他飞机活动场所。我国最重要的空港有北京首都机场、上海虹桥机场、广州白云机场等。

根据机场的通信导航设备、跑道灯光设备、目视助航设备、仪表着陆系统和雷达引航能力等条件，可以把机场分为不同的等级和进近着陆种类。

(1) 一级机场，供国内和国际远程航线使用，能起降 160 t 以上（起飞全重）的飞机。机场跑道通常为三类或二类精密进近跑道，4E 或 4D 级跑道。

(2) 二级机场，供国内和国际中程航线使用，能起降 70~160 t（起飞全重）的飞机。机场跑道通常为二类或一类精密进近跑道。

(3) 三级机场，供近程航线使用，能起降 20~70 t（起飞全重）的飞机。机场跑道通常为一类精密进近跑道。

(4) 四级机场，供短途航线和地方航线使用，能起降 20 t 以下（起飞全重）的飞机。机场跑道通常设有相当的仪表进近着陆设备或简易目视助航设备。

5. 管道站

管道站惯称输油（气）站，是对沿管道干线为输送油（气）品而建立的各种作业站（场）的统称，是给液流增加能量（压力），改变温度，提高液流流动性的场所。按其所处位置的不同可分为首站（起点站）、末站（终点站）和中间站，中间站按其设备不同又可分为中间泵站、加热站、热泵站、分（合）输站和减压站等。

(1) 首站。首站是长输管道的起点，通常位于油（气）田、炼油厂或港口附近。其任务主要是接受来自油（气）田的原油（天然气）或来自炼油厂的成品油，经计量、加压（有时还加热）后输往下一站。此外还有发送清管器、油品化验、收集和处理污油等作业。有的首站还兼有油品预处理任务，如原油的脱盐、脱水、脱机械杂质、加添加剂或热处理等。

(2) 末站。末站位于管道的终点，往往是收油单位的油（气）库（例如炼油厂的原油库）或转运油库，或两者兼而有之。接收管道来的油（气），将合格的油品经计量后输送给收油单位，或改换运输方式，如转换为铁路、公路或水路继续运输，以解决管道运输和其他运输方式之间运输量不均衡的问题。

（3）中间站。中间站位于管道沿线。中间站的设置一般是根据输油工艺中水力和热力计算，以及沿线工程地质、建设规则等方面的要求来确定的。中间站的主要任务是给油（气）流提供能量（压力、热能），它可能是只给油（气）品加压的泵站，也可能是只给油（气）品加热的加热站，或者是两者兼而有之的热泵站。

3.1.2 物流运输线路

运输线路是供运输工具定向移动的通道，是运输工具赖以运行的物质基础。在现代物流系统中，主要的运输线路有铁路、公路、航线和管道。其中铁路和公路为陆上运输线路，需承受运输工具及其装载物或人的质量，并主要地或部分地引导运输工具的行进方向；航线分为水路运输航线和航空航线，主要起引导运输工具定位定向行驶的作用，不必承受来自运输工具及其装载物或人的质量，船舶等浮动器和飞机等航空器及其装载物或人的质量由水和空气的浮力来支撑；管道是一种相对特殊的运输线路，由于其严密的封闭性，使之部分地承担了运输工具的功能。

3.1.2.1 公路

公路是一种线性工程构造物。它主要承受汽车荷载的重复作用和经受各种自然因素的长期影响。因此，对于公路的要求，不仅要有和缓的纵坡、平顺的线形，而且要有牢固可靠的人工构造物、稳定坚实的路基、平整而光滑的路面及其他必要的防护工程和附属设备。

公路的基本组成部分包括：路基、路面、桥梁、涵洞、隧道、防护工程（护栏、挡土墙、护脚）、排水设备（边沟、截水沟、盲沟、跌水、急流槽、渡（抛）水槽、过水路面、渗水路堤）、山区特殊构造物（半山桥、路台、明洞）。此外，为适应行车，还需设置行车标志、加油站、路用房屋、通信设施、附属工厂及绿化栽植等。

我国公路常用的路面主要有碎石路面、砾石级配路面、加固土路面、沥青表面处理路面、沥青灌入式路面、沥青碎石路面、沥青混凝土路面、水泥混凝土路面。不同的面层类型适合于不同等级的路面。

桥隧是桥梁、涵洞和隧道的简称，都是为车辆通过自然障碍（河流、山岭）或跨越其他立体交叉的交通线而修建的建筑物。桥梁和涵洞的共同点在于车辆在其上面运行，主要用来跨越河流，一般桥梁的单跨径较涵洞大，总长较涵洞长。隧道与涵洞相像，但隧道主要用于穿越山丘，车辆是在隧道内运行。根据公路的有关规范，凡单孔标准跨径小于 5 m 的，或多孔跨径总长小于 8 m 的为涵洞；大于上述规定的为桥梁。

3.1.2.2 铁路

铁路线路承受机车、重空车辆和列车的质量，并且引导它们的运行方向，所以它是机车、车辆和列车运行的基础。铁路线路是由路基、桥隧建筑物（桥梁、涵洞、隧道等）和轨道（主要包括钢轨、联结零件、轨枕、道床、防爬设施及道岔等）组成的一个整体工程结构。

在轨道上，钢轨是直接承受车轮压力并引导车轮运行方向的，所以，它必须具有足够的刚硬性和柔韧性。采用重轨有助于增加线路的强度与稳定性，减少维修量，提高通过能力。早先线路上铺设的钢轨长度为 12.5 m 或 25 m。钢轨连续铺设时，相邻钢轨之间留有轨缝，以便适应温度变化时的胀缩。

为了减少列车对钢轨接头的冲击振动，增加列车运行的平稳性，减少维修，各国正在迅速推广无缝轨道。无缝轨道一般由25 m长的钢轨连接而成，用高强度螺栓、扣板式扣件或弹条扣件"锁定"在轨枕上，阻止钢轨的热胀冷缩。钢轨是用联结零件固定在轨枕（木枕或钢筋混凝土枕）上的。

两根钢轨头部顶面下16 mm范围内两股钢轨作用边之间的最小距离称为轨距。我国铁路线路主要采用1 435 mm的标准轨距。国际上多数国家通用的轨距，称为标准轨距。少数国家（地区）采用的轨距略有不同，有的采用1 520 mm，有的采用1 000 mm，等等。

3.1.2.3 空运航线

空运航线是指与地球表面的两个点之间的连线相对应的空中航行线路，是对飞机飞行规定的线路，也称航空交通线，它规定了飞机飞行的具体方向、起讫与经停地点及所使用的航路。航路是一条特别规划的飞行通道，即以空中走廊形式划定的飞行管制区，它有一定的宽度（一般为15 km）和飞行高度层，其中设有无线电导航设备。每架飞机都是在自己专用的空中走廊飞行，与其他的飞机保持一定的空间间隔。

我国空运航线有固定航线和非固定航线两类。固定航线包括国内航线和国际航线。国内航线是指飞机飞行的线路起讫地点均在本国国境以内的航线，它又分为两类：一类是连接首都北京和各省（区）及连接两个省或几个省（区）的航线，称为国内干线；另一类是在一个省（区）以内的航线，称为省（区）内航线或地方航线。国际航线是指飞机飞行的线路跨越本国国境，通达其他国家的航线。

空运航线分为国内和国际，运输也分为国内和国际。国内运输主要在国内航线上进行。但若国际航线包含有国内航段，则在这个航线上也可以从事国内运输。例如，我国民航企业可以在自己经营的北京—上海—东京国际航线上以北京—上海航段载运国内客货。在国际民航法上，这种经营权叫作境内业务权（或国内载运权），一般是不给予外国民航的。国际运输多是在国际航线上进行，但是国内航线的航班上也载运属于国际运输性质的联程客货。

3.1.2.4 水路运输航线

水路运输航线是指船舶在两个或多个港口之间从事客货运输的路线，它由航道、航标构成。航道是以水上运输为目的所规定或设置（包括建设）的船舶航行通道，航道的航空运输条件由深度、宽度、曲度、流速、流向和流态六个因素组成；航标是河流、湖泊、运河、水库等水域中的导航设施，起准确标示航道的方向、界限、航道内其他附近的水上或水下障碍物和建筑物，揭示出航道的最小深度及供船舶测定方位的作用；灯塔是航标中功能最为丰富的一种，一般有人看守，主要用于海上航空运输，起供船舶测定方位及向船舶提供即时航空运输环境信息的作用。

航线按自然地理环境可分为海运航线和内河航线。海运航线按其不同的要求，大致可分为三类。

（1）根据航空运输的范围可分为国际大洋航线、地区性的国际航线和沿海航线。

（2）按船舶运行的形式可分为定期航线和非定期航线。

（3）按海运的航程可分为近洋航线和远洋航线。

国际大洋航线是指贯通一个或几个大洋的航线，是世界性的航线，各国船舶都可自由航行。其中除大西洋、太平洋、印度洋三大航线外，还有从大西洋通过地中海、印度洋到太平洋区域横贯几个大洋的航线。

目前，国际大洋航线中按国际贸易的货运量大小来看，大西洋航线为最大，太平洋航线及印度洋航线次之。

地区性的国际航线通过的只是一个或几个海区，可到达区内各国的港口，如我国至朝鲜、日本或东南亚各地航线，地中海区域航线，波罗的海区域航线等。

沿海航线专供各国船舶在该国港口之间使用，一般为国内航线。如我国上海至大连线、青岛至上海线、上海至天津线等。

3.1.2.5 管道

管道主要指长距离输送管道（简称长输管道），有干管、沿线阀室，通过河流、铁路、公路、峡谷等的穿（跨）越结构物，管道防腐用的阴极保护设施等。管道通常以管径大小区分，但由于管道的普及性较差，尤其是线路专用性极强，网络性较差，加上运输量的弹性较小，管径的大小更多取决于需求的大小，故目前还没有比较明确的标准。输油管道管径从几百毫米到 1 220 mm 不等，输气管道管径从几百毫米到 1 420 mm 不等，输煤管道管径从几百毫米到 1 220 mm 不等。按所输送的物品形态不同，管道分为油品管道、气体管道和固体料浆管道三类。我国目前的管道主要是油品管道和气体管道。

3.1.3 物流运输合理化

3.1.3.1 不合理运输的含义及形式

不合理运输是指在现有条件下可以达到的运输水平而未达到，从而造成运力浪费、运输时间增加、运费超支等问题的运输形式。目前存在的主要不合理运输形式如下。

1. 返程或启程空驶

空车无货载行驶，可以说是不合理运输的最严重形式。在实际运输组织中，有时候必须调运空车，从管理上不能将其看成不合理运输。但是，因调运不当、货源计划不周，不采用运输社会化而形成的空驶，是不合理运输的表现。造成空驶的不合理运输主要有以下几种原因。

（1）能利用社会化的运输体系而不利用，却依靠自备车送货提货，这往往出现单程重车、单程空驶的不合理运输。

（2）由于工作失误或计划不周，造成货源不实，车辆空去空回，形成双程空驶。

（3）由于车辆过分专用，无法搭运回程货，只能单程实车、单程回空周转。

2. 对流运输

对流运输亦称"相向运输""交错运输"，指同一种货物，或彼此间可以互相代用而又不影响管理、技术及效益的货物，在同一线路上或平行线路上做相对方向的运送，而与对方运程的全部或一部分发生重叠交错的运输。已经制定了合理流向图的产品，一般必须按合理流向的方向运输，如果与合理流向图指定的方向相反，也属于对流运输。

在判断对流运输时需注意：有的对流运输是不很明显的隐蔽对流，例如，不同时间的对流运输，从发生运输的那个时间看，并未出现对流，可能做出错误的判断，所以要注意隐蔽的对流运输。

3. 迂回运输

迂回运输是指可以选取短距离进行运输而不办，却选择路程较长路线进行运输的一种不合理形式。迂回运输有一定的复杂性，不能简单处理，只有当计划不周、地理不熟、组织不当而发生的迂回，才属于不合理运输。如果最短距离有交通阻塞、道路情况不好或有对噪声、排气等特殊限制而不能使用时发生的迂回，不能称其为不合理运输。

4. 重复运输

本来可以直接将货物运到目的地，但是在未达目的地，或在目的地之外的其他场所将货物卸下，再重复装运送达目的地，这是重复运输的一种形式。另一种形式是，同品种货物在同一地点一边运进，一边又向外运出。重复运输的最大毛病是增加了不必要的中间环节，这就延缓了流通速度，增加了费用，增大了货损。

5. 倒流运输

倒流运输是指货物从销地或中转地向产地或起运地回流的一种运输现象。其不合理程度要甚于对流运输，其原因在于，往返两程的运输都是不必要的，形成了双程的浪费。倒流运输也可以看成是隐蔽对流的一种特殊形式。

6. 过远运输

过远运输是指调运物资舍近求远，近处有资源不调而从远处调，这就造成可采取近程运输而未采取，拉长了货物运距的浪费现象。过远运输占用运力时间长、运输工具周转慢、物资占压资金时间长，远距离自然条件相差大，又易出现货损，增加了费用支出。

7. 运力选择不当

运力选择不当是由未利用各种运输工具的优势而不正确地选择运输工具造成的，常见有以下若干形式。

（1）弃水走陆。在同时可以利用水路运输及陆运时，不利用成本较低的水路运输或水陆联运，而选择成本较高的铁路运输或汽车运输，使水路运输优势不能发挥。

（2）铁路、大型船舶的过近运输。这是指不是铁路及大型船舶的经济运行里程却利用这些运力进行运输的不合理做法。主要不合理之处在于火车及大型船舶起运及到达目的地的准备、装卸时间长，且机动灵活性不足，在过近距离中利用，发挥不了运速快的优势；相反，由于装卸时间长，反而会延长运输时间。另外，和小型运输设备比较，火车及大型船舶装卸难度大，费用也较高。

（3）运输工具承载能力选择不当。不根据承运货物数量及重量选择，而盲目决定运输工具，造成过分超载、损坏车辆及货物不满载、浪费运力的现象。尤其是"大马拉小车"现象发生较多。由于装货量小，单位货物运输成本必然增加。

8. 托运方式选择不当

托运方式选择不当是指对于货主而言，可以选择最好的托运方式而未选择，造成运力浪费及费用支出加大的一种不合理运输形式。例如，应选择整车却未选择，反而采取零担托运；应当直达，反而选择了中转运输；应当中转运输，反而选择了直达运输等都属于这一类型的不合理运输。

上述的各种不合理运输形式都是在特定条件下表现出来的，在进行判断时必须注意其不合理的前提条件，否则就容易出现判断失误。例如，同一种产品，商标不同，价格不同，所发生的对流运输不能绝对地看成不合理。因为其中存在着市场机制引导的竞争，优胜劣汰，如果强调表面的对流而不允许运输，就会起到保护落后、阻碍竞争甚至助长地区封锁的作用。

再者，以上对不合理运输的描述，主要是就形式本身而言。在实践中，必须将其放在物流系统中做综合判断，在不做系统分析和综合判断的情况下，很可能出现"效益悖反"现象。

单从一种情况来看，避免了不合理，做到了合理，但它的合理却使其他部分出现更严重的不合理。只有从系统角度综合进行判断，才能有效避免"效益悖反"现象，从而优化全系统。

3.1.3.2 运输合理化的含义

由于运输是物流中最重要的功能要素之一，物流合理化在很大程度上依赖于运输合理化。运输合理化的影响因素很多，起决定性作用的有五方面的因素，称作合理运输的"五要素"。

1. 运输距离

在运输时，运输时间、运输货损、运费、车辆或船舶周转等运输的若干技术经济指标，都与运输距离有一定比例关系，运输距离长短是运输是否合理的一个最基本因素。缩短运输距离从宏观、微观看都会带来好处。

2. 运输环节

每增加一次运输环节，不但会增加起运的运费和总运费，而且必须要增加运输的附属活动，如装卸、包装等，各项技术经济指标也会因此下降。所以，减少运输环节，尤其是同类运输工具的环节，对合理运输有促进作用。

3. 运输工具

各种运输工具都有其使用的优势领域，对运输工具进行优化选择，按运输工具的特点进行装卸运输作业，最大限度地发挥所选用运输工具的作用，是运输合理化的重要一环。

4. 运输时间

运输是物流过程中需要花费较多时间的环节，尤其是远程运输，在全部物流时间中，运输时间占绝大部分，所以，运输时间的缩短对整个流通时间的缩短有决定性的作用。此外，运输时间缩短，有利于加速运输工具的周转，有利于货主资金周转，有利于运输线路通过能力的提高。

5. 运输费用

运费费用在全部物流费用中占很大比例，运输费用高低在很大程度上决定整个物流系统的竞争能力。实际上，运输费用的降低，无论对货物生产企业还是对物流经营企业来讲，都是运输合理化的一个重要标志。运输费用的高低，也是各种合理化措施是否行之有效的最终判断依据之一。

3.2 配送运输

配送运输是指将被订购的货物使用汽车或其他运输工具从供应点送至顾客手中的活动。其间可能是从工厂等生产地仓库直接送至客户，也可能通过批发商、经销商或由配送中心、物流中心转送至客户手中。配送运输通常是一种短距离、小批量、高频率的运输形式。如果单从运输的角度看，它是对干线运输的一种补充和完善，属于末端运输、支线运输。它以服务为目标，以尽可能满足客户要求为优先。从日本配送运输的实践来看，配送的有效距离最好在 50 km 半径以内，国内配送中心、物流中心，其配送经济里程大约在 30 km 以内。

影响配送运输效果的因素很多。动态因素，如车流量变化、道路施工、配送客户的变动、可供调动的车辆变动等；静态因素，如配送客户的分布区域、道路交通网络、车辆运行限制等。各种因素互相影响，很容易造成送货不及时、配送路径选择不当、贻误交货时间等问题。因此，对配送运输的有效管理极为重要，否则不仅影响配送效率和信誉，而且将直接导致配送成本的上升。

3.2.1 配送运输的特点

3.2.1.1 时效性

快速及时，确保在客户指定的时间内交货是客户最重视的因素，也是配送运输服务性的充分体现。配送运输是从客户订货到交货的最后环节，也是最容易引起时间延误的环节。影响时效性的因素有很多，除配送车辆故障外，所选择的配送线路不当、中途客户卸货不及时等均会造成时间上的延误。因此，必须在认真分析各种因素的前提下，用系统化的思想和原则，有效协调，综合管理，选择配送线路、配送车辆、送货人员，使每位客户在其所期望的时间内能收到所期望的货物。

3.2.1.2 安全性

配送运输的宗旨是将货物完好无损地送到目的地。影响安全性的因素有货物的装卸作业、配送过程中的机械振动和冲击及其他意外事故、客户地点及作业环境、配送人员的素质等，这些都会影响配送运输的安全性，因此，在配送运输管理中必须坚持安全性的原则。

3.2.1.3 沟通性

配送运输是配送的末端服务，它通过送货上门服务直接与客户接触，是与顾客沟通最直接的桥梁，代表公司的形象和信誉，在沟通中起着非常重要的作用。所以，必须充分利用配送运输活动中与客户沟通的机会，巩固和发展公司的信誉，为客户提供更优质的服务。

3.2.1.4 方便性

配送以服务为目标，以最大限度地满足客户要求为优先，因此，应尽可能地让顾客享受到便捷的服务。通过采用高弹性的送货系统，如紧急送货、顺道送货与退货、辅助资源回收等，为客户提供真正意义上的便利服务。

3.2.1.5 经济性

实现一定的经济利益是企业运作的基本目标，因此，对合作双方来说，以较低的费用完成配送作业是企业建立双赢机制和加强合作的基础。客户不仅要求高质量、及时方便的配送服务，还要有较高的配送运输效率，这就要求企业加强成本控制与管理。

3.2.2 配送运输的基本作业流程

3.2.2.1 划分基本配送区域

为使整个配送过程有一个可供遵循的基本依据，应首先将客户所在地的具体位置做系统统计，并将其做区域上的整体划分，将每一客户囊括在不同的基本配送区域之中，以作为下一步决策的基本参考。如按行政区域或依交通条件划分不同的配送区域，在这一区域划分的基础上再做弹性调整来安排配送。

3.2.2.2 车辆配载

由于配送货物的品种、特性各异，为提高配送效率，确保货物安全，必须首先对性质差异大的货物进行分类。在接到订单后，将货物依性质进行分类，以分别采取不同的配送方式和运输工具，如按冷冻食品、速食品、散装货物、箱装货物等分类配载；其次，配送货物也有轻重缓急之分，必须初步确定哪些货物可配于同一辆车，哪些货物不能配于同一辆车，以做好车辆的初步配装工作。

3.2.2.3 暂定配送先后顺序

在考虑其他影响因素，做出确定的配送方案前，应先根据客户订单要求的送货时间将配送的先后作业次序做一概括的预订，为后面车辆积载做好准备工作。计划工作的目的，是为了保证达到既定的目标，所以，预先确定基本配送顺序可以既有效地保证送货时间，又尽可能地提高运作效率。

3.2.2.4 车辆安排

车辆安排要解决的问题是安排什么类型、吨位的配送车辆进行最后的送货。一般企业拥有的车型有限，车辆数量亦有限，当本公司车辆无法满足要求时，可使用外雇车辆。在保证配送运输质量的前提下，是组建自营车队，还是以外雇车为主，则须视运营成本而定。但无论自有车辆还是外雇车辆，都必须事先掌握有哪些车辆可供调派并符合要求，即这些车辆的容量和额定载重是否满足要求；其次，安排车辆之前，还必须分析订单上货物的信息，如体积、重量、数量等对于装卸的特别要求等。综合考虑各方面因素的影响，做出最合适的车辆安排。

3.2.2.5 选择配送线路

知道了每辆车负责配送货物的具体客户后，如何以最快的速度完成对这些货物的配送，即如何选择配送距离短、配送时间短、配送成本低的线路，这须根据客户的具体位置、沿途的交通情况做出优先选择和判断。除此之外，还必须考虑有些客户或其所在地点环境对送货时间、车型等方面的特殊要求，如有些客户不在中午或晚上收货，有些道路在某高峰期实行特别的交通管制等。

3.2.2.6 确定最终的配送顺序

做好车辆安排及选择好最佳的配送线路后，依据各车辆负责配送的具体客户的先后，即可确定客户的最终配送顺序。

3.2.2.7 完成车辆积载

明确了客户的配送顺序后，接下来就是如何将货物装车，以什么次序装车的问题，即车辆的积载问题。原则上，知道了客户的配送顺序先后，只要将货物依"后送先装"的顺序装车即可。但有时为了有效利用空间，可能还要根据货物的性质（怕震、怕压、怕撞、怕湿）、形状、体积及重量等，做出弹性调整。此外，对于货物的装卸方法也必须依照货物的性质、形状、重量、体积等来做具体决定。

在以上各阶段的操作过程中，需要注意的要点如下。

（1）明确订单内容。
（2）掌握货物的性质。
（3）明确具体配送地点。
（4）适当选择配送车辆。
（5）选择最优的配送线路。
（6）充分考虑各作业点装卸货时间。

3.2.3 配送线路类型

在组织车辆完成货物的运送工作时，通常存在多种可供选择的行驶线路，车辆按不同的行驶线路完成同样的运送任务时,由于车辆的利用情况不同,相应的配送效率和配送成本也会不同。因此,选择时间短、费用省、效益好的行驶线路是配送运输组织工作中的一项重要内容。下面主要介绍几种基本的车辆行驶线路。

3.2.3.1 往复式行驶线路

往复式行驶线路是指在货物运送过程中,车辆在两个物流结点之间往返运行的线路形式。根据汽车行驶时的载运情况,又可分为单程有载往复式、回程部分有载往复式和双程有载往复式行驶线路。

1. 单程有载往复式行驶线路

车辆在运送货物过程中回程不载货。由于回程不载货,车辆的利用情况相对较差,里程利用率不到50%。

2. 回程部分有载往复式行驶线路

车辆在回程部分有载往复式行驶线路上行驶时有回程货物运送,但回程货物不是运到线路的端点,而只运到线路中间的某结点。车辆在每一周转中必须完成两个运次。这种行驶线路,由于它回程部分有载,车辆的里程利用率有了一定的提高。

3. 双程有载往复式行驶线路

车辆在双程有载往复式行驶线路上行驶时,回程全部载有货物。车辆在每一周转中同样完成两个运次,空载行程接近于零。这种行驶线路,由于它回程全部有载,里程利用率得到了最大限度的提高。

3.2.3.2 环行式行驶线路

环行式行驶线路指车辆在由若干个物流结点组成的封闭回程路上做连续单项运行的行驶线路。车辆在环行式行驶线路上行驶时,一个周转内至少完成两个运次的货物运送工作。

当配送车辆无法组织回程货物时,为了提高车辆的里程利用率,可组织环行式行驶线路。车辆在环行式行驶线路上运送货物时,应尽量使其空驶行程之和小于载货行程之和,最大限度地组织车辆有载运行,以其里程利用率达到最高为最佳准则。

3.2.3.3 汇集式行驶线路

汇集式行驶线路指车辆沿分布于运行线路上各物流结点依次完成相应的装卸作业,且每次的货物装卸量均小于该车额定载货量,直到整个车辆装满(卸空)后返回出发点的行驶线路。汇集式行驶线路有环形的,也有直线形的,一般情况下为封闭路线。这种线路主要有三种形式。

(1) 分送式。车辆沿运行线路上各物流结点依次卸货,直到卸完所有待卸货物返回出发点。

(2) 收集式。车辆沿运行线路上各物流结点依次装货,直到装完所有待装货物返回出发点。

(3) 分送—收集式。车辆沿运行线路上各物流结点分别或同时装卸货物,直到完成对所有待运货物的装卸作业返回出发点。

车辆在汇集式行驶线路上运行时,车辆所完成的运输周转量与车辆沿线路上各物流结点的绕行次序有关,若绕行次序不同,即使完成同样的运输任务,其周转量也不相同。

3.2.4 车辆集装技术

配送是"配"和"送"的有机结合。它与一般送货的重要区别在于，配送通过集货、分拣、配货等环节，使送货达到一定的规模，以利用规模优势取得较低的送货成本。如果不进行分拣、配货，有一件运一件，需要一点送一点，就会大大增加运力的消耗。因此，在单个用户配送数量不能达到车辆的有效载运负荷时，应集中不同用户的配送货物进行搭配装载以充分利用运能运力，即进行有效配装以提高配送效率，降低配送成本。但是由于配送货物种类繁多，性质各异，在运送过程中其操作工艺和作业要求不可能完全一样，为确保配送服务质量，应选择适宜的配送车辆类型，必要时还将进行分别配送。车辆集装技术要解决的主要问题是在充分保证货物质量和数量完好的前提下，尽可能提高车辆在容积和载重两方面的装载量，以提高运能运力的利用率，降低送货成本。

3.2.4.1 配送车辆的装货问题

设车辆的额定载重量 G，可用于配送 n 种不同的货物，货物的重量分别为 w_1，w_2，…，w_n。每一种货物分别对应于一个价值系数，用 p_1，p_2，…，p_n 表示，它表示货物价值、运费等。设 x_k 表示第 k 种货物的装入数量，则装货问题可表示为：

$$\max F(x) = \sum_{k=1}^{n} p_k x_k$$

$$\sum_{k=1}^{n} w_k x_k \leq G$$

$$x_k > 0 \ (k = 1, 2, 3, \cdots, n)$$

我们可以采用运筹学中的动态规划思想求解上述问题，即把每装入一件货物作为一个阶段，把装货问题转化为动态规划问题。动态规划问题求解过程是从最后一个阶段开始，由后向前推进，由于装入货物的先后次序不影响最优解，所以求解过程可从第一阶段开始，由前向后逐步进行。具体步骤如下。

（1）装入第 1 种货物 x_1 件，其最大价值为：

$$F_1(w) = \max p_1 x_1$$

其中，$0 \leq x_1 \leq [G/w_1]$，方括号表示取整数。

（2）装入第 2 种货物 x_2 件，其最大价值为：

$$F_2(w) = \max\{p_2 x_2 + F_{n-1}(w - w_2 x_2)\}$$

其中，$0 \leq x_2 \leq [G/w_2]$。

…………

第 n 步：装入第 n 种货物 x_n 件，其最大价值为：

$$F_n(w) = \max\{p_n x_n + F_{n-1}(w - w_n x_n)\}$$

其中，$0 \leq x_n \leq [G/w_n]$。

3.2.4.2 配装理货注意事项

（1）为了减少或避免差错，尽量把外观相近、容易混淆的货物分开装载。

（2）重不压轻，大不压小，包装强度差的应放在包装强度好的上面。

（3）不将散发臭味的货物与具有吸臭性的食品混装。

（4）尽量不将散发粉尘的货物与清洁货物混装。

(5) 切勿将渗水货物与易受潮货物一同存放。

(6) 包装不同的货物应分开装载，如板条箱货物不要与纸箱、袋装货物堆放在一起。

(7) 具有尖角或其他突出物的货物应和其他货物分开装载或用木板隔离，以免损伤其他货物。

(8) 装载易滚动的卷状、桶状货物，要垂直摆放。

(9) 货与货之间，货与车辆之间应留有空隙并适当衬垫，防止货损。

(10) 装货完毕，应在门端处采取适当的稳固措施，以防开门卸货时，货物倾倒造成货损或人身伤亡。

(11) 尽量做到"后送先装"。即最后配送的货物装在远离车门处。

3.2.5 配送运输技术

3.2.5.1 直送式配送运输

直送式配送运输是指由一个供应点对一个客户专门送货。从物流优化的角度看，直送式客户的基本条件是其需求量接近于或大于可用车辆的额定载重量，需专门派一辆或多辆车一次或多次送货。因此，直送情况下，货物的配送追求的是多装快运，选择最短配送线路，以节约时间、费用，提高配送效率。即直送问题的物流优化，主要是寻找物流网络中的最短线路问题。

目前解决最短线路问题的方法有"位势法"等方法。

用"位势法"寻找最短线路的方法、步骤如下。

(1) 选择货物供应结点为初始结点，并取其位势为"零"。

(2) 考虑与初始结点直接相连的所有线路结点，设其初始结点的位势为 V_i，则终止结点 j 的位势可按下式确定。

$$V_j = V_i + L_{ij}$$

式中：L_{ij}——i 点到 j 点之间的距离。

(3) 从所得到的所有位势中选出最小者，此值即为从初始结点到该点的最短距离，将其标在该结点旁的方框内，并用箭头标出该连线 i—j，以此表示从 i 点到 j 点的最短线路走法。

(4) 重复以上步骤，直到物流网络中所有的结点的位势值均达到最小为止。

最终，各结点的位势值表示从初始结点到该点的最短距离。带箭头的各条连线则组成了从初始结点到其余结点的最短线路。分别以各点为初始结点，重复以上步骤，即可得到各结点之间的最短距离。

3.2.5.2 分送式配送运输

分送式配送运输是指由一个供应点对多个客户的共同送货。其基本条件是所有客户的需求量总和不大于一辆车的额定载重量。送货时，由这一辆车装着所有客户的货物，沿着一条精心选择的最佳线路依次将货物送到各个客户手中，这样既保证按时按量将用户需要的货物及时送到，又节约了车辆，节省了费用，缓解了交通紧张的压力，并减少了运输对环境造成的污染。

利用里程节约法确定配送线路的主要出发点是，根据配送方的运输能力及其到客户之间的距离和各客户之间的相对距离来制订使配送车辆总的周转量达到或接近最小的配送方案。

根据节约法的基本思想,如果一个配送中心分别向多个客户配送货物,在汽车载货能力允许的前提下,每辆汽车的配送线路上经过的客户个数越多,里程节约越大,配送线路越合理。

3.2.5.3 配送式配送运输

配送式配送运输是指由多个供应点向多个客户的送货运输。它的宗旨是将货物从多个供应点分别送到多个客户手中,既满足客户对货物的配送需要,又满足各供应点存出货要求,并最终做到费用最省。

3.3 物流运输组织

货物运输货种繁多,货物的批量大小不同,各种货物对装运车辆也有不同的要求,因而需要货物运输企业以多种运输类别满足货物托运人的要求。目前,我国货物运输企业开发的运输类别主要有以下几种形式:整车货物运输、零担货物运输、特种货物运输、集装箱货物运输等。本节主要介绍整车货物运输组织和零担货物运输组织。

3.3.1 整车货物运输

3.3.1.1 整车货物运输的含义

根据所选运输工具的不同,整车货物运输的含义有所不同。

对铁路运输而言,如果一批货物的重量、体积、形状和性质需要以一辆或一辆以上的货车装运,应按整车方式办理运输。一批货物无论是总重或总体积能装足一辆货车标记载重量或充满一辆货车的容积都应按整车办理;一件货物的形状不适合进入棚车或敞车与其他货物拼装,或货物的性质决定有特殊运输要求或者不能清点件数的货物也应按整车办理。

对于公路运输,若托运人一次托运的货物在 3 t(含 3 t)以上,或虽不足 3 t,但其性质、体积、形状需要一辆 3 t 以上货车运输的,均为整车货物运输。

为明确运输责任,整车货物运输通常是一车一张货票,一个发货人。为此,货物运输企业应选配额定载重量与托运量相适应的车辆装运整车货物。一个托运人托运整车货物的重量(毛重)低于车辆额定载重量时,为合理使用车辆的载重能力,可以拼装另外一个或多个托运人托运的货物,即一车二票或多票,但货物总重量不得超过车辆额定载重量。

整车货物多点装卸,按全程合计最大载重量计重,最大载重量不足车辆额定载重量时,按车辆额定载重量计算。

托运整车货物由托运人自理装车,未装足车辆标记载重量时,按车辆标记载重量核收运费。

整车货物运输一般不需中间环节或中间环节很少,送达时间短,相应的货运集散成本较低。涉及城市间或过境贸易的长途运输与集散,如国际贸易中的进出口商通常乐意采用以整车为基本单位签订贸易合同,以便充分利用整车货物运输的快速、方便、经济、可靠等优点。

3.3.1.2 整车货物运输的生产过程及其组织的原则

整车货物运输生产过程是一个多环节、多工种的联合作业系统,是社会物流必不可少的、重要的服务过程。这一过程是公路货物运输业的劳动者运用运输车辆、装卸设备、承载器具、站场设置等,通过各种作业环节,将货物这一运输对象,从始发地运送到目的地的全过程。它由四个相互关联、相互作用的部分组成,即运输准备过程、基本运输过程、辅助运输过程和运输服务过程。

1. 运输准备过程

运输准备过程又称运输生产技术准备过程,是货物进行运输之前所做的各项技术性准备工作。包括:车型选择、线路选择、装卸设备配置、运输过程的装卸工艺设计等。

2. 基本运输过程

基本运输过程是运输生产过程的主体,是指直接组织货物,从起运地至到达地完成其空间位移的生产活动。包括起运站装货、车辆运行、终点站卸货等作业过程。

3. 辅助运输过程

辅助运输过程是指为保证基本运输过程正常进行所必需的各种辅助性生产活动。辅助运输过程本身不直接构成货物位移的运输活动,它主要包括车辆、装卸设备、承载器具、专用设施的维护保养与修理作业,以及各种商务事故、行车事故的预防与处理工作,营业收入结算工作等。

4. 运输服务过程

运输服务过程是指服务于基本运输过程和辅助运输过程的各种服务工作和活动。例如,各种行车材料、配件的供应,代办货物储存、包装、保险业务,均属于运输服务过程。

构成整车货物运输生产过程的各个组成部分的划分是相对的。它们之间的关系既表现了一定的相对独立性,又表现了相互关联性。同时,通过运输准备过程、辅助运输过程、运输服务过程活动,可以使基本运输过程能够与物流过程的各个功能环节有机地协调起来,使运输生产过程的服务质量得以提高。

3.3.1.3 整车货物运输的组织

整车货物运输过程(简称货运过程)是指货物从受理托运开始,到交付收货人为止的生产活动。货运过程一般包括货物装运前的准备工作、装车、运送、卸车、保管和交付等环节。货物只有在完成了上述各项作业后,才能实现其空间的位移。车站则是开始并结束货物运输的营业场所。

整车货物运输的基本作业包括发送作业、途中作业和到达作业。

1. 整车货物运输的发送作业组织

货物在始发站的各项货运作业统称为发送站务工作。发送站务工作主要由受理托运、组织装车和核算制票三部分组成。

(1) 受理托运。受理托运必须做好货物包装、确定质量和办理单据等项作业。

①货物包装。货物的包装属物资部门的职责范围。为了保证货物在运输过程中的完好和便于装载,发货人在托运货物之前,应按"国家标准"及有关规定进行包装,凡在"标准"内没有列入的货物,发货人应根据托运货物的质量、性质、运距、道路、气候等条件,按照运输工作的需要做好包装工作。车站对发货人托运的货物,应认真检查其包装质量,发现货物包装不符合要求时,应建议并督促发货人将其货物按有关规定改变包装,然后再行承运。

凡在搬运、装卸、运送或保管过程中,需要加以特别注意的货物,托运方除必须改善包装外,还应在每件货物包装物外表明显处,贴上货物运输指示标志。

②确定质量。货物的质量不仅是企业统计运输工作量和核算货物运费的依据,与车辆载重量的充分利用,保证行车安全和货物完好也有关。货物质量分为实际质量和计费质量,货

物质量的确定必须准确。

货物有重质货物与轻浮货物之分。凡平均每立方米质量不足 300 kg 的货物为轻浮货物，否则为重质货物。公路货物运输经营者承运有标准质量的整车重质货物，一般由发货人提出质量或件数，经车站认可后承运。

货物质量应包括其包装质量。

③办理单据。发货人托运货物时，应向起运地车站办理托运手续，并填写货物托运单（或称运单）作为书面申请。

（2）组织装车。货物装车前必须对车辆进行技术检查和货运检查，以确保其运输安全和货物完好。装车时要注意码放货物，努力改进装载技术，在严格执行货物装载规定的前提下，充分利用车辆的载重量和容积。货物装车完毕，应严格检查货物的装载情况是否符合规定的技术条件。

（3）核算制票。发货人办理货物托运时，应按规定向车站交纳运杂费，并领取承运凭证——货票。铁路整车货物在装车完毕并核收运输费用后，发站在货物运单上加盖承运日期戳记，这就标志着企业对发货人托运的货物开始承担运送义务和责任。

2. 整车货物运输的途中组织

（1）公路运输。货物在运送途中发生的各项货运作业，统称为途中站务工作。途中站务工作主要包括途中货物交接、货物整理或换装等内容。

①途中货物交接。为了保证货物运输的安全与完好，便于划清企业内部的运输责任，货物在运输途中如发生装卸、换装、保管等作业，驾驶员之间，驾驶员与站务人员之间，应认真办理交接检查手续。一般情况下，交接双方可按货车现状及货物装载状态进行，必要时可按货物件数和质量交接，如接收方发现有异状，由交出方编制记录备案。

②途中货物整理或换装。货物在运输途中如发现有装载偏重、超重，货物撒漏，车辆技术状况不良而影响运行安全，货物装载状态有异状，加固材料折断或损坏，货车篷布遮盖不严或捆绑不牢等情况，且有可能危及行车安全和货物完好时，应及时采取措施，对货物加以及时整理或换装，必要时调换车辆，同时登记备案。

为了方便货主，整车货物还允许中途拼装或分卸作业，考虑到车辆周转的及时性，对整车拼装或分卸应加以严密组织。

（2）铁路运输。

①途中货物的交接、检查。货物列车在编组站或区段站办理交接。中间站对本站作业的车辆与列车乘务员办理交接。在技术站，区段货物列车应由车站指定人员与列车乘务员交接；直通货物列车由列车乘务员之间办理交接。中途货物列车的货运检查，在无运转车长（无守车）条件下由货运检查站负责。

货物的交接、检查可分为施封的货车和不施封的货车两大类。施封的货车凭封印交接。不施封的货车，可分为苫盖篷布和未苫盖篷布两种：前者凭篷布现状交接，后者凭货车现状、货物装载状态或规定的标记交接。

②货物的换装整理。重车在运输过程中，发现可能危及行车安全或货物完整时，所进行的更换货车或对货物的整理作业，称为货物的换装整理。其中，换装是指将不宜继续运行的货车中的货物卸下，装入适宜安全运输的货车内的作业；整理是指就原车货物的装载位置、高度进行整理，或卸下超载部分的货物及捡拾撒漏货物，以便列车能继续安全运行的作业。

当在运输途中发现货车装载偏重、超重，货物撒漏；因车辆技术状态不良不能继续运行；货物装载状态有异状，加固材料折断、损坏，货车篷布苫盖不严或捆绑不牢，以及货车违反乘务区通行限制等情况时，发现车站（或指定站）应及时进行换装或整理，以避免货物损失的扩大和威胁行车安全。

③货物运输合同的变更或解除。货物运输合同的变更或解除，也称货物运输变更，是指对已承运的货物，在发送前托运人向承运人提出取消托运，或托运人、收货人提出变更到站、变更收货人的书面要求。

货物运输合同的变更和解除，将打乱正常的运输秩序，有时还要增加货车在途中的调车作业和非生产停留时间，增加作业费用，延缓货物送达。因此，对于货物运输合同的变更和解除，应加以限制。为此，铁路不办理下列情况下货物的运输变更：违反国家法律、行政法规、物资流向、运输限制的变更及密封的变更；变更后货物运到期限大于货物容许运输期限的变更；变更一批货物中的一部分；第二次变更到站。

3. 整车货物运输的到达组织

（1）公路运输。货物在到达站发生的各项货运作业统称为到达站务工作。到达站务工作主要包括货运票据的交接，货物卸车、保管和交付等内容。

车辆装运货物抵达卸车地点后，收货人或车站货运员应组织卸车。卸车时，对卸下货物的品名、件数、包装和货物状态等应做必要的检查。

整车货物一般直接卸在收货人仓库或货场内，并由收货人自理。收货人确认卸下货物无误并在货票上签收后，货物交付即完毕。在货物到达地向收货人办完交付手续后，才宣告完成该批货物的全部运输过程。

（2）铁路运输。

①重车和货运票据的交接。列车到站后，车站应及时核对现车，并进行货运检查，检查无误后，与车长或列车乘务员办理重车和货运票据的交接签证。车号室将到达本站卸车的重车票据登记后，移交货运室。

②货物的卸车。卸车是排空车和装车的基础，是车站工作组织的关键。

◆ 卸车前检查：为了保证卸车作业的顺利进行，防止误卸并确认货物在运输途中的状态，便于分清责任，必须进行卸车前检查。具体内容有：货位检查，运送票据检查，现车检查。

◆ 卸车作业：卸车作业开始前，货运员应向卸车工组传达卸车的要求和注意事项。在卸车过程中货运员与卸车工组密切配合，要正确拆封、开启车门或取下苫盖篷布，要逐批核对货物、清点件数，应合理使用货位，按标准进行堆码，对于事故货物要编制记录。

◆ 卸车后检查：包括运输票据检查、货物检查、卸车后车辆检查。对于按规定需洗刷除污的货车，应按规定进行洗刷除污或者向指定的洗刷除污站回送。

③货物的交付和搬出。货物交付是指承运人在规定的地点与收货人进行货物（车）交接，并在货物运单上加盖货物交付日期戳记，即表示货物运输过程终止的作业程序。

3.3.2 零担货物运输

一批货物的质量、体积、形状和性质不需要单独使用一辆货车装运则可按零担方式办理。

按零担方式办理运输的货物,铁路规定,一件体积不得小于 0.02 m³（一件重量 10 kg 以上除外）,一张运单托运的货物不得超过 300 件。

3.3.2.1 零担货物运输特点

1. 货源不确定

零担货物运输的货物流量、货物数量、货物流向具有一定的不确定性,并且多为随机性发生,难以通过运输合同方式将其纳入计划管理范围。

2. 组织工作复杂

零担货物运输货运环节多,作业工艺细致,对货物配载和装载要求也相对较高。因此,作为零担货物运输作业的主要执行者——货运站,要完成零担货物质量的确认,货物的积配载等大量的业务组织工作。

3. 单位运输成本较高,贵重、怕湿货物多

为了适应零担货物运输的需求,货运站要配备一定的仓库、站台,以及相应的装卸、搬运机具和专用车辆,此外,相对于整车货物运输而言,零担货物周转环节多,更易于出现货损、货差,赔偿费用相对较高,因此,导致零担货物运输成本较高。

正因为零担货物运输具有与整车货物运输不同的特点,零担货物运输是整车货物运输的重要补充,随着商品经济的发展,适应商品流通需要,零担货物运输不断完善,这主要表现在以下几个方面。

(1) 零担货物运输非常适合商品流通中品种繁多、小批量、多批次、价高贵重、时间紧迫、到站分散的特点。

(2) 零担货物运输可承担一定的行李、包裹的运输,成为旅客运输工作的有力支持者。

(3) 零担货物运输机动灵活,对于具有竞争性、时令性和急需的零星货物运输具有尤为重要的意义,因为零担货物运输可以做到上门取货、就地托运、送货到家、代办中转,手续简便、运送快速,能有效地缩短货物的送达时间,加速资金周转。

3.3.2.2 零担货物运输组织

1. 零担货物货源组织

零担货物货源组织工作,始于货源调查,止于货物受理托运,是为寻找、落实货源而进行的一切组织工作。

(1) 零担货物货源市场调查。零担货物运输是货物运输的一个组成部分,其市场调查的内容、方式、方法与货物运输基本相同,主要是进行货流起讫点调查。

货流起讫点调查是对货物发生及到达地点分布,货物流向与流量的调查,通常称为 OD 调查 (origin destination survey)。OD 调查的主要项目如下。

①货物种类、数量及流向。

②货流起讫点及地理位置。

③货流按时间及空间分布。

④货物托运、装卸、保管的地点及分布。

通过 OD 调查,了解零担货物运输需求情况,合理安排货运站及营业网点的分布,组织货运服务。

(2) 零担货源组织方法。

①实行合同运输。合同运输是公路运输部门行之有效的货源组织方式,它具有以下

特点。
- 逐步稳定一定数量的货源。
- 有利于合理安排运输。
- 有利于加强企业责任感，提高运输服务质量。
- 有利于简化运输手续，减少费用支出。
- 有利于改进产、运、销的关系，优化资源配置。

②设立零担货运代办站（点）。零担货物具有零星、分散、品种多、运量小、流向广的特点，零担货物运输企业可以自行独立设置货运站点，也可以与其他社会部门或企业联合设立零担货运代办站（点），这样，既可以加大零担货运站点的密度，又可以有效利用社会资源，减少企业成本，弥补企业在发展中资金、人力的不足。在设立零担货运代办站（点）时，一定要经过广泛的社会调查，了解货源情况。

③委托社会相关企业代理零担货运业务。零担货运企业可以委托货物联运公司、日杂百货打包公司、邮局等单位代理零担货运受理业务，利用这些单位的既有设施及其社会关系网络，取得相对稳定的货源。这些单位在代理零担货运业务时一般向托运人收取一定的业务手续费或向零担货运企业收取劳务费。

④聘请货运信息联络员，建立货源情报网络。在有较稳定零担货源的物资单位聘请货运信息联络员，可以随时掌握货源信息，以零带整，组织整车货源。

⑤设立电话受理业务。

⑥设立网上接单业务。

2. 零担货物运输车辆的组织

零担车指装运零担货物的车辆，可以组织成以下两种形式。

（1）整装零担车（简称整零车）。整装零担车指由发站将若干批零担货物一次集配成一车，并施封直运至中转站或到站卸车的组织形式。

①直达整零车。它所装的零担货物在途中无须经过中转站进行中转，可一次直运到站。

②中转整零车。它所装的零担货物为同一去向，但到站分散。由于每个到站运量零星，短时期不能在发站组织直达整零方式装运，为加速货物的送达速度，各发站将其运至中转组织站集结，重新配装，运至货物到站。危险货物铁路不办理中转。

（2）沿途零担车。托运站将各个发货人托运同一线路不同到达站，且性质允许配装的各种零担货物，同车装配后，在沿途各计划停靠站卸下或装上零担货物再继续前进，直至最后终点站的一种货运班车。

3.3.2.3 零担货物运输业务流程

零担货物运输业务是根据零担货物运输工作的特点，按照流水作业构成的一种作业程序。

1. 货物的托运受理

货物的托运受理是指零担货物托运人向车站提出货物运输申请后，车站根据营运范围内的线路、站点、运距、中转车站、各车站的装卸能力、货物的性质及受运限制等业务规则和有关规定接受零担货物，以及托运人运输申请的审理过程。车站受理时，必须要求托运人认真填写托运单。车站受理并审核无误后方可承认进货。

在受理托运时，可根据受理零担货物数量、运距以及车站作业能力采用不同的受理制度。

（1）随时受理制。这种受理制度对托运日期无具体规定，在营业时间内，托运人均可将货物送到托运站办理托运，这为货主提供了很大的方便性。但是这种受理制不能事先组织货源，缺乏计划性。因此，货物在库时间长，设备利用率低。在实际操作中，随时受理制主要被作业量小的货运站、急运货物货运站，以及始发量小、中转量大的中转货运站采用。

（2）预先审批制。预先审批制要求发货人事先向货运站提出申请，车站再根据各个发货方向及站别的运量，结合站内设备和作业能力加以平衡，分别指定日期进货集结，组成零担车。

（3）日历承运制。日历承运制是指货运站根据零担货物流量和流向规律，编写承运日期表，事先公布，发货人则按规定日期来站办理托运手续。

采用日历承运制可以有计划地组织零担货物运输，便于将去向和到站比较分散的零担货流合理集中，组织直达零担车，可以均衡安排起运站每日承担零担货物的数量，合理使用货运设备，便于物资部门安排生产和物资调拨计划，提前做好货物托运准备工作。

2. 过磅起票

零担货物受理人员在收到托运单后，应及时验货过磅，认真点件交接，做好记录，按托运单编号填写标签及有关标志，填写"零担运输货票"。

3. 仓库保管

零担货物仓库应严格划分货位，一般可分为待运货位、急运货位、到达待交货位。零担仓库的货位配置方法根据与通车道的相互位置，可分成一列式排列和双列式排列。货物进出仓库要照单入库或出货。做到以票对货、票票不漏，货票相符。

零担货物仓库要具备良好的通风、防潮能力，防火和灯光设备，安全保卫能力。为了使货物免受雨淋和提高装卸效率，仓库或货棚应尽可能设置于站台上。货物装卸站台一般分成直线型和阶梯型，根据车辆进行作业时与站台的相互位置，直线型又可分成平行式和垂直式。

4. 配载装车

（1）零担货物的配载原则如下。

① 中转先运、急件先运、先托先运、合同先运。

② 尽量采用直达方式，必须中转的货物，则应合理安排流向。

③ 充分利用车辆载重量和容积。

④ 严格执行货物混装限制规定。

⑤ 加强预报中途各站的待运量，并尽可能使同站装卸的货物在质量及体积上相适应。

（2）装车准备工作。

① 按车辆容载量和货物的形状、性质进行合理配载，填制配装单和货物交接单。填单时应按货物先远后近、先重后轻、先大后小、先方后圆的顺序填写，以便按单顺次装车，对不同到达站和中转的货物要分单填制。

② 将整理后各种随货单证分附于交接清单后面。

③ 按单核对货物堆放位置，做好装车标记。

完成上述工作后，即可按交接清单的顺序和要求点件装车，装车时应注意以下事项。

① 将贵重物品放在防压、防撞的位置，保证运输安全。

② 装车完毕后要复查货位，以免错装、漏装。
③ 驾驶员（或随车理货员）清点随车单证并签字盖章确认。
④ 检查车辆关锁及遮盖捆扎情况。

5. 车辆运行

零担货运班车必须严格按期发车，按规定线路行驶，在中转站要由值班人员在行车路单上签证。

6. 货物中转

对于需要中转的货物需以中转零担班车或沿途零担班车的形式运到规定的中转站进行中转。中转作业主要是将来自各个方向仍需继续运输的零担货物卸车后重新集结待运，继续运至终点站。

零担货物中转作业一般有以下三种基本方法。

（1）落地法。将到达车辆上的全部零担货物卸下入库，按方向或到达站在货位上重新集结，再重新配装。这种方法简便易行，车辆载货量利用较好，但装卸作业量大，作业速度慢，仓库和场地的占用面积也较大。

（2）坐车法。即将到达车辆上运往前面同一到站，且中转数量较多或卸车困难的那部分核心货物留在车上，将其余货物卸下后再加装同一到站的其他货物。采用这种方法，核心货物不用卸车，减少了装卸作业量，加快了中转作业速度，节约了装卸劳力和货位，但对留在车上的核心货物的装载情况和数量不易检查和清点，在加装货物较多时也难免发生卸车和倒装等附加作业。

（3）过车法。当几辆零担车同时到站进行中转作业时，将车内部分中转货物由一辆车直接换装到另一辆车上。组织过车时，可以向空车上过，也可以向留有核心货物的重车上过。这种方法在完成卸车作业的同时即完成了装车作业，减少了零担货物的装卸作业量，提高了作业效率，加快了中转速度，但对到发车辆时间衔接要求较高，容易遭受意外因素的干扰。

零担货物中转站除了承担货物的保管工作外，还需进行一些与中转环节有关的理货、堆码、整理、倒载等作业，因此，中转站应配备有一定的仓库或货棚等设施。零担货物的仓库或货棚，应具备良好的通风、防潮、防火、采光、照明等条件，以保证货物的完好和适应各项作业的需要。

7. 到站卸货

车辆到站后，由仓库人员检查货物情况，如无异常情况，在交换单上签字加盖业务章。如有异常情况，则应采取相应处理措施。

（1）有单无货，双方签注情况后，并在交接单上注明，原单返回。
（2）有货无单，确认货物到站，收货由仓管员签发收货清单，双方盖章，清单寄回起运站。
（3）货物到站错误，将货物原车运抵起运站。
（4）货物短缺、破损、受潮、污染、腐坏时，应双方共同签字确认，填写事故清单。

8. 货物交付

货物入库后，通知收货人凭提货单提货，或者按指定地点送货上门，并做好交货记录。

9. 货物中转作业

零担货物中转作业按货物流向或到站进行分类整理，先集中再分散的过程，中转站的选

运输与包装

择必须建立在充分的运输经济调查并结合货源和货流特点的基础上,中转站的硬件设施和仓库的要求相同。

本章小结

　　物流合理化在很大程度上依赖于运输合理化,而运输合理化也囊括在物流合理化的大前提下。合理运输是降低物流费用的关键,要求学生掌握合理运输和不合理运输的含义及形式。

　　本章 3.2 节重点介绍了配送运输,配送运输是一种短距离、小批量、高频率的运输形式,单从运输的角度看,它是对干线运输的一种补充和完善,属于末端运输、支线运输。学生要了解配送运输的方法和组织;掌握配送线路的选择;熟悉车辆装运技术。

 复习思考题

一、基本概念
物流结点　不合理运输　配送运输　整车货物运输　零担货物运输

二、判断正误题
1. 物流结点使各个物流线路变得互不相干。（　　）
2. 在实际运输组织中,有时候必须调运空车,从管理上不能将其看成不合理运输。（　　）
3. 倒流运输也可以看成是隐蔽对流的一种特殊形式。（　　）
4. 运输费用在全部物流费用中占很小比例。（　　）
5. 配送与一般送货的重要区别在于,配送通过集货、分拣、配货等环节,使送货达到一定的规模,以利用规模优势取得较低的送货成本。（　　）
6. 配装货物时,包装不同的货物,不需要分开装载。（　　）
7. 根据节约法的基本思想,如果一个配送中心分别向多个客户配送货物,在汽车载货能力允许的前提下,每辆汽车的配送线路上经过的客户个数越少,里程节约越大,配送线路越合理。（　　）
8. 凡在搬运、装卸、运送或保管过程中,需要加以特别注意的货物,托运方只需改善包装。（　　）

三、问题与思考
1. 物流结点的主要功能是什么?
2. 什么是不合理运输?运输合理化的影响因素是什么?
3. 配送运输应具备哪些特点?
4. 简述配送运输的基本作业流程。
5. 整车货物运输的含义是什么?
6. 整车货物的发送作业程序与零担货物的发送作业程序有什么不同?

第4章

集装运输

集装运输是工业革命和运输生产发展变革的产物。集装运输是以集装箱、集装器具和捆扎索夹具为载体,将散裸装和成件包装货物集合组装成集装单元,以便适于现代化流通领域内运用大型起重机械和大型运载车辆进行装卸、搬运作业和完成运输任务,更好地实现"门到门"运输的一种新型的、高效率和高效益的运输方式。

由于机器大工业生产发展的结果,对于运输生产提供了装备,也提出了适应大工业生产的需求,大量的原材料需要输入,生产成品需要输出,蒸汽机的采用对铁路、航海运输提供了动力技术基础,而运输业的发展、商品的交换又对商品包装、运输包装和集合包装的发展和变革不断提出新的要求。

集合包装又称组合式包装,它是集装运输的载体,有集装箱、集装器具和捆扎索夹具等,是将成件包装货物、散裸装货物组合而形成一个便于装卸、搬运、储存和运输的集装单元。采用与现代化装卸和运载工具、设施相适应的集合包装,不仅可有效地保护内装货物、节约包装材料、简化清点和交接作业,而且将会极大地提高装卸和运输效率,降低运输成本,减少货损、货差,从而促进货物运输现代化。

集合包装既是一种新型的运输单元形式,也是运输现代化的重要组成部分,是集装运输的物质和技术基础。集合包装的出现,彻底改变了以劳动力为动力基础的传统包装观念,是对传统运输包装方式的重大改革,使产品运输包装发生了根本性的变化;这种根本性变化的动力技术基础就是现代化的大型装卸搬运起重机械。因此,首先是使产品生产的流水线一直延伸到集装单元的形成,接着在流通过程进行装卸、搬运、储存和运输等作业时,要保证实现集装运输的全过程。

集装运输包括以集装箱为媒介的集装箱运输和以集装器具、捆扎索夹具为载体的集装化运输两大类。

4.1 集装箱运输

4.1.1 集装箱的定义

集装箱的英文术语为 container,具有"容器"的含义,我国术语为集装箱,又称"货柜"。根据国际标准化组织（ISO）的规定，集装箱应满足以下要求。

①具有足够的强度，能够长期反复使用。

②适于一种或多种运输方式运送，途中转运时，箱内货物不需换装。

③具有快速装卸和搬运装置，特别便于从一种运输方式转换到另一种运输方式。

④便于货物的装满和卸空。

⑤具有 1 m³ 及其以上的内部容积。

4.1.2 集装箱的类型

集装箱可以分别按用途、结构、使用材料和总重等进行分类。

4.1.2.1 按用途分类

1. 杂货集装箱

杂货集装箱亦称干货集装箱或通用集装箱，适用于除冷冻货、活动物、植物以外，不需要调节温度，且在尺寸、质量等方面均适于装于箱内，如日用百货、食品、机械、仪器、家用电器、医药及各种贵重物品等货物。在各种集装箱中这种集装箱所占的比重最大，国际标准化组织建议的标准集装箱系列，指的都是这种集装箱。

2. 保温集装箱

保温集装箱是一种箱壁采用导热率低的材料隔热，用于需要冷藏和保温的货物运输的集装箱。保温集装箱又可分为以下三种。

（1）冷藏集装箱。适用于运输冷冻货物。

（2）隔热集装箱。一种以干冰制冷、防止箱内温度上升、保持货物新鲜的集装箱，适用于载运水果、蔬菜等。

（3）通风集装箱。

4.1.2.2 按结构分类

集装箱按结构可分为整体式集装箱、框架式集装箱、罐体式集装箱、折叠式集装箱和软式集装箱。

1. 整体式集装箱

整体式集装箱为整体的刚性结构，一般具有完整的箱壁、箱顶和箱底，如通用式集装箱、封闭式集装箱、保温集装箱、干散货集装箱等。

2. 框架式集装箱

框架式集装箱一般呈框架结构，没有壁板和顶板，如某些台架式集装箱，有时甚至没有底板。

3. 罐体式集装箱

罐体式集装箱外部为刚性框架，内有罐体，适于装运液体、气体和粉状固体货物。

4. 折叠式集装箱

折叠式集装箱的主要部件（侧壁、端壁和箱顶）能够折叠或分解，再次使用时，可以方便地组合起来，这种集装箱的优点是在回空和保管时能够缩小集装箱的体积，但由于其主要部件是铰接的，故其强度受到一定影响。

5. 软式集装箱

软式集装箱是指用橡胶或其他复合材料制成的有弹性的集装箱，其优点是结构简单，空箱状态时体积不大，自重系数小。

4.1.2.3 按使用材料分类

集装箱大都不是用一种材料制成的，而是用钢（包括不锈钢）、木材（包括胶合板）、铝合金和玻璃钢这四种基本材料中的两种以上组合而成的。箱体的主要部件（指侧壁、端壁、箱底和箱顶）采用什么材料，就称什么材料制成的集装箱。

1. 钢质集装箱

钢质集装箱的框架和壁板均采用钢材制成，采用全焊结构，壁板采用波纹板，以增加箱体的刚性。其优点是：强度大，结构牢，坚固耐用；刚性高，不易变形，水密性好；箱体易于修理，造价较低。缺点是：自重大，防腐蚀性能差。

2. 铝质集装箱

铝质集装箱有两种：一种为钢架铝板，另一种仅框架两端采用钢材，其余皆用铝材，壁板用侧柱补强。铝质集装箱的钢质框架系焊接而成，而铝合金壁板则用铆钉连接。其优点是：自重轻，外形美观，防腐蚀性能好，弹性好，受力时易变形，外力消失后易于复原。缺点是：造价较高。

3. 玻璃钢集装箱

玻璃钢集装箱采用钢质框架，壁板采用玻璃钢材料，框架为焊接结构，壁板与框架用特殊铆钉或螺栓连接。其优点是：箱壁较薄，内容积大，隔热性能好，抗腐蚀性强。缺点是：自重较大，造价高。

4.1.2.4 其他分类方法

1. 按总重分类

集装箱按总重可分为大型集装箱、中型集装箱、小型集装箱。大型集装箱指总重在 20 t 及其以上的集装箱；中型集装箱指总重在 5 t 及其以上但小于 20 t 的集装箱；小型集装箱指总重小于 5 t 的集装箱。

2. 按箱主分类

在海运上分为船公司的集装箱、租箱公司的集装箱和企业自备集装箱。

在铁路运输中分为铁路集装箱和自备集装箱。铁路集装箱是铁道部所属的集装箱，自备集装箱是托运人配置或租用的集装箱。

3. 按规格尺寸分类

目前，国际上通常使用的集装箱有：外尺寸为 20 ft×8 ft×8.5 ft 的 20 ft（ft 为英尺，英制长度单位，1 ft＝0.304 8 m）集装箱；外尺寸为 40 ft×8 ft×8.5 ft 的 40 ft 集装箱；近年来较多使用的是 40 ft×8 ft×9.5 ft 的 40 ft 集装箱。

4. 按箱型分类

包括 1AAA、1BB、1C、1DX 等集装箱。

4.1.3 集装箱的换算单位和箱体标记

为了易于识别和国际流通，国际标准化组织规定了集装箱的换算单位和统一使用的标记代号，以便对集装箱进行识别、管理和信息传输。

4.1.3.1 集装箱的换算统计单位

1. TEU

这是国际标准集装箱的换算单位,表示 1 个 20 ft 的国际标准集装箱。1 个 40 ft 的集装箱折合 2 TEU,两个 10 ft 的集装箱折合 1 TEU,有时也用 FTU 表示 1 个 40 ft 的国际标准集装箱。

2. CTU

这是我国铁路运输集装箱的统计单位,它以 1 个铁路 10 t 集装箱为标准。1 个 10 t 集装箱折合 1CTU,10 个 1 t 集装箱折合 1 CTU,2 个 5 t 集装箱折合 1 CTU,1 个 20 ft 集装箱折合 2 CTU,1 个 40 ft 集装箱折合 4 CTU。

4.1.3.2 集装箱的标记

1. 箱主代号

集装箱箱主代号由四个大写的拉丁字母组成。为了使集装箱与其他设备相区别,第 4 个字母用 U 表示。为了避免箱主代号出现重名,所有箱主在使用代号之前应向国际集装箱局(BIC)登记注册。

2. 集装箱顺序号(箱号)

集装箱顺序号由 6 位阿拉伯数字组成,有效数字不足 6 位时,则用"0"在有效数字前补足 6 位。

3. 核对数字

核对数字是用于确定集装箱箱主代号和顺序号在传输和记录时的准确性的手段,它是根据箱主代号和集装箱顺序号,通过一定方法计算出来的。

4. 国家(地区)代号

国家(地区)代号用两个大写的拉丁字母表示。由国际标准化组织公布的国家(地区)代号有 220 多个,一些国家(地区)的代号举例如下:中国 CN、日本 JP、美国 US。

5. 尺寸和类型代号

国际标准化组织规定尺寸和类型代号由四个阿拉伯数字组成,前两位数字表示尺寸的特性,其中第一位数字表示集装箱的长度,第二位数字表示集装箱的高度和有无鹅颈槽(单数为有鹅颈槽,双数为无鹅颈槽)。后两位数字表示集装箱的类型。

6. 额定质量和空箱质量

集装箱的额定质量和空箱质量应标于箱门上,国际标准化组织要求用英文"MAX GROSS"(或 MGW)和"TARE"表示,两者均以 kg(千克)和 lb(磅)同时标记。

在我国铁路上运输的集装箱有不少是企业自备集装箱,为了加强对自备集装箱的管理,铁路对自备集装箱的编号和标记涂刷做了以下规定。

(1)自备集装箱的编号由货主所在铁路局集团公司(简称××局集团公司)负责,并按规定涂刷。

(2)箱主代号的四位拉丁字母,前两位由箱主自选,后两位按如下规定选取:通用箱为 TU,冷藏箱为 LU,危险品箱为 WU,保温箱为 BU,其他专用箱另定。

(3)六位箱号数字,前两位为箱主所在省、直辖市、自治区行政区划代号,第三至六位由所在铁路局确定,核对数字由中国铁路总公司(简称中国铁路)统一计算提供。1 t 集装箱不用核对数字。

(4)1 t 自备集装箱腰部应涂刷 150 mm 宽的白色环带,5 t 及其以上自备集装箱腰部应涂刷200 mm宽的白色环带，危险品自备集装箱腰部应涂刷黄色环带。

4.1.4 集装箱标准化

集装箱标准化，不仅能提高集装箱作为共同运输单元在海、陆、空运输中的通用性和互换性，而且能够提高集装箱运输的安全性和经济性，促进国际集装箱多式联运的发展。同时，随着集装箱运输的不断发展，要提高集装箱的运输效率和经济效益，就需要使集装箱及其有关设备机械实现标准化。因此，欧洲国际铁路联盟（UIC）率先在1931年制订了欧洲各国铁路运输集装箱的标准，1958年美国标准协会采纳了美国运输管理部门为统一集装箱装卸作业而制订的设备标准，1967年日本也制订了符合日本工业标准的JISZ16IO型大型集装箱标准。这些标准是属于地区性的集装箱标准。

在美国的倡导下，国际标准化组织（ISO）在1961年组织了有关集装箱专门委员会（即104技术委员会）。国际标准化组织（ISO/TC—104）以建立新的集装箱运输系统为目的，开始进行集装箱国际标准化工作，并以已有的美国标准、欧洲国际铁路联盟标准、前苏联和东欧标准以及海陆公司标准为基础，提出三个系列的集装箱基本尺寸：第1系列用于国际运输标准，第2系列用于欧洲大陆标准，第3系列用于前苏联和东欧各国标准。并以此为中心规定国际集装箱标准的主要内容，先后制订了集装箱定义、术语、尺寸、重量、规格、试验方法、角件，直到标志方法、操作方法等各种标准。

ISO/TC—104建立以来，虽然世界集装箱运输已进入稳定发展的时期，但仍有地区性的集装箱标准有碍于国际的集装箱交换，为了适应集装箱运输的发展，提出以第1系列标准作为国际标准的发展路径。实践证明在第1系列标准中只有1C、1CC、1A和1AA等四个标准运用广泛，并以1CC型集装箱来换算TEU标准集装箱，从而使国际标准集装箱走向完全成熟的阶段。

为了研究和解决安全和报关等方面存在的问题，于1972年召开的联合国政府间的海事协商组织（UN/IMCO）集装箱会议，通过了集装箱海关公约和国际集装箱安全公约。集装箱安全公约是在集装箱的装卸、堆放和运输中以确保人身安全为目的，规定集装箱试验、检查和使用的有关国际共同规则以及结构、安全条件和试验方法等内容，此公约于1977年9月6日生效。

到目前为止，国际标准集装箱共有15种规格。

为了便于开展集装箱的国际标准化活动和加强我国集装箱标准化工作的领导，我国在1980年3月成立了全国集装箱标准化委员会，负责集装箱国家标准的制定和修订工作。我国现有的集装箱规格尺寸如表4-1、表4-2、表4-3所示（见GB T 1413—2008/ISO 668：1995）。

表4-1 国际标准集装箱现行箱型系列表

集装箱箱型	长度			宽度			高度			总重	
	mm	ft	in	mm	ft	in	mm	ft	in	kg	lb
1EEE	13 716	45'		2 438	8'		2 896	9'6"		30 480	67 200
1EE							2 591	8'6"			

续表

集装箱箱型	长度		宽度		高度		总重	
	mm	ft in	mm	ft in	mm	ft in	kg	lb
1AAA	12 192	40'	2 438	8'	2 896	9'6"	30 480	67 200
1AA					2 591	8'6"		
1A					2 438	8'		
1AX					<2 438	<8'		
1BBB	9 125	29'11"1/4	2 438	8'	2 896	9'6"	30 480	67 200
1BB					2 591	8'6"		
1B					2 438	8'		
1BX					<2 438	<8'		
1CC	6 058	19'10"1/4	2 438	8'	2 591	8'6"	30 480	67 200
1C					2 438	8'		
1CX					<2 438			
1D	2 991	9'9"3/4	2 438	8'	2 438	8'	10 160	22 400
1DX					<2 438	<8'		

表 4-2 国家标准集装箱规格尺寸

集装箱箱型	长度	宽度	高度	总重
	mm	mm	mm	kg
1EEE	13716	2 438	2 896	30 480
1EE			2591	
1AAA	12 192	2 438	2896	30 480
1AA			2591	
1A			2438	
1AX			<2438	
1BBB	9 125	2 438	2896	30 480
1BB			2 591	
1B			2 438	
1BX			<2 438	
1CC	6 058	2 438	2 591	30 480
1C			2 438	
1CX			<2 438	
1D	2 991	2 438	2 438	10 160
1DX			<2 438	

表 4-3　系列 1 通用集装箱的最小内部尺寸和门框开口尺寸

单位：mm

集装箱型号	内部最小尺寸			门框开口尺寸	
	高度	宽度	长度	高度	宽度
1EEE	箱体外部高度减去 241	2 330	13 542	2 566	2 286
1EE			13 542	2 561	
1AAA			11 998	1 566	
1AA			11 998	2 561	
1A			11 998	2 134	
1BBB			8 931	2 566	
1BB			8 931	2 561	
1B			8 931	2 134	
1CC			5 867	2 261	
1C			5 867	2 134	
1D			2 802	2 134	

4.1.5　集装箱货物的交接方式

集装箱货物的交接因货主托运货物的批量及选择的运输方式不同，货物的交接地点也有所不同。在具体的交接过程中会涉及三个交接地点，即收、发货人的仓库（door 简写 D），集装箱装卸作业区（即集装箱堆场，container yard，CY），集装箱货运站（container freight station，CFS）。

4.1.5.1　门到门交接（D To D）

门到门交接形式习惯上只有一个发货人、收货人，由承运人负责内陆运输，也就是说在发货人工厂或仓库接收集装箱后，负责将集装箱运至收货人的工厂或仓库，门到门交接的货物系整箱。

4.1.5.2　门到场交接（D To CY）

门到场交接形式是在发货人的工厂或仓库接收集装箱后，由承运人负责运至卸船港集装箱码头堆场交货，目的地的内陆运输则由收货人自己负责安排。

4.1.5.3　门到站交接（D To CFS）

门到站交接形式是在发货人的工厂或仓库接收集装箱后，由承运人负责运至目的地集装箱货运站交货，即整箱接收、拼箱交付。

4.1.5.4　场到门交接（CY To D）

场到门交接系指在装船港集装箱码头堆场接收集装箱，由承运人负责运至收货人工厂或仓库交货的交接方式，即整箱接收、整箱交付。

4.1.5.5　场到场交接（CY To CY）

这是一种在装船港集装箱码头堆场接收集装箱，并将其运至卸船港集装箱码头堆场的交接方式。

4.1.5.6　场到站交接（CY To CFS）

这是一种在装船港集装箱码头堆场接收集装箱后，并将其运至目的地集装箱货运站的交接方式。

4.1.5.7　站到门交接（CFS To D）

这是一种在起运地集装箱货运站接收集装箱后，并将其运至收货人工厂或仓库的交接方式。

4.1.5.8　站到场交接（CFS To CY）

这是一种在起运地集装箱货运站接收集装箱后，并将其运至卸船港集装箱码头堆场的交接方式。

4.1.5.9　站到站交接（CFS To CFS）

托运人负责将货物运至海上承运人指定的装货港集装箱货运站按件交货；海上承运人在货港集装箱货运站按件接货并装箱，负责运抵卸货港集装箱货运站拆箱按件交货；收货人负责在卸货港集装箱货运站按件接货。

4.1.6　集装箱运输的优越性

集装箱运输是社会生产大发展的产物，它是一种先进的运输方式，不仅促进了水、陆、空各种运输工具之间的联运，而且解决了复杂而零星的小包件货物的零担运输问题，同时也吸引了大量的整车适箱货物。与传统的货物运输相比，集装箱运输具有以下优越性。

4.1.6.1　保证货物运输安全

由于集装箱本身具有足够的强度和刚度，箱体结构坚固，箱门具有防雨装置，对货物有很好的保护作用，一般不易发生盗窃事故，且足以防止恶劣天气对箱内货物的侵袭；途中换装时可以不动箱内货物，大大减少了人力装卸、搬运的次数，从而可避免人为和自然因素造成的货物破损、湿损、丢失等货运事故。

4.1.6.2　简化货物包装、节省包装费用

由于集装箱本身具有保护商品的作用，又可以实现门到门运输，所以集装箱运输为简化货物包装、降低商品成本创造了条件。

4.1.6.3　便于开展多式联运，实现门到门运输

集装箱运输是最适于组织多式联运的运输方式。集装箱作为运输单元，由一种运输方式转换到另一种运输方式进行联合运输时，需要换装的是集装箱，箱内的货物并不需要搬动，这就大大简化和加快了换装作业，极大地促进了铁路、公路、水路等单一运输方式向"一次托运、一次收费、一票到底、全程负责"的高级联运方式发展。

4.1.6.4　提高运输效率

集装箱运输是全部机械化的高效率运输方式。将不同形状、尺寸的单件杂货装入具有标准规格的集装箱内进行运输，从根本上解决了现代化生产的标准化前提，为实现高效的机械化作业创造了最为重要的条件。集装箱运输各环节所采用的设备大多是效率很高的专用设施和设备，具有适宜采用机械化作业、装卸效率高、运输工具周转快的优点。

4.1.6.5　减少运营成本，降低运输费用

由于集装箱运输采用机械装卸，一方面，比人力装卸可节约大量的装卸成本；另一方面，由于装卸效率提高，车船周转加快，使集装箱运输成本大幅降低。据统计，西欧一些国

家铁路采用集装箱运输后，在整个运输过程中，与普通运输方式比较，运输成本约降低40%。另外，货损、货差大为减少，事故赔偿也随之下降；开展门到门运输业务后，可大量节约仓库的建造费用和仓库作业费用等。

4.1.6.6　有利于实现管理现代化

集装化运输简化了货运手续，使装卸、搬运、交接等过程更简单方便。集装箱的标准化和单元化特点，使集装箱运输非常适合使用现代科学方法加以管理，特别是可以使用计算机进行管理，从而为实现自动化管理创造了便利条件。

由于集装箱运输具有以上特点，它有利于实现运输货物的单元集合方式、运输过程中的作业方式、各种运输工具的衔接方式和管理方式等传统运输方式的转变，所以被世界公认为是"运输史上的一场革命"。

4.2　集装化运输

4.2.1　集装化运输的基本概念

集装化运输是指以各类集装器具和捆扎索夹具为载体，把成件包装货物和散裸装货物组合成集装单元进行运输的一种货物运输方式。这种货运方式的特点是集装器具的针对性强，可根据某种、某类货物的具体性质、形态，灵活、多样地设计和制造集装器具；集装器具造型简便、制造工艺不复杂；选材可因地制宜、因货制宜；集装器具制造成本较低、投资少；集装器具具有折叠、拆解和套装式结构，在空状态下体积小，便于堆码、回送和管理。集装件的捆扎所使用的索夹具，更是灵活多样、就地取材，费用更少。

集装化运输是我国货物运输改革的一项重要的技术内容，其改革对象是传统的以人力为基础的包装运输件。集装化运输和集装箱一样，把包装运输件改革成为现代化的以机械化装卸为基础的货物运输集装件。这项技术改革所达到的主要目的是保证货物运输安全与货物运输质量，提高货物运输作业效率和降低货物运输作业的劳动强度，增加企业经济和社会效益。

集装化运输与集装箱运输的不同之处是集装化运输具有更大的灵活性，在集装化运输中，组织货物集装件的方法可分为两种不同的基本形式：一种是借助集装器具形成货物运输集装件；另一种则是借助捆扎索夹具或捆扎材料形成货物运输集装件。所采用的集装器具类型有托盘式、预垫式、架式、箱式、笼式、袋式、网络式等多种。在外贸运输中还有滑板式集装器具。在捆扎运输中所采用的捆扎材料有镀锌铁丝、氧化与磷化处理钢带、夹具和索具等。在外贸运输中还采用收缩薄膜捆扎技术材料，而在国外常采用拉伸薄膜捆扎技术材料。

因此，货物集装化运输定义为：凡使用集装器具、采用捆扎索夹具或捆扎技术方法，把裸装、散装货物、成件包装货物等适于集装的货物，组合成一定规格或一定重量的货物集装件而进行运输者，统称为货物集装化运输。

形成货物集装化运输的集装件，还必须满足下列各项要求。

（1）货物集装件所使用的集装器具、捆扎索夹具、捆扎材料应具有足够的强度，来保证集装件牢固可靠，以防止危及行车、货物、运载车辆和运输环境条件的安全。

（2）货物集装件适于多种装卸、搬运机械作业，便于多层堆码和现代化管理。

（3）货物集装件的重量和体积上能充分合理地利用运载工具的有效载重能力和装载容积。

（4）货物集装件在运输过程中有条件组织不同运载工具之间进行直接换装作业。

（5）每个货物集装件的重量要求等于或大于 1 t，或者体积等于或大于 1 m^3。

4.2.2 集装化货流构成分类

适于集装化运输的货流，可根据货物状态、性质、包装状况和铁路办理货物运输的种别进行如下分类。

4.2.2.1 按货物的物理状态分类

1. 固态货物

（1）粉末状货物。这类货物呈不同细度的粉末状。过去常用纸袋、布袋和麻袋包装，近来多用复合纸袋、合成纤维编织袋和薄膜塑料袋等包装。在运输过程中包装易破损、货物易撒漏，作业中粉尘飞扬，污染运载车辆、仓库和作业环境，并且影响作业人员身心健康。同时，这类货物在高湿环境中，易吸湿而受潮，凝结成块状而降低质量或使用价值。属于这类货物的有水泥、炭黑、陶土、磷石粉、膨润土、滑石粉等。

（2）颗粒状货物。这类货物常用麻袋、布袋、编织袋和草袋包装，每袋重量为 50～100 kg。在装卸、搬运作业过程中，如包装破损、货物撒漏，既使货物遭受损失，又使货场脏乱和不畅，也影响货物本身的质量。属于这类货物的有谷物、原盐、型砂、石英砂等。

（3）锭块状货物。这类货物的共同特点是体积小而比重大，通常不用包装，也不加捆扎，是直接裸装运输的货物。靠人力装卸不但劳动强度大而且劳动效率低，特别是铝、锌、铅等金属锭需要清点件数，但在实际工作中却又难以清点清楚。再如各种建筑用的砖、瓦、石料、片石、小型混凝土制件、耐火材料等块状物资，在作业特点上均属同一类性质。如果使用集装器具或捆扎材料加以集装化，则将带来截然不同的效果。

（4）环圆状货物。这类外形呈环形、圆盘形的货物，有各种规格的轮胎、线材、盘圆等。其特点是货件圆滑、装载状态不稳定，易于滚动和窜动，如果使用捆扎材料加以捆扎，使多个货件形成集装件，既能增加货物密度，又能使其码放稳定，强化了作业安全性。

（5）管柱状货物。这类货物有各种钢管、铸铁管、有色金属管、塑料管、橡胶管；各种轧制钢材、圆钢、钢筋；原木、毛竹及电线杆、长形混凝土预制构件等。这类货物具有长、大、重的特点，如果按照传统的人力作业不仅费工、费时，占用较大的作业场地，而且作业很不安全，极易发生工伤事故，如用集装器具或捆扎方法形成集装件后，就会产生显著的技术经济效益。

（6）板片状货物。这类货物有各种规格的平板玻璃、石棉瓦、塑料瓦、胶合板、纤维板、平板纸及各种金属薄板等。这类货物中有很多属于易碎品，怕振动冲击，有的怕戳穿，有的对湿度很敏感，遇湿受潮而变质、生锈、腐烂等。实行集装化运输，不仅能提高作业效率，而且有利于保护货物的质量。

2. 液态货物

由于这类货物一般都装入不同形体的桶、罐、坛、瓶内进行运输，在这类货物中，有生活必需品，也有工农业生产所需要的硫酸、盐酸、硝酸、多种溶剂、试剂及液化气体等。有的是普通货物，有的是易燃、易爆、易腐蚀、有毒害的危险品。而包装中有的罐、坛、瓶是用陶瓷、玻璃制的易碎品，所以又增加了危险性，而集装化运输在很大程度上可以降低其危险性。

3. 气体货物

这类货物一般都盛装于具有一定强度的耐压容器中运输。这类货物有氧气、氮气、二氧化碳、氯气等。有的有剧毒，要防止从气瓶中泄漏，一般都怕热源、怕碰撞，集装化运输能防止货件之间的撞击，能提高作业的安全性。

4.2.2.2 按货物的理化性质分类

集装化货流按货物的理化性质，可分为普通货物、鲜活货物和危险货物。

1. 普通货物

普通货物是属于铁路按一般运输条件办理运输的货物。这类货物在集装化货流中占有的品类最多、数量最大、比重最高，包括各种原材料、半成品、成品、日常生活用品、食品及各种农副土特产品等。在运输条件上没有特殊要求，适于组成各种货物集装件，便于按集装化运输方式组织运输。

2. 鲜活货物

鲜活货物在铁路运输中，根据不同的温、湿度条件，分别按通风、保温和冷藏等不同运输条件办理。

目前对鲜活货物的集装化运输，主要使用各种结构的集装笼，按通风条件来装运水果、蔬菜和鲜蛋等方面取得了较好的经济效益，不仅可以提高"门到门"运输的比重，而且可以直接投入市场销售，省去很多中间环节，保证了集装鲜活货物的新鲜度，深受各方面的欢迎。如果今后有条件研制出具有保温和冷藏性能的集装器具，就可以在具备保温、冷藏运输条件下办理冷冻食品、肉类、禽类和水产品的集装化运输，为鲜活货物的产、供、运、销创造方便的条件。

3. 危险货物

危险货物是指货物本身具有燃烧、爆炸、腐蚀、毒害和放射射线等特性的物品。其中各种压缩气体、液化气体使用耐压气瓶装运；腐蚀性很强的硝酸、发烟硝酸、硫酸、发烟硫酸、氯磺酸、三氧化磷等无机物、有机物，一般装入耐压、耐酸的陶瓷坛、瓶中，然后密封坛口，再用透笼木箱装运。对于这类货物进行集装化运输时，各种气瓶采用捆扎技术方法形成集装件，每件为10瓶；对于陶瓷坛、瓶，则可装入集装笼形成集装件。这样既能保护货物安全，又能简化作业和提高装卸作业效率。

4.2.2.3 按包装状态分类

适于集装化运输的货物，按包装状态可分为裸装货物、销售包装货物、运输包装货物和集合包装货物。

1. 裸装货物

裸装货物是指在短期内，对货物不加任何包装时，货物本身具有耐温、湿度，不怕生物化学和振动冲击等环境条件影响的特性。这类货物的种类多、数量大。例如，各类金属锭、各类钢材、原木、木材、毛竹、各种耐火材料及建筑用的砖、瓦、石料、大理石装饰材料、平板玻璃、混凝土预制构件等。这类货物装卸作业时间长，容易使货场产生脏、乱、堵，是发展集装化运输的主要对象。

2. 销售包装货物

销售包装是以货物的销售为主要目的，连同其内装物一起销售到消费者手中，也称产品的内包装，在流通过程中除具有一定的盛装、保护作用外，主要起美化、宣传和促进产品销售的作用。销售包装所盛装的货物均为最终产品，经济价值高，易受自然条件的影响，而且单位包装的质量轻、体积小，包装材料比较单薄，包装结构强度不大。因此，不宜长途运输和多次装卸、搬运。属于这类包装盛装的货物有各种日用工业品、轻纺工业品、家用电器、饮食品、中西成药等。这类货物最适于集装箱运输，也适于用集装器具组装成货物集装件。实践证明，销售包装的货物，再经集装箱、集装器具集装以后运输，不仅能有效地保护货物，节省包装材料，而且能提高装卸作业效率、降低运输成本。

3. 运输包装货物

运输包装是以货物的运输、储存为主要目的的一种包装。这类包装具有保护货物，方便运储、装卸、搬运、加速交接、验收等作用。以运输包装为载体的货物有日用工业品、轻纺工业品、饮食品、家用电器、中西成药、仪器仪表、小型机电器、小五金、容器皿器及配件、零部件等。运输包装适应现代化运输的前景就是集装化。

4. 集合包装货物

集合包装是指运输包装在重量或体积上的进一步组合，是以装卸机械为作业动力基础的包装形式，是集装箱和集装化在包装领域内的别称。集合包装在运输过程中所表现出的主要特点是运量大，装卸作业简便，作业时间短，作业效率高，适于多层堆码，有利于运输安全和实现"门到门"运输。多年来铁路运输实践证明，集装箱和集装化运输是铁路货物运输改革的最佳途径，是铁路在目前解决运能和运量矛盾的一种有效形式。

4.2.3 集装器具功能与类型

集装化运输是指采用各种集装方式，辅以一定的组织、管理和技术措施，使货物在运输过程中以集装货件的形式出现的一种运输方式。凡使用集装器具或捆扎方法，把裸装货物、散粒状货物、体积较小的成件包装货物等适于集装化运输的货物，组成具有一定规格的集装货件进行运输，均为集装化运输。

4.2.3.1 集装器具的功能

在集装化运输中，集装器具具有如下主要功能。

1. 容纳或盛装功能

使用不同结构形式的集装容器来容纳比传统运输包装更多、更重的货物，从而形成一定规格、一定重量或一定体积的集装件。

2. 保护功能

集装器具的构成材料及其结构强度，能够在流通过程中保护货物的质量安全和数量完整。集装件在流通全过程中，不仅要承受振动、冲击等外力的作用，而且还要遭受流通环境中的温湿度、紫外线、氧气、有害气体及生物等因素的影响和侵害。因此，必须采用科学的、具有一定防护性能的集装器具来增强保护性能，抵御各种外界因素，防止集装件及其内装货物遭受损伤、失散或溢出，避免发生物理、化学、生物、生物化学等质量变化，充分体现集装器具的保护功能。

3. 便利功能

在流通过程中，集装件要经历堆码、交接、搬运、装卸、运输等各个环节。通过集装器具集装后，因为集装器具具有相同重量、体积和形态，有利于充分利用库存空间和运载工具的装载能力，便于机械化装卸和搬运，便于清点、交接和验收，可以极大地缩短流通过程中各个环节的作业时间，减轻劳动强度，提高作业效率。

4. 识别功能

由于集装器具的尺寸规格、形态结构、重量体积、涂打的各种标识标记及色泽相同，因此可使作业人员得到正确无误的确认，从而在各个作业环节中有力地防止误认和错认的现象发生。所以，集装器具的识别功能，保证了各种作业的准确性。

此外，集装器具还具有节省包装材料、简化作业手续、防止盗窃、防止回空及周转运用等功能。

4.2.3.2 集装器具的分类

集装器具的科学分类具有重要的实用价值，有利于对集装器具从材料选择、类型设计、结构造型和使用周期等方面进行深入研究，可以提高集装器具的质量和技术水平，便于计划和统计工作。加强集装器具的科学管理，促进集装器具的发展，有利于实现集装器具的标准化，系列化和通用化。并且可以针对不同货物特征、特性，制定出相应的集装器具结构类型及其标准，从而充分发挥集装器具在流通过程中的有效作用。

目前国内集装器具可按结构造型、使用材料、材料机械性能、使用期限和使用范围进行分类。

1. 按结构造型分类

按货物的特性、状态和包装的特征，把集装器具分成若干基本类型。例如，托盘、滑板式结构造型的集装器具，主要用于成件货物的集装运输；预垫式结构造型的集装器具，主要用于无包装长形原材、杆材、管材类货物的集装运输；架式结构造型的集装器具，主要用于板形、片形货物的集装运输；笼式、箱式结构造型的集装器具，主要用于各种类型的器材、元件、零部件、小型工具等货物的集装运输；桶式、袋式结构造型的集装器具，主要用于无包装的粉状、粒状和块状等各种原料的集装运输；网络式结构造型的集装器具，主要用于袋装、裸装货物的集装运输。

2. 按使用材料分类

按集装器具所采用的材料进行分类，目前，我国集装器具分为钢结构、木结构、合成纤维结构、塑料结构、竹板结构、菱镁竹筋混凝土结构及复合材料结构等多种类型。

3. 按材料机械性能分类

按集装器具所采用材料的机械性能进行分类，一般可分为刚性材料集装器具和柔性材料集装器具。例如，用钢、木、菱镁竹筋混凝土等材料制成的集装器具为刚性集装器具，而用合成纤维、橡胶等材料制成的集装器具则为柔性材料集装器具。

4. 按使用期限分类

集装器具的使用期限，也可以称为使用次数。按这种方法可分为一次性使用的集装器具和多次周转使用的集装器具。一次性使用的集装器具的材料低廉，制造结构简易；而多次周转性使用的集装器具要选用优质材料，制造结构要耐久。

5. 按使用范围分类

按集装器具使用范围可分为通用集装器具和专用集装器具两类。通用集装器具用来进行多种货物的运载，例如，托盘、滑板等可以集装运载成件包装的各种物资；专用集装器具用来进行某种特定货物的运载，例如，玻璃集装架只能集装运载平板玻璃等。通用集装器具在往返行程中都可以集装运载货物，而专用集装器具只能单程集装运载货物。所以，专用集装器具运用效率比通用集装器具低得多。

4.2.3.3 集装器具基本类型

集装器具是指货物集装化运输所使用的集装容器和用具的总称。集装器具类型的选择主要取决于货物的性质和状态。集装器具主要包括托盘、集装笼、集装架、集装袋、集装网、集装专用箱、集装桶、集装夹、预垫式集装器具、滑板等。

1. 托盘

它是一种具有载货平面，并有叉孔，便于叉车装卸、搬运和堆存成件包装货物的集装器具。托盘的适用范围较广，是最早使用的一种集装器具。通过托盘可以把零星的成件货物组合成一定重量和体积的集装件，从而简化作业手续，缩短作业时间，充分利用运载工具的载重力与容积，提高场库的堆存能力。现将托盘的基本结构、种类、使用材料和规格分述如下。

（1）托盘的基本结构。托盘是由铺板、纵梁、叉孔和倒棱等基本部件构成的。

①铺板是承载货物的负重部件。可用板条密集铺设或间隔铺设，也可用整块板材铺设。铺板有上铺板和下铺板之分。

②纵梁是用来联结上、下铺板并传递负重的构件。纵梁由一根中梁和两根边梁组成，从而在三根纵梁之间形成了两个叉孔。

③叉孔是供叉车的叉器插入，进行装卸、搬运和堆码作业的孔形结构。

④倒棱是在底铺板的叉孔入口处切成斜面，当叉车叉取载货托盘时，可使叉器导向顺利通过的结构。

（2）托盘的种类。托盘按结构不同，可分为下列数种。

①双面托盘。这种托盘的上下两层都铺有相同的铺板。因此，其两面均可承载货物。这种托盘的特点是结构稳定、便于堆码、使用方便，双面托盘是托盘的一种基本形式，但其用料多而造价较高。

②单面托盘。这种托盘只有上铺板和三根纵梁联结而构成，所以只能在上铺板负载货物。其特点是结构简便、用料省、成本低，但结构不坚固、稳定性较差。为了改进这种结构的缺点，在其下层纵梁的两端各加设一条边板，而在纵梁的中部再加一条中板。这样就增加了托盘的强度和稳定性。

③翼形托盘。这种托盘的结构特点是将托盘的两个边纵梁向叉孔方向内移一定距离，从而使全部铺板的端部向外伸出。制造这种托盘的目的是使托盘适应多种装卸机械作业，既不仅适于使用叉车进行作业，也适于使用起重机的挽索或其他吊具进行作业。

关于翼形托盘的翼伸量，一般不得小于 90 mm。

④立柱式托盘。这种托盘的结构特点是在托盘四角设有立柱。这种立柱有固定式、可拆式和折叠式三种。设置立柱的目的是防止托盘上码放货件滑动并能保护货件不承受上层托盘货件的压力。

2. 集装笼

它是一种钢制的笼状容器，除具有放置货物的底架外，四周还设有防护条栏或格栏，在底架下设有供叉车作业的基座，侧栏上设有供起重机作业的挂钩。根据集装货物的不同，集装笼有矿建材料集装笼、杂货集装笼和鲜货集装笼等型式。

3. 集装架

它具有和托盘功能相类似的底座，并有向空间延伸的框架结构物，主要用于集装平板玻璃。其结构有 L 型、A 型、半封闭型、封闭型、H 型、LH 型等多种型式。

4. 集装袋

它是一种使用韧性材料缝制或胶压而成的圆桶形、矩形或圆锥形软质袋形容器，主要用于集装易于流动的粒状、粉状和块状货物，如水泥、化肥、石英砂、滑石粉、纯碱、石墨、粮食、盐、砂糖、矿粉等。集装袋的经向和纬向一般都设有加强筋带，加强筋带的延长部分一般做成顶部提吊带，袋子底部设有卸料口，卸料时抽动卸料口的活结绳索，货物便借助重力自行卸出。按制作材料的不同，集装袋有合成纤维集装袋、塑料涂布集装袋和橡胶集装袋；按袋体形状的不同，集装袋有圆桶形、方形和圆锥形等型式。

5. 集装网

集装网包括使用尼龙绳、涤纶绳、丙纶绳等合成纤维材料编织成的韧性集装网和使用钢丝绳等金属丝状材料编织成的刚性集装网。韧性集装网主要用来集装粮食、化肥、食盐、滑石粉等袋装货物；刚性集装网主要用于集装不带包装的石灰石、铁矿石、片石等块状货物。

6. 集装专用箱

它是指除标准集装箱以外的各种箱型集装器具，一般为钢制封闭式结构，具有强度高、刚度大、经久耐用，可防雨、防潮、防撒漏、防丢失等优点，适于集装贵重、易碎、怕湿货物及粉状、颗粒状货物。对性质较特殊的货物，还有保温（制冷）集装箱、爆炸品专用箱、毒品专用箱等。

7. 集装夹

它是一种用角钢框架、木制条板等制成的夹具，主要用来集装板材、片材类货物。钢制夹板、夹具还可用于集装气瓶类货物及钢板条、钢管等货物。

8. 预垫式集装器具

它是一种用于集装钢管、钢筋、铸铁管、塑料管、毛竹、原木等无包装、不捆扎的长形裸件货物的器具。预垫式集装器具有两种形式，一种是由尼龙绳、聚丙烯绳或钢丝等材料绞绕而成，且绳的两端做有套扣的韧性索具；另一种是用钢材、竹、木等材料制作的刚性预垫。装车时，在货车地板或每层货物间放置预垫式集装器具，在敞车侧板与货物间放置立柱。预垫式集装器具的高度和立柱的大小，以能方便地穿引起吊钢丝绳为度，从而为货物在到站卸车创造方便条件。

9. 滑板

它是一种由载货平板和翼板组成的板式结构物，是托盘的一种简化形式。叉车装卸滑板集装货件时，需要配置推拉系统和夹钳装置，作业时，需要操作推拉系统，使活动夹钳夹住翼板，然后把滑板集装货件平稳地拉入或推出货叉，从而实现货物的装卸、搬运和堆码。滑板与托盘相比，具有用料省、成本低、自重轻、占用空间少，便于回送或回收利用等优点，是成件包装货物的理想集装器具。

4.2.4 集装化运输的优越性

集装化运输是货物运输工作的一项重大的技术改革,开展集装化运输多年的实践经验证明,采用这种形式运输货物的最大特点是有利于实现装卸、搬运的机械化,从而能大大提高运输效率,提高货物运输质量,保证货物运输安全,加速货物和运载车辆的周转,提高货物送达速度。由于货件是集装形式,便于机械码放,能提高场库面积的使用效率和货车载重力利用率;集装化运输不仅对有些品类的货物能节省原来零小货件的包装材料,而且通过各种集装工具和设施强化了对货物的保护作用,使货物的安全性能得到进一步加强。货物集装化简化了过去零小成件包装货物繁杂的交接手续,方便了托运人、收货人,减少了货运事故的发生。这种技术改革的基本内容是将传统的以人力作业为基础的小型货件,改革成适应现代化的、以装卸机械作业为基础的大型集装件,货物的托运和承运单元,由小型货件转变成大型集装件,从而使货物运输在流通领域内的作业发生了重大变化,因此,在西方各国早已认定这种运输形式的出现是运输业的一场革命。

根据我国多年的运输实践和国外的经验证明,集装化运输具有下列优越性。

4.2.4.1 集装化运输能提高货物运输质量

采用传统的、以人力作业为基础的托运、承运方法时,由于货件具有质量轻、体积小、件数多的特点,在运输过程中进行频繁的人力作业,包装材料质量差等原因,货物经常发生货损、货差事故。例如,纸袋装的水泥和木板条箱装的平板玻璃,在运输过程中平均破损率分别为10%和8%,个别情况下分别高达50%和30%。采用集装化运输后,集装件大型化,基本不存在人力作业,货损、货差事故显著减少。又如北京某厂发运电真空玻璃管,原包装的破损率一般为25%~30%,最高达50%,采用集装化运输后破损率可降到8%,每年减少损失量为290 t,折合人民币约为73万元。原来易于发生货损、货差事故的货物经集装化后能够完整地送达目的地,保证了货物的运输安全。

4.2.4.2 集装化运输能节约包装材料

集装化运输将传统的小型货件改变成大型集装件时,货物的包装材料和包装费用就会获得不同程度的节省。有的货物可简化包装,有的货物还可省去原有包装。

实行集装化后,有的货物尚需要购置集装器具和相应的设备,有关费用会增加。但是由于集装器具是多次循环使用的,与一次性包装相比在包装材料的节省上就能获得明显的收益。同时,还可以从减少货损、货差,提高运输效率方面获得效益而得到补偿。

4.2.4.3 集装化运输能实现装卸作业机械化

实现装卸作业机械化是实行集装化运输的重要内容和目的。大型集装件是机械装卸作业的基础,不但能减轻装卸工人的劳动强度,而且可缩短装卸作业时间,提高装卸作业效率。

各种形式的货件组合成集装件后,能充分发挥装卸机械的作用,既能减轻工人劳动强度,减少作业人员,还能提高劳动生产率和劳动工效倍数,从而降低装卸作业成本。

4.2.4.4 集装化运输能提高场库存储能力

大型集装件规格定型划一,便于在场库实行多层堆码,可以充分利用场库的净空,提高了在场库堆存货物数量和货位的利用率,而且保证了作业场库的整洁和畅通。

4.2.4.5 集装化运输能简化点件交接作业

实行集装化运输后,货件不仅标准化、定型化,而且货物件数大为减少。因此,在运输企业内外、货场内外，进行货物的托运、承运、清件、交接、验收、检查和交付等作业时一目了然，加速了作业进度，简化了作业手续，减少了作业环节和作业时间，有利于货场管理。

4.2.4.6 集装化货件能提高运载工具的载重力和容积利用率

集装件增加了货物的密度、降低了空隙率，因此，能充分利用车辆的载重力和容积，提高货物的装载量和货车的静载重。

4.2.4.7 集装件便于多式联运时直接换装

在铁路、公路和水路之间进行多式联合运输时不用拆解搬动货物，而是利用起重机械直接把大型集装件由一种运载工具换装到另一种运载工具上，从而缩短了换装作业时间，加速了运载工具的周转过程，实现货物的"门到门"运输。

4.2.4.8 集装化运输有利于货场环境保护

货物集装化后，集装件的结构坚实，不破损、不撒漏，灰尘不飞扬，货场内减少了工业垃圾，减少了空气污染，有利于货场环境卫生，有利于货场清洁、安全、畅通，从而也强化了货场管理。

4.3 集装器具标准化

集装器具标准化是实现集装器具现代化的主要手段，是组织现代化运输生产的主要手段，是反映集装器具科学技术水平的一个重要标志，也是集装器具科学研究的主要内容之一。

4.3.1 集装器具标准化的意义和原则

4.3.1.1 集装器具标准化的意义

集装器具是货物运输集装化的物质基础。要发展货物集装化运输，就必须首先拥有一定数量和质量的集装器具，而集装器具的结构、类型、规格又取决于集装化货物的性质、形态、规格。集装化货物的复杂性决定了集装器具类型的复杂性和多样性。这种复杂性、多样性又给流通领域的组织管理工作带来极大的不便。由于标准化是组织现代化运输生产和实行科学管理的重要手段，所以，在研制和运用集装器具中贯彻实施标准化，具有下列意义。

（1）能加强和协调产、供、运、销各环节的合理衔接，可以缩短货物在流通领域的停留时间，充分发挥物资的生产效益和社会效益。

（2）能够有效地利用各种运载工具、装卸搬运机械和场库库存能力，有助于发挥各种设备的相互配套，提高设备和机械的运用效率。

（3）能够合理而经济地选用集装器具的制造材料，节约投资费用，提高集装器具的经济效益。

（4）有利于集装器具的优选和简化工作，易于形成集装器具的规格化、标准化和系列化。

（5）有利于发展集装化运输和集装器具的科学管理，便于实现集装运输的生产组织现代化。

4.3.1.2 集装器具标准化的原则

由于标准化是一项涉及面很广、技术性和政策性很强的工作,应当以科学的态度和认真负责的精神贯彻实施,才能有效地研制和合理地使用各种集装器具。

为了在集装化运输中贯彻执行标准化,因此,在研制和运用集装器具时,必须遵守下述原则。

(1) 集装器具的外形尺寸规格和总重量,应能充分利用运载工具的载重力和容积,并保证在装载状态下其任何部位不得超过铁路机车车辆限界和公路装载允许限界。

(2) 集装器具要适应集装货物的性质、形态和规格,应能保证集装货物在装卸、运输和存储过程中的安全完整。

(3) 集装器具的结构要坚固、稳定、灵巧,自重轻,并具有足够的强度、刚度和韧度。

(4) 集装器具应设有适于多种机械装卸作业的起吊装置,尤其是要适应叉车和起重机两种装卸机械作业的需要。

(5) 集装器具的外形结构,在其倒空状态下都要适于多层堆码,充分利用场库空间,少占场库面积,以便扩大场库的库存能力。

(6) 集装器具应能适应集装货物,在空载状态其结构应具有折叠、拆解和套装的条件,以便回空利用或回空运输。

4.3.2 托盘标准化

托盘作为一种集装器具,其使用范围之广,数量之多,历时之久,远远超过了其他任何集装器具,而居首位。

我国铁路从 20 世纪 60 年代初期开始采用托盘,除了在一些货运站开展对口运输外,主要作为站内成件货物的装卸、搬运和暂存货物之用。在对外贸易出口物资运输中,托盘占有相当大的比重。为了有利于国际和国内贸易往来,我国首先制定了联运平托盘标准,现以托盘标准化为例来说明集装器具标准化的主要内容。

4.3.2.1 术语标准化

托盘的术语标准化是指托盘的定义、种类、结构和构件等都规定了统一的标准名称。因此,托盘的术语有了统一的概念,不至于发生误解,在国家标准《托盘术语》中有具体规定。

4.3.2.2 托盘规格标准化

托盘规格标准化包括托盘外部尺寸和额定重量。一些国家的托盘尺寸标准见表4-4。

表4-4 一些国家的托盘尺寸标准

单位:mm

美国 ASAMH-11-1959	法国 NFH-50	德国 DIN15141-15142	英国 BS-2926	日本 JISZ0603-1975
575×800 800×600		500×800		
800×1 000 1 000×800		800×1 000	800×1 000	800×1 000
800×1 200	800×1 200	800×1 200	800×1 200	800×1 200

续表

美国 ASAMH-11-1959	法国 NFH-50	德国 DIN15141-15142	英国 BS-2926	日本 JISZ0603-1975
900×900 1 050×900			900×1 100	900×1 200
900×1 050 1 200×800			1 000×1 000	1 000×1 200
900×1 200 1 200×900				1 100×1 100
1 000×1 200 1 200×1 000	1 000×1 200	1 000×1 200	1 000×1 200	1 100×1 400
1 050×1 050				
1 200×1 200	1 200×1 200	1 200×1 200		
1 200×1 500				
1 200×1 800	1 200×1 800			
2 200×2 700 2 700×2 200				

联运托盘是通用的标准托盘。联运托盘标准是各国从自己的车辆、船舶及集装箱的实际情况出发制定的。联运托盘具有很强的通用性，能集装多种货物，能在各个地区、各种运输部门及各有关企业之间相互通用。联运托盘外部尺寸见表4-5。

表4-5 托盘平面尺寸

单位：mm

1200×1000*	1100×1100

*：优先推荐尺寸

目前我国联运平托盘分为1 200 mm 与1 100 mm 两大尺寸系列。1 200 mm×1 000 mm 托盘在全球应用最广，在我国也得到最广泛的应用。

作为国家标准《联运通用平托盘主要尺寸及公差》（GB/T 2934—2007）和《塑料平托盘》（GB/T 15234—1994），对以上两种规格均给予了规定，并优先推荐使用1 200 mm×1 000 mm 托盘，以提高我国物流系统的整体运作效率。

我国铁路也比较广泛地使用1 200 mm 和1 100 mm 系列托盘。如兰州铁路集团公司使用最多的托盘就是1 200 mm×1 000 mm，1 200 mm×1 200 mm，1 200 mm×1 400 mm 和1 100 mm×1 300 mm 等规格。

欧洲国家标准托盘尺寸为1 200 mm 和800 mm 两种，美国的国家标准托盘尺寸为1 219 mm 和1 016 mm，其实这一规格与1 200 mm 和1 000 mm 相差不大。亚洲国家如日本、韩国、新加坡等，采用1 100 mm 的托盘尺寸的比例较大。

4.3.2.3 技术条件标准化

托盘技术条件标准化是对托盘结构和构件的强度、公差、使用材质、联结方法等方面所规定的技术标准及铺板面积的最低技术要求等，以确保托盘在使用期限内质量完好。

钢制托盘的强度标准包括抗弯强度、抗压强度和跌落强度；木制托盘的强度标准包括抗弯强度和跌落强度。

4.4 集装化运输经济效益

4.4.1 集装化运输经济效益分析

我国开展集装化运输多年的实践证明，集装化运输既有显著的经济效益，也有广泛的社会效益。集装化运输的经济效益具体体现在物资流通全过程中的每个环节。随着集装化技术的不断发展和集装器具的逐步完善，集装化运输不仅在运输过程中产生经济效益，同时，在生产企业内部的工部件转移、储存等方面也产生经济效益。例如，电冰箱压缩机的集装化运输，以往电冰箱压缩机成品经验收后，每台装入一个纸箱，在成品库将60台压缩机装入一个木箱存放。运到使用单位（电冰箱厂）后，需要拆木箱、纸箱后再组装。集装化运输以后，压缩机检验后不再装入纸箱而是装入一个专用托盘上，每盘24个压缩机，由5个托盘组成一个专用集装箱存放和运输。不但减少了包装材料和包装费用，提高了货车装载量，而且降低了厂内运输费用和拆包装、处理废弃包装材料的费用。从上述例子可以看出，在分析集装化运输的经济效益时，不但要分析运输过程中的情况，而且还要分析企业生产内部的有关环节。

集装化运输经济效益，是指在集装化运输过程中，为了保证货物安全、迅速地从发送地运至目的地所需的各种费用总和与传统运输方式所需各种费用总和的比较。为了计算集装化运输经济效益，必须首先分析运输过程的各个环节及其产生的各种费用，并分析出传统运输方式与集装化运输方式的差别与费用的变化。将各个环节的经济效益进行综合分析，从而计算出集装化运输的经济效益。

4.4.1.1 影响集装化运输经济效益的主要因素

在运输全过程中，影响集装化运输经济效益的主要因素包括以下几方面。

（1）包装或集装所需费用。

（2）装卸作业所需的时间和费用。

（3）运输费用。

（4）在运输过程中由于货物损失产生的费用。

计算集装化运输经济效益时，应对上述四项主要因素进行具体分析。

4.4.1.2 集装化运输经济效益分析

1. 包装或集装费用对集装化运输经济效益的影响

包装或集装所需的费用是影响集装化运输经济效益的重要因素。在一定程度上，直接决定了该种货物集装化运输是否能够获得经济效益。这是由于每种货物的包装材料及费用在商品成本中所占比例不同，如果通过集装化降低了包装成本，而且减少了包装费用，除了支付集装化所需费用外还有盈余，就产生了直接的经济效益。

2. 装卸作业时间和费用对集装化运输经济效益的影响

装卸作业是货物运输过程中不可缺少的重要环节。一次完整的运输过程（包括托运人、收货人的出入库）至少要经过 8 次装卸作业。装卸作业不但造成了大量的人力消耗和费用支出，同时装卸作业时间在整个流通过程的时间中也占有很大的比重。提高装卸效率对加速物资流通和运输工具的周转有十分重要的意义，同时也产生了可观的经济效益。通过提高装卸效率，压缩货物在途时间，可以加速企业资金的周转，经济效益也是非常明显的。特别是价值高的货物，例如，有色金属锭每辆货车的货物价值达百万元。平均每次货物运输时间减少 0.1 天，对企业全年的经营就会造成很大的影响。

在铁路方面，提高装卸效率就相当于增加了货车使用车数，提高了运输能力。

3. 运输费用对集装化运输经济效益的影响

集装化运输的运输费用变化，对集装化运输经济效果的影响很大。运输费用包括三个部分：一是企业内部运输，二是短途运输，三是铁路运输。无论哪一部分，都包括运输费用、仓储费用和管理费用三方面。

货物集装化以后，货物组成了规格化的集装件，件数减少，便于管理，能够充分利用仓库面积，降低了仓储费用和管理费用。

大多数的货物通过集装化都能够提高货车装载量，相对降低了运输费用。

货物集装化后，由于提高了装卸效率，减少了汽车在车站的停留时间，提高了汽车的使用率，降低了短途运输成本。

4. 减少货物在运输途中的损失对集装化运输经济效益的影响

提高运输质量，减少货物在运输途中的损失，产生了明显的经济效益。

4.4.2 集装化运输经济效益计算

集装化运输的经济效益，是指在整个物资流通过程中，通过采用集装化运输方式降低各个流通环节费用的总和，所以集装化运输的经济效益（$J_\text{效}$）可按下式计算：

$$J_\text{效} = F_\text{传} - F_\text{集}$$

式中：

$F_\text{传}$——传统运输方式费用（元）；

$F_\text{集}$——集装化运输方式费用（元）。

运输费用$\sum F$应包括：包装费、运输费用、装卸费、运输途中货物损失费。即：

$$\sum F = F_\text{包} + F_\text{运} + F_\text{装} + F_\text{损}$$

式中：

$F_\text{包}$——包装费（包括材料和人工费）（元）；

$F_\text{运}$——运输费用（包括铁路运输费用和短途运输费用）（元）；

$F_\text{装}$——装卸费（包括装卸作业时间的经济消耗）（元）；

$F_\text{损}$——运输途中货物的损失额（元）。

从上面两式可以推导出：

$$J_\text{效} = (F_\text{包} + F_\text{运} + F_\text{装} + F_\text{损}) - (F_\text{集包} + F_\text{集运} + F_\text{集装} + F_\text{集损})$$
$$= (F_\text{包} - F_\text{集包}) + (F_\text{运} - F_\text{集运}) + (F_\text{装} - F_\text{集装}) + (F_\text{损} - F_\text{集损})$$

式中：

$F_\text{包}$、$F_\text{集包}$——货物集装化前、后的包装费用（元）；

$F_运$、$F_{集运}$——货物集装化前、后的运输费用（元）；

$F_装$、$F_{集装}$——货物集装化前、后的装卸费用（元）；

$F_损$、$F_{集损}$——货物集装化前、后在运输途中的损失（元）。

为了更加直观，可以归纳如下：将 $F_包-F_{集包}$ 称为包装方面的经济效益；将 $F_运-F_{集运}$ 称为运输费用方面的经济效益；将 $F_装-F_{集装}$ 称为装卸方面的经济效益；将 $F_损-F_{集损}$ 称为减少货物损失的经济效益。

4.4.2.1 包装方面经济效益的计算

在计算经济效益时，首先计算出传统运输方式下所需的包装费用。一般情况下，只计算运输包装费用。如果采用集装化运输方式后，也节省了销售包装，应把销售包装的费用也计算在内。

在计算集装化运输包装费用时，应包括两方面的内容。

1. 运输包装费用

有些货物实行集装化运输方式运输后，简化了运输包装和销售包装，这时，应把集装后运输包装及销售包装费用计算在内。

2. 组成集装件和集装器具使用的费用

组成集装件的费用主要指将单件货物组装成集装货件时所需的人力、机械和材料费用。

集装器具使用费的计算应考虑：制造费、修理费、资金占用、备用系数等情况。1 t 货物可分摊的集装器具的使用费 $C_器$（元/t）计算公式如下：

$$C_器 = \frac{J_器}{P_器 N_器}(1+K_修)(1+K_备)(1+K_资) + C_管$$

式中：

$J_器$——集装化器具的制造单价（元）；

$P_器$——一个集装器具所装货物的质量（元）；

$N_器$——集装器具在使用期间的周转次数；

$K_修$——日常维修提成（%）；

$K_备$——备用系数（根据具体情况确定）；

$K_资$——资金占用系数；

$C_管$——管理费用（元）。

4.4.2.2 运输费用方面经济效益的计算

运输费用方面经济效益的计算比较复杂。其原因主要是同一种货物在不同的企业采用的运输方法、运输过程、运输环节、管理方法和水平都存在很大的差异。例如，有的企业有专用线，有的企业产品不经过仓储直接装铁路货车，有些企业的环节则很多。

集装化运输在运输费用方面的经济效益基本可分为企业和铁路两部分。由于企业的情况复杂，只能根据具体情况进行分析和计算。

铁路部分可分为零担、整车两种情况。

铁路零担货物的运输是按重量计费的。所以无论集装与否，企业都不可能节省运费。集装化运输后，铁路的货车装载、货场管理、仓储工作等方面得到了改善，但是，经济效益很不确定，一般不进行计算。

铁路整车货物的运输是按车计费的。由于集装化运输以后，货件能充分利用货车的容积，提高了货车静载重，多装了货物，货主节省了运输费用。计算时可使用 50 t 或 60 t 铁路主型车辆。每吨货物节省的运输费用 $F_节$ 可按下式计算：

$$F_节 = \frac{P_标 \cdot K}{Q'} - \frac{P_标 \cdot K}{Q''}$$

式中：

$P_标$——选用铁路车辆的标记载重（t）；
K——运价率（元/t）；
Q'——货物集装化前，每车所能装载货物的质量（t）；
Q''——货物集装化后，每车所能装载货物的质量（t）。

4.4.2.3 装卸方面经济效益的计算

目前，在我国由于集装化运输比重较小，装卸机械作业成本较高，通过集装化运输方式很难得到装卸费用的直接经济效益。所以一般情况下，不计算装卸成本的变化和效益。装卸方面的经济效益，主要计算提高装卸作业效率带来的经济效益。由于集装化运输提高了装卸效率，加速了资金的周转和运输工具的周转，因而具有经济效益。

加速运输工具周转也是如此，往往在一个环节上节省时间并不能缩短整个运输时间。在理论上，节省装卸作业时间对铁路产生的经济效益（$J_装$）可用下式计算：

$$J_装 = \frac{Q(t'-t'')}{240\,000T}LK$$

式中：

t'、t''——集装化前、后装卸一车货物所需的时间（h）；
T——货车周转时间（d）；
L——货物平均运程（km）；
K——万吨公里货物运输平均收入[元/（万 t·km）]；
Q——所运货物的质量（t）。

4.4.2.4 减少货物在运输途中损失方面经济效益的计算

集装化运输使货物在运输过程中的损失减少的数量，由于集装方法、货物性质等不同而互有差异。

集装化运输减少货物在运输途中的损失的经济效益（$Y_减$），可按下式计算：

$$Y_减 = S' - S''$$

由于

$$S' = MQK'$$
$$S'' = MQK''$$

所以

$$Y_减 = MQ(K' - K'')$$

式中：

S'、S''——集装化前、后在运输途中的损失（元）；
K'、K''——集装化前、后货物损失率（%）；
Q——运输货物的质量（t）；
M——货物的单价（元/t）。

本章小结

集装化运输是一种"集零为整"的先进运输方式，集装箱是集装化运输的主要形式。学生要系统地了解集装箱的类型，掌握标准化集装箱，以便在集装化运输过程中，合理选择集装箱。

4.2节主要从集装化货流和集装器具两方面分析了集装化运输。集装化运输有利于实现装卸、搬运的机械化，提高货物的安全性，方便货物的交接，是货物运输中的一项重大技术改革。要求学生掌握集装化货流的特性以及集装器具的标准化。

集装化运输不仅具有显著的经济效益，也具有广泛的社会效益。影响集装化运输经济效益的主要因素包括：包装或集装所需费用；装卸所需的时间和费用；运输费用和运输过程中对货物的损失费用。分析集装化运输经济效益，提高集装化运输经济效益是集装化运输发展的基础。

 复习思考题

一、基本概念

集合包装　集装运输　集装箱　集装化运输

二、选择题（含多选）

1. 集装箱箱主代号由4个大写的拉丁字母组成。为了使集装箱与其他设备相区别，第4个字母用（　　）表示。

    A. J　　　　　　　　B. C　　　　　　　　C. T

    D. U　　　　　　　　E. X

2. 集装箱顺序号由6位阿拉伯数字组成，有效数字不足6位时，则用（　　）在有效数字前补足6位。

    A. X　　　　　　　　B. U　　　　　　　　C. T

    D. 0　　　　　　　　E. J

3. 集装箱运输促进了铁路、公路、水路等单一运输方式向（　　）的高级联运方式的发展。

    A. 一次托运　　　　B. 一次收费　　　　C. 一票到底

    D. 全程负责　　　　E. 野蛮装卸

4. 集装化货流按包装状态可分为：（　　）。

    A. 裸装货物　　　　　B. 销售包装货物　　　C. 危险货物

    D. 运输包装货物　　　E. 集合包装货物

5. 在集装化运输中，集装器具具有如下主要功能：（　　）。

    A. 容纳或盛装功能　　B. 保护功能　　　　　C. 便利功能

    D. 识别功能　　　　　E. 便于销售功能

6. 在运输全过程中，影响集装化运输经济效益的主要因素包括：（　　）。

    A. 包装或集装所需费用　　B. 收费站收取费用　　C. 装卸作业所需的时间和费用

D. 运输费用   E. 在运输过程中由于货物损失产生的费用

三、问题与思考

1. 集装箱按用途、结构、材质和总重分别是如何分类的？
2. 简述集装箱运输的优越性。
3. 简述集装箱门到门运输的概念和组织方式。
4. 为什么说集装运输是货物运输的发展方向？

第5章

包装概论

包装是产品生产的重要组成部分,是实现产品的价值和使用价值的必要手段。因此,绝大部分产品,只有经过包装,才能进入流通领域,如果没有包装,在一般情况下,是无法保证产品的安全和完整的。

5.1 包装的基本概念

5.1.1 包装的定义

人类要生存与发展,就必须满足衣、食、住、行等物质资料方面的需求,而这些物质资料是从物质生产中获得的,所以,生产是人类社会生存和发展的基础,也是人类社会创造物质财富的过程。有了社会生产的产品,才会有社会产品的交换和消费。因此,人类社会的生存与发展是由社会产品的生产、交换和消费各环节循环发展的结果。其中社会产品的生产决定社会产品的交换与消费,而社会产品的交换与消费又深刻地影响着社会产品生产的规模与速度,如果社会生产的产品交换不出去,又不能满足社会消费的需求,就必然影响社会再生产。所以,社会产品交换是社会产品生产与社会产品消费之间的桥梁,是社会产品再生产与满足社会产品消费之间的中间环节。因此,疏通社会交换渠道,加速产品的流通过程,对促进社会再生产和满足消费者对消费品的需求有着极其重要的作用。

社会产品交换就是社会产品的流通。社会产品在流通领域内不同所有者之间开始交换时,产品也转化为商品。商品在流通领域里是通过收购、储存、运输和销售等环节来实现的。当商品在质量和数量上完整地从生产领域、流通领域、消费领域来满足消费目的时,就需要相适应的包装。

关于包装(package,packing,packaging)的定义,在不同的国家有着不同的理解和解释。

美国对包装的定义为:"包装,是使用适当的材料、容器而施以技术,使其能将产品安全送达目的地,即在产品输送过程中的每一个阶段,不论遭到怎样的外来影响,均能保护其内装物,不影响产品的价值。"

加拿大对包装的定义为:"包装是将产品由供应者送到顾客或消费者,而能保持产品于完好状态的工具。"

日本对包装的定义为:"包装是指物品在运输、保管等过程中,为保护其价值和状态而对物品施以适当的材料、容器等的技术及实施的状态。"

我国在国家标准《包装术语 第1部分:基础》(GB/T 4122.1—2008)中将包装定义为:"为在流通过程中保护产品,方便储运,促进销售,按一定技术方法而采用的容器、材料及辅助物等的总体名称。也指为了达到上述目的而采用容器、材料和辅助物的过程中施加一定技术方法等的操作活动。"

我国对包装所下的这个定义,明确地指出包装不仅具有物化劳动的物质形态,而且具有劳动形态的技术操作活动过程,并阐明包装是产品生产、流通和消费过程中共有的一种通用器具。而这种通用器具必须在产品流通过程的各环节具有盛装、保护、便利、效益和识别等属性,在内容上全面地、完整地和确切地概括了包装的基本概念。

从上述包装定义可知,包装在产品生产、流通和消费的全过程中都起着极其重要的作用。在产品的生产过程中,包装是产品生产的继续,就多数产品生产而言,包装是产品生产的最后一道工序,又是产品生产过程的终结。在流通和消费过程中,包装对保护产品,方便储运,促进销售,在保证产品的价值和使用价值方面起着非常重要的作用。

5.1.2 包装的作用

在市场经济条件下,产品要开拓市场,占领市场,欲求强劲的竞争力,不仅要有好的内在质量,同时还要有好的外在包装,两者缺一不可。大量的实践证明,质量良好的产品,如无良好的包装,则容易使产品在储运过程中遭受破损,使其使用价值降低,甚至完全丧失,从而无法体现其价值。运输包装应能使产品在任何条件下处于稳定状态而保持完好和完整。其具体作用表现如下。

1. 保护产品安全和完整

盛载产品、保护产品的安全完整是包装的首要作用。因为商品在流通领域要经受各种环境因素的影响和危害,所以,在选择和采用包装时,应注意包装对产品的盛载性能和保护性能。

盛载性能是指所选择的包装材质和结构造型适于产品的性能和形态,使包装本身具有适应盛载产品的特性。这是因为产品在形态上有固体、液体和气体之分,固体又有粉状、粒状、块状、片状和条状之别;产品在性质上有普通货物和特种货物之分,而特种货物中的危险货物又有爆炸、易燃、毒害、腐蚀和放射性等危害之别。因此,所选用包装既要防止产品撒漏、溢出,又要防止包装材料与产品起化学反应。例如,苦味酸的产品不能选用金属包装盛载,因为这种产品可与重金属起化学反应而提高爆炸的敏感度;又如氢氟酸不能选用玻璃容器盛装,因为它能侵蚀玻璃容器;再如各种压缩气体和液化气体,处于高压状态,不能选用普通常用的金属桶、罐,只能选用特制的耐压容器盛装等。

保护性能是指所选用的包装不仅要适应内装物的特性,而且还要有效地抵御在流通过程中外界环境各种因素的危害。例如,为了防止流通环境中的温度、湿度和紫外线等自然气候性因素的影响,相应地采用具有隔热、防潮、遮光等性能的包装;为了防止微生物、虫类、鼠类的危害,而相应地采用防范这类危害的包装;为了防止环境外力作用的危害,选用具有防震缓冲性能的包装以及防盗劫、防遗失性能的包装等,从而使包装能可靠地对内装物起到保护的作用。

2. 便于产品流通

使包装对产品在流通过程中起到便利作用有两方面的含义，其一是便利作业，其二是便于识别。

便利作业是指包装的结构造型、辅助设施适于装卸、搬运和多层堆码，从而有效、充分地利用运载工具与库存容积。包装的外部结构形式中，小型包装适于人工作业，大型包装、集装适于叉车及各类起重机械作业。例如，洗衣机、电冰箱、电视机等家用电器的体积较大，在这类产品外包装的相应部位开启模仿人手四指伸进的开孔或安置手把，为人工作业创造便利条件；利用叉车和起重机作业的大件或集装件，在外包装的底部设置插孔、钢丝或绳索套吊装置，为机械装卸作业创造便利条件；再如使包装的结构适于包装件高层堆放，有利于运载工具、场库存储能力的充分利用。

为便于识别，应在包装的外形表面涂打或印刷相应的文字标识和指示标志，为流通过程的各个环节起到有效的识别作用。在流通过程中为了划清交接双方的责任，要对产品进行清点验收和交接作业，如果在包装外形上无标识或标志、标识不清，就会发生误认、错交的事故。因此，要求在包装的外立面要清晰地印刷有关产品的名称、性能、标重、体积及运输、装卸作业的指示标志。

良好的运输包装在流通过程中，不仅能提高装卸、搬运、清点、验收和交接作业的效率，便于充分利用运载工具、场库的有效容积，而且可以缩短流通过程中各环节的作业时间，减轻劳动强度，减少货损、货差，从而提高产品在流通过程的作业效率和质量。

3. 提高产品经济效益

在市场经济条件下，产品要在市场上取得优势，不仅要靠产品的质量，而且还要用包装来美化产品。一款结构精巧、形式新颖、图案别致、色彩柔和的包装，能够起到美化产品、宣传产品和促进产品销售的作用，从而达到提高产品经济效益的目的。尤其在以大量销售为特征的超级市场和自选商场里，当由顾客自行选购产品时，美化的包装及其简要说明，是产品与顾客之间的良好媒介，它可以极大地诱导和激发顾客的购买欲望和重复购买的兴趣，成为产品争取顾客的重要手段。

要提高产品的经济效益，就必须将优质的产品与精巧的包装结合起来。因此，改进包装的设计，使其形式、规格便于消费者携带、保存和使用；使其图案、商标和文字说明便于顾客了解产品的成分、性质、用途和使用方法。这样既方便顾客的选购，又促进了商品的销售。加强包装的回收利用，可降低包装成本和产品的流通费用，也是不断提高企业和社会经济效益的重要措施。

5.2 包装的分类

包装是按一定目的、使用一定器材的总体名称，但在实践中，由于包装在生产、流通和消费过程中的作用不同，不同的部门对包装有着不同的分类。包装生产部门按包装材料、容器和生产条件进行分类；包装使用部门按包装的防护性能和适应性进行分类；运输部门针对不同的包装，按不同的运输方式和运输方法进行分类。

对包装的科学分类有利于包装材料选择、造型结构设计和美术装潢，能促进包装生产的发展；有利于充分发挥包装在流通和消费领域中的作用，便于产品储运和销售；有利于包装标准的制定，便于包装的技术测试和实现包装标准化、规格化和系列化；有利于装卸、搬运和存储作业，便于实现这些作业的机械化、自动化；有利于包装行业的经营管理，提高包装的科学管理水平；有利于加强包装技术的研究，提高包装科学技术水平。

我国对包装的分类，有下列几种方法。

5.2.1 按包装材料分类

按包装所使用的材料分类，包装可分为纸包装、塑料包装、金属包装、木材包装、玻陶包装、纤维包装和复合材料包装、条编包装等。

1. 纸包装

纸包装是指以纸和纸板为原材料而制成的包装，常用的纸包装有纸袋、纸盒、纸桶、纸管、纸箱等。主要用于包装日用百货、纺织品、食品、饮料、医药、家用电器等产品。由于其原材料是取自木材、稻草、芦苇、麦秸等，资源丰富。因此，纸包装在现代包装中占有很重要的地位。

2. 塑料包装

塑料包装是指以各种树脂为基材而塑制成的一种包装。塑料包装有塑料薄膜袋，塑料编织袋，硬质塑料桶、瓶、箱等，适于食品、饮料、针织品、服装及五金交电等产品的包装。塑料的原料来自煤、石油、天然气等，并且塑料具有许多优良特性：气密性好，易于成形、封口、防潮、防渗漏、防挥发，透明度高，化学性能稳定，耐酸、耐碱、耐腐蚀。有的塑料包装质地轻软，易于折叠封合，有的塑料包装质地坚硬，能防震、缓冲和耐压，具有保护内装物的良好性能，是现代包装的理想原材料，因此，塑料包装发展前景广阔。

3. 金属包装

金属包装是指以马口铁、白铁皮、黑铁皮、薄钢板、铝箔等为原材料而制成的各类包装物。常用的金属包装有各种金属桶、罐、听、盒及气瓶等，主要用于装载液态、气态、粉状、糊状等生活用品、化工品及各种贵重物品等产品的包装。

4. 木材包装

木材包装是指以木板、胶合板、纤维板为原材料制成的包装。常用的木制包装有各种箱、桶、托盘等，主要用于怕压、怕振动冲击的仪器、仪表和各种机械等。由于木材生长期长，我国的森林覆盖面积小，大量砍伐树木容易造成水土流失，破坏生态平衡，国家已采取限制使用木材的强制措施。因此，在包装业中，应积极采取以钢代木、以塑代木、以纸代木和以竹代木的种种措施。

5. 玻陶包装

玻陶包装是指以玻璃、陶瓷为原料而制成的包装。常用的玻陶包装有玻璃瓶、玻璃罐、陶瓷瓶、陶瓷坛、陶瓷缸等，主要用于包装液体饮料、医药、调味品、化工原料、化工制品等。玻璃、陶瓷均属于硅酸盐材料，其质地坚硬，密封性能好，但韧性差、脆性大，容易受冲击而破坏。但由于其原材料丰富，制造工艺简便，因此在一定的范围内应充分发挥和利用这种包装材料。

6. 纤维包装

纤维包装是指以天然、人造和合成纤维为原材料而制成的包装。常用的纤维包装有麻袋、布袋、维尼纶无纺袋、合成纤维编织袋等，主要用于包装粮食、食糖、面粉、淀粉、水泥、陶土、白云石等粉状、颗粒状的物资。由于棉麻属于农作物，资源受到限制，而且本身强度较小，易于破损，所以今后应限制发展这类材料的包装。合成纤维由于其资源丰富、强度大、耐磨、耐酸碱、耐腐蚀，是现代包装的理想材料，具有广阔的发展前景，应积极开发，充分利用。

7. 复合材料包装

复合材料包装是指以纸、塑料、铝箔等薄膜材料黏合而成的材料制成的包装。近几年发展起来的各种复合材料的袋式、包式和盒式包装，主要用于包装饮料、果酱、榨菜等液态、糊态和固态的各种食品。复合包装的特点是坚韧、密封、轻便，是一种保存性能好，便于携带、使用的新型食品包装，有广阔的发展前景。

8. 条编包装

条编包装是指以天然的竹条、藤条、荆条、柳条、芦苇、稻草等材料编织而成的包装。常用的条编包装有各种笸、篓、篮、包、袋等，主要用于盛装水果、蔬菜、薯类、药材等。这种包装虽然强度低、容易破损，但其原材料均为农副产品，资源丰富，制作简便，是农民从事的一项重要副业，而且成本也较低，是一种应充分利用的包装，同时可以促进农村经济发展。

5.2.2　按包装形态层次分类

按包装形态层次分类，包装可分为个包装、内包装和外包装三种包装，即按其层次顺序来说，第一层为个包装，第二层为内包装，第三层为外包装。具体还要根据商品性质、形态、种类和销售方式来确定，并非所有商品都按这三个层次模式包装，有的只需一层、两层即能满足其功能要求。

1. 个包装

个包装是直接盛装和保护产品的最基本的包装形式，是在产品生产的最后一道工序中形成的，随同产品直接销售给顾客。如墨水、汽水、醋、酒、酱油和化妆品所需的瓶、罐，火柴、磁带、卷烟所需的盒，牙膏、药膏所需的软管，咖啡、茶叶、罐头食品所需的听等。个包装上均印贴商标，简介产品成分、性质、使用和保存方法等，便于消费者识别、选购、携带和使用，可起到美化、宣传产品及指导消费、促进销售和赢得市场的作用。

2. 内包装

内包装又称中包装，是个包装的组合形式，是在包装之外的一层包装，以便在销售过程中起到保护产品、简化计量等利于销售的作用。如10盒卷烟组合成一条，20盒火柴组合成一包等。

3. 外包装

外包装是个包装、中包装的进一步组合，是产品的外层包装，其目的是在运储过程中起到保护商品，简化运储、装卸、搬运和清点交接的作用。因此，外包装又称为运输包装，常见的包装形式有瓦楞纸箱、木箱、钢桶、塑编袋等。

5.2.3　按经营贸易惯例分类

按经营贸易惯例分类，包装可分为内销产品包装、外贸出口产品包装和特殊产品包装。

1. 内销产品包装

内销产品包装是指在国内周转和销售的产品包装，又可分为商业包装和工业包装。

商业包装是指把产品作为一个销售单位的包装方式，所以也称为销售包装，其目的是诱发消费者对产品的购买欲望和兴趣，以便实现产品价值和使用价值。

工业包装是指以便于产品运输和储存为目的的包装形式，其作用是保护产品在流通环节和运输过程中不受损失或减少损耗，所以又称为运输包装。

内销包装划分为商业包装和工业包装的概念，在实际上不是绝对的，要视包装的状态和流通条件，在不损坏产品和便利流通的原则下，可以互相转化和通用。

2. 外贸出口产品包装

外贸出口产品包装是指我国对外贸易运销到国际市场上的产品包装，按国际贸易的习惯，又分为出口产品运输包装和销售包装。

出口产品的运输包装，主要考虑远距离运输和不同运输方式换装作业条件的要求，加强包装结构强度和进一步组合成大型的集合包装。出口产品销售包装，除了考虑产品的性质、气候等自然环境条件外，还要在包装的设计造型、装潢美术、工艺技术加工等方面，充分考虑不同国家、民族、宗教的习俗和爱好，并根据产品销售所在国的订货要求及适应国际市场的特点等因素来实施包装。

3. 特殊产品包装

特殊产品包装是指工艺品、古董文物、科学尖端保密产品、国防保密物资以及其他重要的军需品等所需的特定用途包装。这些产品都需要有特殊的技术保护和保安措施，包装要具有更好的抗压、抗振和抗冲击性能，以便确保这些物资在运输过程中的绝对安全。

5.2.4 按包装使用范围分类

按包装的使用范围，包装可分为专用包装和通用包装。

1. 专用包装

专用包装是指根据内装物状态、性质及技术保护、流通条件的需要而专门为某种或某类货物的运输而设计制造的包装。例如，各种压缩和液化气体，本身处于一定的压力状态，在流通环境中又要受热、受振动冲击，容易使气体膨胀而加压，因此，需要耐压和密封的钢制气瓶装运。茶叶的吸附性很强，混装时容易发生串味，采用专用包装易于保持其品味。此外，采用专用包装还可以在再次使用时省却清洗扫刷等作业，可节省人力和费用的支出，但是专用包装由于单向货流的原因，会产生空容器回送运输。

2. 通用包装

通用包装是指货物在性质、状态上对包装没有特殊要求，用一种包装装运多种商品而广泛使用的普通包装容器。例如，各种瓦楞纸箱、钙塑箱、塑料箱、木箱、木桶等，是既可以用来装运日用百货、中西成药，又可以装运各种电器、食品、饮料、化妆品等多种用途的通用包装。

5.2.5 其他分类

包装还有以下其他分类方法。

（1）按使用次数分类，包装可分为一次性使用包装、多次性使用包装和固定周转使用包装。

(2) 按结构形式分类，包装可分为固定式包装、折叠式包装和拆解式包装。
(3) 按抵御变形能力分类，包装可分为硬包装、半硬包装和软包装三类。
(4) 按防护技术分类，包装可分为防锈包装、防震缓冲包装、密封包装和保鲜包装等。
(5) 按操作方法分类，包装可分为压缩包装、捆扎包装、收缩包装和拉伸包装等。
(6) 按在流通领域中的作用分类，包装可分为销售包装、运输包装和集合包装三类。

5.3 包装标准

5.3.1 标准及其分类

标准是标准化活动的成果，也是标准化系统的最基本要素和标准化学科中最基本的概念。

5.3.1.1 标准的定义

1991年，ISO与IEC（国际电工委员会）联合发布第2号指南《标准化与相关活动的基本术语及其定义（1991年第6版）》，该指南给"标准"定义如下："标准是由一个公认的机构制定和批准的文件。它对活动或活动的结果规定了规则、导则或特征值，供共同和反复使用，以实现在预定领域内最佳秩序的效益。"并指出，标准应建立在科学技术和实践经验的综合成果基础上，并以促进最佳社会效益为目的。

该定义明确告诉我们，制定标准的目的、基础、对象、本质和作用。由于它具有国际性、权威性和科学性，无疑应该是世界各国，尤其是ISO和IEC成员应该遵循的。

5.3.1.2 标准的分类

按照标准化层级标准的作用和有效范围，可以将标准划分为不同层次和级别的标准。如国际标准、区域标准、国家标准、行业标准、地方标准和企业标准。

1. 国际标准

国际标准是指由国际标准化或标准组织制定并公开发布的标准（ISO/IEC第2号指南），因此，ISO、IEC批准、发布的标准是目前主要的国际标准，ISO认可的即列入《国际标准题内关键词索引》中收录的一些国际组织，如国际计量局（BIPM）、食品法典委员会（CAC）、世界卫生组织（WHO）等组织制定、发布的标准是国际标准。

2. 区域标准

区域标准是指"由某一区域标准化或标准组织制定并公开发布的标准"（ISO/IEC第2号指南）。如欧洲标准化委员会（CEN）发布的欧洲标准（EN）就是区域标准。

3. 国家标准

国家标准是指"由国家标准团体制定并公开发布的标准"（ISO/IEC第2号指南）。如GB、ANSI、BS、NF、DIN、JIS等分别是中、美、英、法、德、日等国国家标准的代号。

国家标准是我国标准体系中的主体。国家标准一经批准发布实施，与国家标准相重复的行业标准、地方标准即行废止。

国家标准由国务院标准化行政主管部门编制计划，组织草拟，统一审批、编号和发布，以保证国家标准的科学性、权威性和统一性。

国家标准编号由国家标准代号、标准发布顺序号和发布年号（即发布年份的后两位数字）组成。根据《国家标准管理办法》的规定，国家标准的代号由大写的汉语拼音字母构

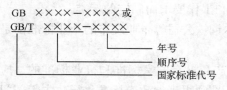

图 5-1 国家标准编号示例

成。中国强制性国家标准代号为"GB"。推荐性国家标准代号为"GB/T"。国家标准代号示例如图 5-1 所示。

4. 行业标准

行业标准是指由行业标准化团体或机构批准、发布，在某行业范围内统一实施的标准，又称为团体标准。如美国的材料试验协会（ASTM）标准、美国石油学会（API）标准、美国机械工程师协会（ASME）标准，英国的劳氏船级社标准（LR）都是国际上有权威性的行业标准，在各自的行业内享有很高的信誉。

我国的行业标准是指全国性的各行业范围内统一的标准。《中华人民共和国标准化法》规定："对没有国家标准而又需要在全国某个行业范围内统一的技术要求，可以制定行业标准。行业标准由国务院有关行政主管部门制定，并报国务院标准化行政主管部门备案，在公布国家标准之后，该项行业标准即行废止。"如 JB、QB、SN、TB 等分别是机械、轻工、商检、铁路运输行业的标准代号。

行业标准是标准化发展过程中的一个重要阶段。随着市场经济的发展，为适应加强行业管理的需要，行业标准应该继续有所发展。同时，国家标准需要行业标准做补充。因为国家标准只能针对经济技术中最基本的方面、最重要的产品，以及必须在全国范围内统一的要求来制定。

行业标准由国务院有关行政主管部门统一制定、审批、编号和发布，并报国务院标准化行政主管部门备案。

行业标准编号由行业标准代号、行业标准发布顺序号和发布年号组成。根据《行业标准管理办法》规定，行业标准代号由国务院标准化行政主管部门规定，在尚无新规定的情况下，仍沿用原部颁标准代号。

5. 地方标准

地方标准是指"由一个国家的地方部门制定并公开发布的标准"（ISO/IEC 第 2 号指南）。我国的地方标准是指在某个省、自治区、直辖市范围内需要统一的标准。《中华人民共和国标准化法》规定："没有国家标准和行业标准而又需要在省、自治区、直辖市范围内统一的工业产品的安全及卫生要求，可以制定地方标准。地方标准由省、自治区、直辖市标准化行政主管部门制定；并报国务院标准化行政主管部门和国务院有关行政主管部门备案。在公布国家标准或者行业标准之后，该项地方标准即行废止。"

地方标准编号由地方标准代号、标准发布顺序号和发布年号组成。

根据《地方标准管理办法》的规定，地方标准代号由汉语拼音字母"DB"加上省、自治区、直辖市行政区划代码前两位数字，组成强制性地方标准代号；而 DB 加上行政区划代码前两位数字加斜线及 T 组成推荐性地方标准，例如，山西省强制性地方标准代号为 DB14，山西省推荐性地方标准代号为 DB14/T。

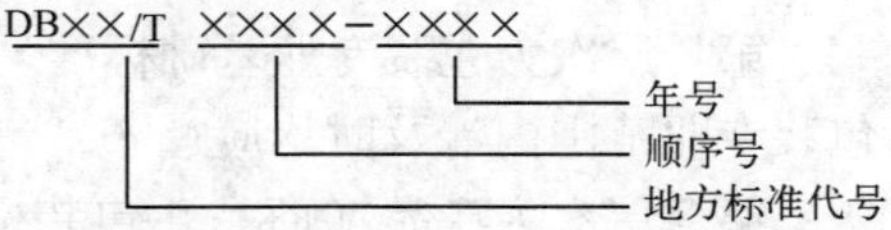

地方标准编号示例如图 5-2 所示。

图 5-2 地方标准编号示例

6. 企业标准

企业标准，有些国家又称公司标准，是指由企事业单位自行制定、发布的标准。也是

"对企业范围内需要协调、统一的技术要求、管理要求和工作要求而制定的标准"。

美国波音飞机公司、德国西门子电器公司、新日本钢铁公司等企业发布的企业标准都是国际上有影响的先进标准。

《中华人民共和国标准化法》规定:"企业生产的产品没有国家标准和行业标准的,应当制定企业标准,作为组织生产的依据。企业的产品标准须报当地政府标准化行政主管部门和有关行政主管部门备案。已有国家标准或行业标准的,国家鼓励企业制定严于国家标准或行业标准的企业标准,在企业内部适用。"

企业标准编号由企业标准代号、标准发布顺序号和发布年号组成。根据《企业标准化管理办法》规定,企业标准代号由汉语拼音字母"Q"加斜线再加上企业代号组成。企业标准代号可用汉语拼音字母或用阿拉伯数字或两者兼用,具体办法由当地行政主管部门规定。

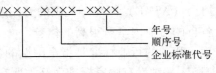

图 5-3 企业标准编号示例

企业标准编号示例如图 5-3 所示。

5.3.2 包装标准的范围及体系

产品标准是对产品的成分、品种、性质、质量、寿命、符号、代号及生产、检验、维护质量的方法等概念所做的统一规定。

包装标准是为了取得产品包装的最佳效果,根据包装科学技术、实际经验,以产品的种类、性质、质量为基础,在有利于产品生产、流通安全和厉行节约的原则上;经有关部门充分协商并经一定审批程序,而对包装的用料、结构造型、容量、规格尺寸、印刷标志以及盛装、衬垫、封贴和捆扎方法等方面所做的技术规定,从而达到同种、同类产品所用的包装逐渐趋于一致和优化的目的。

产品标准和包装标准之间存在着相互密切依从的关系,各种包装是依据内装物的形状和体积来确定其包装的内部容积和外形尺寸的。所以,我国在 1979 年颁布的《中华人民共和国标准化管理条例》中明确规定"在制定产品标准的同时,制定包装标准"。1988 年底,国家制定了《中华人民共和国标准化法》,代替之前的规定,2017 年国家又进行了修订。

从包装标准所涉及的范围来分析,包装标准大致可分为三个层次。

第 1 层次为包装综合基础标准。对此类标准整个包装专业都应共同遵守,同时在一些跨行业、跨部门、跨专业的,与包装有关的经济技术和科学活动中,也应共同遵守。包装综合基础标准也是制定其他包装标准的前提,包括包装术语、包装尺寸、包装标志、包装件试验方法、包装技术方法、包装管理等标准。

第 2 层次为包装专业基础标准。此类标准是针对包装专业的某个方面而制定的,在整个包装专业范围内涉及时均应遵守,包括包装材料、包装容器、包装机械等标准。

第 3 层次为产品(商品)包装标准。此类标准是针对某产品包装的科学合理化而制定的,是整个包装标准化的最终目标。上述包装综合基础标准和包装专业基础标准是为产品包装标准服务的。

5.3.2.1 包装综合基础标准

在第 1 层次包装综合基础标准中,具体包括以下主要内容。

1. 包装术语标准

包装术语标准是指有关一般包装的术语和定义的规定。主要有如下标准：

GB/T 4122.1—2008 包装术语 第 1 部分：基础；

GB/T 4122.2—2010 包装术语 第 2 部分：机械；

GB/T 4122.3—2010 包装术语 第 3 部分：防护；

GB/T 4122.4—2010 包装术语 第 4 部分：材料与容器；

GB/T 4122.5—2010 包装术语 第 5 部分：检验与试验；

GB/T 4122.6—2010 包装术语 第 6 部分：印刷，等标准。

2. 包装标志标准

包装标志标准是为在流通过程中保护货物及搬运者的安全，对普通货物和危险货物所规定的指示性图示和标志。目前，主要有：《危险货物包装标志》（GB 190—2009），《包装储运图示标志》（GB/T 191—2008）等标准。

3. 包装尺寸标准

包装尺寸标准是为了流通合理化，对体系化的直方体包装或圆柱体包装所规定的底面尺寸。目前包装尺寸主要有以下标准：

GB/T 4892—2008 硬质直方体运输包装尺寸系列；

GB/T 15140—2008 航空货运集装单元技术要求；

GB/T 15233—2008 包装 单元货物尺寸；

GB/T 16471—2008 运输包装件尺寸与质量界限。

4. 运输包装件基本试验方法标准

运输包装件基本试验方法标准是为了包装货物免遭物流环境作用而损失，对运输包装件所制定的一系列模拟物流环境的试验方法。目前已制定的运输包装件基本试验国家标准如表 5-1 所示。

表 5-1 运输包装件基本试验国家标准

标准名称	标准编号
包装 运输包装件基本试验 第 1 部分：试验时各部位的标示方法	GB/T 4857.1—2019
包装 运输包装件基本试验 第 2 部分：温湿度调节处理	GB/T 4857.2—2005
包装 运输包装件基本试验 第 3 部分：静载荷堆码试验方法	GB/T 4857.3—2008
包装 运输包装件基本试验 第 4 部分：采用压力试验机进行的抗压和堆码试验方法	GB/T 4857.4—2008
包装 运输包装件 跌落试验方法	GB/T 4857.5—1992
包装 运输包装件基本试验 第 7 部分：正弦定频振动试验方法	GB/T 4857.7—2005
包装 运输包装件 滚动试验方法	GB/T 4857.6—1992
包装 运输包装件基本试验 第 9 部分：喷淋试验方法	GB/T 4857.9—2008
包装 运输包装件基本试验 第 10 部分：正弦变频振动试验方法	GB/T 4857.10—2005
包装 运输包装件基本试验 第 11 部分：水平冲击试验方法	GB/T 4857.11—2005
包装 运输包装件 浸水试验方法	GB/T 4857.12—1992

续表

标准名称	标准编号
包装 运输包装件基本试验 第13部分：低气压试验方法	GB/T 4857.13—2005
包装 运输包装件 倾翻试验方法	GB/T 4857.14—1999
包装 运输包装件基本试验 第15部分：可控水平冲击试验方法	GB/T 4857.15—2017
包装 运输包装件基本试验 第17部分：编制性能试验大纲通用规则	GB/T 4857.17—2017
包装 运输包装件 流通试验信息记录	GB/T 4857.19—1992
包装 运输包装件 碰撞试验方法	GB/T 4857.20—1992
包装 运输包装件 单元货物稳定性试验方法	GB/T 4857.22—1998
包装 运输包装件基本试验 第23部分：随机振动试验方法	GB/T 4857.23—2012
大型运输包装件试验方法	GB/T 5398—2016

5. 包装技术标准

包装技术标准是为了保护货物免遭物流环境作用而损失，对包装的一些特殊技术和方法所做的种种规定。如行业标准：《铁路行李、包裹运输包装技术条件》（TB/T 2336—2007）、《铁路危险货物运输包装技术条件》（TB/T 2687—1996）等。国家标准：《防霉包装》（GB/T 4768—2008）、《防锈包装》（GB/T 4879—2016）、《防潮包装》（GB/T 5048—2017）、《防水包装》（GB/T 7350—1999）、《缓冲包装设计》（GB/T 8166—2011）等。

6. 包装管理标准

包装管理标准是为了进行包装质量、设计、回收等管理而做出的各种规定。如：《放射性物质运输包装质量保证》（GB/T 15219—2009），《包装设计通用要求》（GB/T 12123—2008），《危险货物运输包装类别划分方法》（GB/T 15098—2008）等。

5.3.2.2 包装专业基础标准

在第2层次包装专业基础标准中，所涉及的各种材料、各种容器和各种机械的范围是极为广泛的。下面只将与产品（商品）包装选用关系密切的包装材料标准和包装容器标准的内容做一简要介绍。

1. 包装材料标准

为了合理选用标准化的材料，包装材料标准通常应包括下列主要内容：①适用范围；②种类；③质量要求；④形状尺寸；⑤制造方法；⑥测试方法；⑦检验；⑧包装标志。

一般说来，标准化的材料会使包装设计简单得多，也会给以后的包装生产带来效益。

2. 包装容器标准

为了合理选用标准化的容器，包装容器标准通常应包括下列主要内容：①适用范围；②种类（型式）；③结构与尺寸；④材料；⑤使用方法；⑥检查（检验）。

一般对于多数产品，其外包装通常不专门设计，而是选用不同规格的标准化容器，这对物流现代化将起到重要作用。

5.3.2.3 产品（商品）包装标准

在第3层次产品（商品）包装标准中，所包括的专业范围是极为广泛的，大致包括农业、水产、食品、医药、建材、化工、纺织、轻工、电子、仪器、兵器、机械、邮电等24

大类标准。

产品包装标准是为使同类和同种的包装通用化、系列化，并在产品生产、运输、装卸、储存、销售、消费等各方面，取得产品包装的最佳效果，依据包装科学技术和实践经验及产品形态与性能，对产品的销售包装和运输包装的各个方面做出统一规定。

产品包装标准是产品和包装的结合体的标准，往往是包装标准化中各种包装标准贯彻实施的结果，整个包装标准化效果大部分是通过产品包装标准来取得的。

产品包装标准的内容通常包括：适用范围、产品包装分级、包装技术要求（包括对包装环境、产品包装材料、包装容器、产品包装操作、包装标志的要求）、包装件运输、包装件储存、试验方法、检验规则等。

5.4 包装标准化

5.4.1 包装标准化的概念

包装标准化是实现包装现代化的主要条件，是组织包装现代化生产的重要手段，是反映包装科学技术发展水平的一个重要标志。

标准化是指制定、贯彻及修订标准的整个活动过程。制定标准是标准化的目的，贯彻实施标准是标准化的关键，而修订标准则是标准化的完善。这个活动过程随着生产和科学技术的日益发展和进步而使标准得以提高和完善。包装标准化活动的主要内容是使产品包装逐步达到统一化、定型化、规格化和系列化。对于同一种类的包装标准，实行包装材料、结构造型、包装容量、规格尺寸、包装标记、封包方法和捆扎方法统一化，将"包装适应产品"的旧观念更新为"产品适应包装"的新观念。因此，要认真地制定"包装模数"来简化包装规格尺寸系列，并研究"物流模数"，使包装尺寸与物流各相关集装和运载工具的尺寸匹配协调起来，尽可能使各种尺寸在适应一定模数的条件下相互通用，以便减少包装材料的消耗，降低生产成本，提高运输效率，取得经济效益。

5.4.2 包装标准和包装标准化的关系

包装标准和包装标准化是相互联系而又有区别的两个不同的概念，其相互关系如下。

（1）包装标准是包装标准化活动的直接结果。而包装标准化的目的及其作用，就是通过制定具体的包装标准来体现的，制定和修订各种包装标准是包装标准化活动的基本任务。

（2）包装标准化所产生的效果，是通过包装标准的贯彻执行而得到体现的。也就是说包装标准化活动中所制定的包装标准，要在生产、流通和销售过程中贯彻执行，并检验其实践效果，因此，包装标准的贯彻执行是包装标准化的一个关键环节。

（3）包装标准在一定的时期内是相对稳定的，而包装标准化活动是不能停顿的。因为随着包装技术不断进步，包装标准也要不断更新、修订甚至重新制定。而包装标准化活动，恰好就在其中，不断履行包装标准化本身的基本职能。所以，只要有包装标准，必然就有与其相配合的包装标准化活动。

（4）包装标准化活动，包含包装标准与非标准相互转化的内容。也就是说，已经制定的标准，经过一定阶段的发展，在一定的范围内成为非标准的包装。例如，国际集合包装中

ISO 国际集装箱就有 1 系列、2 系列和 3 系列三个标准，经过一定阶段的实践后，有些系列标准的集装箱不适于在国际范围运用，首先在 ISO 国际标准中取消了第 2 系列集装箱标准，并允许其只流通于西欧各国；接着又取消了第 3 系列集装箱标准，并允许其只流通于东欧和中亚各国。所以，包装标准与非标准是相对的、发展的，不是绝对的，也没有一个绝对的界限。

5.4.3　包装模数与物流模数的协调

模数是指在某种系统（构筑物或制品）的设计、计算和布局中普遍重复应用的一种基准尺寸。

模数的概念，来自砖混结构的建筑工程中，以砖的倍数来计算和确定房屋墙壁的长度、宽度和高度。标准砖的尺寸为 24 cm×12 cm×6 cm，计算长度加 1 cm 的灰口量，即 24+1 = 25 cm 的整倍数。因砖的尺寸是由砖模的尺寸确定的，从而得到"模数"名称及其概念。

由模数概念在包装系统和物流系统中运用的结果而获得包装模数和物流模数的称谓。

5.4.3.1　包装模数

模数概念在现代包装系统中得到了广泛的应用。由于在销售包装、运输包装和集合包装系统的设计、计算和排列布局中，普遍存在重复应用某个基准尺寸的现象。例如，产品内外包装的尺寸与流通过程中集装器具、运载工具以及存储和销售货架等载体的容载尺寸是一个组合协调系统。在这个系统中，计算内外包装尺寸的共同基数就成为系统的包装模数。这个模数用于确定系统中各组成部分之间的尺寸数值增大或减小的变化关系。因此，包装模数是协调系统内外尺寸规格组合关系的基础。所以，模数是形成模数制基本概念的基础。模数分为组合模数和分割模数。在一般情况下，以内件为基准结构尺寸时，采用组合模数；而以外件为基准结构尺寸时，采用分割模数。

组合模数是组合尺寸的最小基数，以符号 m 表示。其值取决于产品配装的最小尺寸，这种组合尺寸的等差数列，即由项值 $1m$，$2m$，$3m$，…，km 构成，k 值取整数。一般不是采用单一项差的简单数列，而是采用优先原理选取阶梯式等差数列。其表达式为：

$$m = m_{\min} - m_{间隙}$$

表达式的内涵为在实施组合模数时，在模数值（m）的基础上，需增加一个包装件之间的间隙（$m_{间隙}$）而构成组合模数的极小值（$m_{\min}$），例如，以砖的长度为模数值（m），在砌墙时，需增加一个灰口为间隙（$m_{间隙}$），才能保证墙壁的强度。以内件为基准的包装结构组合模数中，模数值（m）加上间隙（$m_{间隙}$）构成的货件最小值（$m_{\min}$）是包装容器容纳内件的保证。

在国际标准 ISO 3394：1975（E）《硬质长方形包装尺寸——运输包装》中，明确规定"取其底面积 600 mm×400 mm 为模数，作为硬质长方形运输包装尺寸系列的基数"。这个模数值的乘数系列，如取 2，3，…，k，所得到的组合模数系列为 $2m$，$3m$，…，km，则其模数值分别为 600 mm×800 mm，600 mm×1 200 mm；1 200 mm×400 mm，1 200 mm×800 mm 等。

分割模数是组合尺寸的最大基数，以符号 M 表示。其值取决于最大外件的包容尺寸。在给定 M 值的条件下，内件的尺寸应取 M 的整数分割值，以便充分利用包容面积和包容空间。此时，内件尺寸数列由 $\frac{1}{k}M$ 的项值 M，$\frac{1}{2}M$，$\frac{1}{3}M$，…，$\frac{1}{k}M$ 构成（k 为整数），其表达式为：

$$M = M_{max} - M_{间隙}$$

这种以外件为基准的组合系统中,采用分割模数,如集装箱、托盘、货车内部容积尺寸为最大基数(M_{max}),而在其配装的运输包装外部尺寸为分割值,以模数 600 mm×400 mm,550 mm×366 mm,乘以分割系列数 1/2, 1/3, 1/4, …, 1/k,则分割值为 300 mm×400 mm,200 mm×400 mm,150 mm×400 mm,120 mm×400 mm,600 mm×200 mm,600 mm×100 mm,275 mm×366 mm,183 mm×366 mm,137 mm×366 mm,110 mm×366 mm 等。根据这种以外件为基准的分割模数所设计的包装容器,能够最佳地利用运载工具和存储场所的空间。

根据这个原理,使各种内包装、外包装和运输包装的外廓尺寸,都应符合包装模数值进行整数分割或相乘而得到分割值和倍数值。

ISO 国际包装的模数值、分割值和倍数值如表 5-2 所示。

表 5-2 ISO 国际运输包装模数表

单位:mm

序号	平面尺寸(长×宽)					
1	倍数	1200×1000		倍数	1100×1100,1100×550 1100×366	
2		600×400			550×366	
3		300×400	600×133		275×366	550×122
4		200×400	300×133		183×366	275×122
5		150×400	200×133		137×366	183×122
6		120×400	150×133		110×366	137×122
7	模数	600×200	120×133	模数	550×183	110×122
8		300×200	600×100		275×183	
9		200×200	300×100		183×183	
10		150×200	200×100		137×183	
11		120×200	150×100		110×183	
12			120×100			

注:国标《硬质直方体运输包装尺寸系列》(GB/T 4892—2008),对应于 ISO 3394:1984《包装 完整的满装运输包装和单元负荷 刚性矩形包装的尺寸》(英文版)。本标准与 ISO 3394:1984 的一致性程度为非等效,主要差异如下:

——删除了不适合 1200mm×1000mm 单元货物排列的 1200mm×800mm、1200mm×600mm、1200mm×400mm、800mm×600mm 四个平面尺寸及其排列图。

——增加了 550mm×366mm 运输包装件的包装模数尺寸、平面尺寸及其排列图。

5.4.3.2 物流模数

物流模数是指以模数包装最大设计尺寸为基准,研究与物资流通有关的托盘、集装箱等集装器具,铁路货车、卡车、轮船和飞机等运载工具,起重机、叉车、搬运车、跨运车等装卸搬运机械的尺寸规格,形成模数,以便与包装模数相互配合和相互协调。研究和解决包装模数与物流模数的协调,不仅要解决国内物流活动各相关部门、系统的包装、集装单元、运载工具、存储仓库和机械设备之间的相关尺寸的协调,而且还要与国际的物流模数相协调。

当今世界国际贸易往来和物资交流日益发展，必须逐步采用国际协调型的物流模数，以适应今后扩大国际贸易发展的整个物流的需要。

包装系统与物流系统两者之间，各有其特殊性。因此，以物流模数为基础的物流模数尺寸和以包装模数为基础的包装模数尺寸之间相互沟通、相互适应，就必须选择集装单元、集装器具的模数尺寸为媒体，来过渡而达到整体物流系统的相关性和协调性。也就是说，物流模数要以集装单元尺寸为中心，来协调和适应包装、运输、存储、保管及装卸搬运等环节的模数尺寸，这样才能使整个物流系统统一在集装运输的范围内进行正常的生产活动。图5-4是产品包装、包装箱、运输托盘和载重汽车之间的模数配合与模数协调示意图。

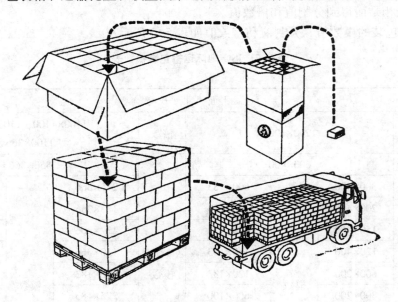

图 5-4 模数配合与模数协调示意图

近年来不仅国际标准化组织的标准中一系列集装箱及其铁路、公路运载车辆的宽度方面都在进行物流模数协调，而且美国、加拿大、德国、瑞典等发达国家和巴西等发展中国家也在进行这种物流模数协调，以便增加运载工具容量，提高集装运输的运输能力，来达到提高物流输送量的目的。

我国铁路在20世纪70年代发展TBJ_1型1 t集装箱时，已经充分重视与当时的主型棚车内部尺寸在其长度、宽度和高度及重量上进行匹配和协调，并以TBJ_1型1 t集装箱的尺寸为基础研制了许多类型的集装器具，这在20世纪80年代广泛开展的集装化运输中发挥了重要的作用。后来在发展5 t集装箱时，未能重视与铁路运载车辆间的尺寸协调，造成运载车辆的载重量和容积的巨大浪费，最终停止了这种集装箱的生产。20世纪80年代研制的TBJ_{10}型集装箱与X_{6A}型集装箱专用车，无论在载重量与容积利用上都达到充分的协调与匹配，而且其翻转式锁闭装置还可装运1AA、1CC等国际标准集装箱，也可装运国内TBJ_5型集装箱。

5.4.4 包装标准化的社会效益和经济效益

标准化是组织现代化大生产的重要手段，是推动社会生产迅速发展的强大动力，是技术经济发展和科学管理的重要基础。没有标准化，就没有现代专业化的大生产，也无法实现产品流通的现代化。所以，标准化在整个国民经济生产发展中占有重要的地位。

包装标准化是整个技术标准化的重要组成部分，是反映包装科学技术水平的一个重要标志，是包装领域内一项综合性基础工作，它具体体现国家在一定时期内对包装的技术经济政策，因此，它具有技术性、经济性、政策性和法制性等特点。

通过包装标准化工作，制定出符合各部门要求的包装标准，加强各种标准之间的衔接和协调，既可以为包装生产提供技术依据，又能够促进各部门、各生产单位间的有机联系。通过包装标准化活动，实现包装材料、包装容器的标准化、系列化、通用化，合理发展包装品种，扩大同类、同规格包装产品的批量，为组织包装专业化生产创造条件、促进包装工业高速发展，因此，包装标准化具有显著的社会效益和经济效益。

1. 便于提高包装生产效率

实行统一的包装标准，简化了包装的规格型号，使同种类产品的包装可以互相通用，从而使零星、分散和小批量的包装生产，转变为集中的、大批量的专业化包装生产，有利于包装生产向机械化、自动化方向发展，便于提高包装生产效率。

2. 便于识别、使用和计量

由于包装标准化，简化和统一了包装容器的规格型号，所以在生产和流通过程中便于识别、使用和计量。例如，在针织品包装中实施标准化的结果，将使一千三百多种纸箱包装的规格统一为 3 个箱组，27 个箱号，既减少了工厂备用的纸箱数量，节约了流动资金，又便于识别和使用，在清点验收时，很容易计算总量。

3. 节约包装材料、降低包装成本

由于包装标准化使包装材料、包装结构、包装规格型号统一，所以在包装设计制造时可以充分而有效地使用原材料，不仅可以大量节省包装材料，而且由于包装整齐化，堆码容易排列组合，能够提高仓库的容量和运输工具的运量。据统计，实行统一箱型后，可节约原材料用纸 5%~10%，最高可达 20%。

4. 保证包装质量，保护产品安全

包装标准的制定，是从保护产品质量出发的。包装标准中对各项质量指标做了明确的规定，有利于保证与提高包装的质量，使产品在流通过程中免受损失。同时实现包装标准化，包装设计合理，规格尺寸统一，便于搬运和装卸，也为货物的堆码和储存提供了良好的条件。

5. 有利于产品走向国际市场

为了适应国际市场的需要，提高产品的竞争力，要求产品实行标准包装和国际包装标准。特别是集装运输的集合包装，采用国际标准包装系列，更有利于产品走向国际市场。

6. 有利于包装的回收复用

由于包装标准化使包装规格型号统一，因此有利于包装容器对不同种类的产品能够相互通用。所以产品到达地便于组织回收包装，在发送产品中组织回收复用，这样既能够节省包装费用，又能够节省回送运输费用。

总之，包装标准化对促进包装生产、保护产品质量、加速商品流通和提高企业与社会的技术经济效益都有重要意义。因此，在包装工程中必须重视包装标准化工作。

本章小结

包装在产品生产、流通和消费的全过程中都起着极其重要的作用，它可以保护产品安全和完整，便于产品流通，可以提高产品的社会效益和经济效益。由于包装在生产、流通和消费过程中的作用不同，不同的部门对包装有着不同的分类。了解各种类型的包装对包装的生产和使用都非常重要。

通过包装标准化工作，制定出各种符合部门要求的包装标准，在为包装生产提供技术依据的同时，又促进各部门、各生产单位间的有机联系。包装标准化为包装专业化生产创造条件，具有显著的社会效益和经济效益，主要体现在提高包装生产效率；便于识别、使用和计量；节约包装材料、降低包装成本；保证包装质量、保护产品安全；有利于产品走向国际市场；有利于包装的回收复用。要求学生掌握各种包装标准，主要有：包装术语标准、包装标志标准、包装系列尺寸标准、运输包装件基本试验方法标准、包装技术标准、包装管理标准、包装材料标准、包装容器标准及产品包装标准。

复习思考题

一、基本概念

包装　包装标准　包准标准化　包装模数　物流模数

二、问题与思考

1. 包装的作用是什么？
2. 按包装材料分类，包装可分为哪几种？
3. 标准的定义是什么？如何进行标准分类？
4. 包装标准分为哪几个层次？
5. 什么是组合模数？什么是分割模数？

第6章

包装件的流通环境

在现代社会中，产品和物资的流通是经济活动中重要的组成部分。流通过程以生产工厂为起点，以消费为终点。广义上讲，它包括了产品及包装的发运、中转、装卸、仓储、陈列和销售等环节。

6.1 概述

包装件在流通中所经历的一切外部因素统称为流通环境条件。包装技术就是要确保产品由一地到另一地运送时不受经济上和功能上的意外损失。若产品有危险性，则必须妥善封装，以保证人员及财产的安全。

对产品可能遭遇的环境条件作考察与评价，是包装技术中的重要内容。产品的流通过程中包括汽车、火车、飞机、轮船等多种交通工具，多次人工或机械装卸，若干次仓储堆码作业。

产品包装件只有经受住一切外部危险因素（运输条件、气候条件、生物化学条件等）的考验，安全抵达目的地，才能实现其功能，体现其社会效益和经济效益。

只有对产品在流通中的各种不利因素作正确而深入的分析归纳，才能提出对产品包装的具体要求。当今，包装新技术、新方法层出不穷，如缓冲防震包装、集合包装、防窃启包装、儿童安全包装、防伪包装、保鲜包装、真空包装，等等。设计师与制造商应利用各种技术手段（如材料、容器构造、封装工艺等），以解决产品流通中的振动、冲击、潮化、锈蚀、虫咬、腐败、窃失等问题。流通过程的基本环节如下。

1. 装卸搬运环节

一般情况下，流通过程中的流程越长，中转环节越多，装卸搬运次数就越多。装卸作业分人工和机械两种方式。

装卸作业中，抛掷、堆垛倒塌、起吊脱落、装卸机械的突然启动和过急升降都会对产品包装件造成跌落冲击损害。

2. 运输环节

运输是货物流通中的必要环节。长途运输工具有汽车、火车、船舶和飞机。短途运输工具有电瓶车、铲（叉）车、手推车等。

运输过程对货物包装件造成损害的原因如下。

（1）冲击。运输工具的起动、变速、转向、刹车会使货物改变速度。当货物堆垛松散时，会与车厢或相邻货物发生碰撞，导致货物或包装容器的冲击损坏。

（2）振动。汽车、火车、船舶和飞机等工具运行时受到路面状况、钢轨接头、发动机振动、车辆抗振性能、水面风浪、空中气流等因素的影响，会产生周期性上下颠簸和左右摇晃。由于各种运输工具结构性能不同，其振动振幅与频率范围也各不相同。

（3）气候条件。长途运输的货物须经历不同气候区域，会受到寒冷、炎热、干燥、潮湿、风雨等气候因素的影响。若货物包装件结构不当、材料薄弱、封闭不严，则会使内容物发生变质或损坏。

（4）其他因素。流通过程中，存在各种化学和机械活性物质、有害微生物和啮齿动物的损害等。具体说来，氧、一氧化碳、二氧化碳、硫化氢等气体，以及盐雾、雨水、热源、放射源、气味源、日光照射等都会使包装件及内容物受污染或受损害，加速其品质下降。电子产品应考虑环境静电场对其性能的影响。贵重物品还应考虑防窃启问题。

3. 储存环节

储存是产品在流通链中的重要一环。货物储存方法、堆码重量、高度，储存周期，储存地点，储存环境（如光、风、雨、虫、霉、鼠、尘、有害气体等）直接影响产品包装件的流通安全性。仓库的建筑结构型式对储存环境中温度、湿度、气压等因素影响甚大。

装载及储存时，为节省占地面积，常需将货物堆高，堆码后底部货物包装件将承受上部货物的重压。这种静载压力会导致包装容器变形（蠕变），影响包装外观及其动态保护性能。

对内容物而言，包装所围成的空间，是又一种微型环境条件。为实施防护功能，包装件常由容器、结构材料、衬垫材料、内涂料、黏合剂、密封填料、印刷油墨等组成。它们往往具有某种化学特性，又会与产品接触，若处理不当会污染包装内容物导致产品变质、变味。因此包装及其材料同被包装产品之间的相容性也应为包装设计制造者所重视。

有些危险化学品，如农药、化工产品、有毒物品、易燃易爆物品，它们的包装主要作用是防止包装内容物向外泄漏和渗透，防止这些物品对人身、对其他物品、对周围环境造成意外伤害和污染。由于产品种类繁多，流通环境千变万化，其中危险因素较难精确预测，但是，借助现代测试技术和统计方法，掌握产品包装件流通过程的一般规律是完全可能的。

6.2 流通环境的冲击特性

冲击是一种瞬间的、猛烈的机械运动，即物体在极短的时间内发生很大的速度变化或完成突然的能量转化。包装件的冲击主要发生于装卸作业和运输过程中，可分为垂直冲击和水平冲击。垂直冲击主要由搬运、装卸、起吊时跌落引起；水平冲击主要发生于运输车辆在崎岖不平的路面上行驶中车辆突然启动或制动，货车的编组溜放与转轨，飞机着陆，船舶靠岸时。

冲击时，虽然包装件的速度只发生有限的变化，但由于冲击作用的时间极其短促，因此，仍会产生极大的加速度，导致包装件在瞬间要承受极大的冲击力，这种冲击力会导致包装内容物的破损。

6.2.1 装卸时的冲击

不论人工或机械装卸，都可能因人为或偶发因素使包装件自由跌落。此时冲击碰撞发生于包装件与地面之间，其冲击加速度取决于跌落高度，而冲击力大小除取决于跌落高度外，还取决于包装件质量、内衬垫缓冲性能和地面的刚性。据测定，人工装卸的跌落冲击加速度通常在 10 g 左右，最高可达 100 g。装卸作业的冲击加速度值一般用 g 表示，$g=9.8 \text{ m/s}^2$。

最常见的装卸机械是起重机和叉车。表 6-1 和表 6-2 分别列出了起重机作业和叉车作业时产生的加速度统计值。

表 6-1 起重机作业冲击加速度

作业内容	吊钩速度/(m/min)	冲击加速度/g
起吊上升	10~13	0.1~0.15
下降时紧急制动	—	0.9~1.2
正常着地	9~13	0.5~1.4
快速着地	—	1.0~7.5

表 6-2 叉车作业冲击加速度

单位：g

		上下	左右	前后
行驶中的振动 6~7/(km/h)	铺修路	0.2~1.3	0.2~0.3	0.1~0.2
	非铺修路	0.6~1.6	0.3~0.4	
货叉	上升开始	1.7	—	
	下降开始	0.2		0.3
	下降停止	0.4~1.0	0.1~0.2	0.4~0.8
	由 30 cm 高度落下	3~4		0.6~1.1
倾斜动作（前、后倾）		1.2~1.9		

6.2.2 运输过程中的冲击

1. 汽车运输

汽车运输的冲击，主要取决于路面状况，车辆的启动和制动，货车重量及装载稳定性。在各种运行情况下汽车运输对货物造成的冲击值见表 6-3。

2. 火车运输

火车运行时产生的冲击有两种。一种是车轮滚过钢轨接缝时的垂直冲击，在普通有缝线路上为 80~120 次/min，加速度最高为 1 g。另一种是车辆在连挂时产生的水平冲击，冲击加速度可达 2~4 g。若速度为 14.5 km/h 时作溜放连挂，车体撞合的瞬间可能产生 18 g 的冲击加速度。火车运输情况下对货物造成的冲击加速度值见表 6-3。

表 6-3 火车、汽车运输时所产生的冲击

运输种类	运行情况		最大加速度/g		
			上下	左右	前后
火车	运行中 30~60 km/h	轨道上	0.1~0.4	0.1~0.2	0.1~0.2
		钢轨接头处	0.2~0.6		
	一般起动和停车			0.1~0.5	
	急刹车		0.6~0.9	0.1~0.8	1.5~1.6
	紧急刹车		2	1	3~4
	减速		0.6~1.7	0.2~1.0	0.2~0.5
	货车编组连挂		0.5~0.8	0.1~0.2	1.0~2.6
汽车	运行中 30~40 km/h	铺修路	0.2~0.9	0.1~0.2	0.1~0.2
		非铺修路	1~3	0.4~1.0	0.5~1.5
	越过 2 cm 高障碍		1.6~2.5	1.0~2.4	1.1~2.3
	以 35~40 km/h 车速刹车		0.2~0.7	—	0.6~0.7
	以 35~60 km/h 车速刹车		0.2	0.3	0.7~0.8

影响火车连挂作业时水平冲击力的主要因素是：车辆连挂速度越大冲击力越大；车辆牵引装置的缓冲性能好可吸收部分冲击能量；货物的质量越大，它与底面的摩擦越大，越不易滑动；货物堆码松散或间隙过大，倒塌和反复相撞的可能性增加；堆码越高，最上层货物的冲击幅度越大。表 6-4 为货车连挂时各部位货物的冲击值。

表 6-4 货车连挂时各部位的冲击加速度值

单位：g

连挂速度/（km/h）		A	B	C	D	E	平均
		5.5	5.7	5.7	5.6	6.9	5.88
货车底板面	左右	0.4	0.6	0.7	0.4	0.5	0.4
	前后	1.6	1.5	1.7	1.5	2.1	1.7
	上下	0.8	0.6	0.7	0.6	0.9	0.7
托盘上面	左右	0.8	0.4	0.3	0.4	0.6	0.5
	前后	1.7	1.4	1.7	1.4	2.0	1.6
	上下	0.8	0.7	1.1	0.8	1.5	1.0
装货最上层	左右	—	—	—	—	—	—
	前后	4.5	6.0	2.4	4.3	4.5	4.3
	上下	5.9	5.3	7.0	2.9	4.4	6.0

3. 空运与海运

空运冲击主要发生在飞机起降过程中，特别是降落时，因机轮与地面相撞而产生显著的冲击。其冲击加速度大小与机种、驾驶技术、风力、载重有关，最大可达 14 g。海运中的冲击则与水域、风浪、船型、载重、气象条件有关，其冲击值相对较小。

6.3 流通环境的振动特性

振动是指质点相对其平衡位置所做的往复运动，描述振动的最基本参数是频率和加速度。影响包装件振动的因素来自运输工具种类、运输环境状况、包装结构形式、装载质量等方面。由于激励的多样性和影响因素的随机性，包装件的振动属于复合随机振动。现分别概述各种流通环境下的振动特性。

6.3.1 汽车运输振动

汽车运输振动加速度的大小与路面状况、行驶速度、车型和载质量有关。但主要因素为公路的起伏和不平度。

表6-5列出了空载汽车在三种不同路面上行驶时的加速度实测值。不同路面引起的汽车振动通过底板传递给货物，若包装结构不当，会使包装箱内产品的振动加速度增大。防震包装的目的即减弱包装件对运输环境振动的响应。

表6-5 卡车振动测试记录（空载）

路面条件	车速/（km/h）	垂直方向加速度			备注
		峰值/g	频率/Hz	基频/Hz	
沥青路面	35	0.7~1.1	2~100	$f_1=3$ $f_2=8~10$	
	40	1.6	2~100	$f_1=2~5$ $f_2=8~10$	
土路面	20	0.8~1.4	2.5~100	$f_1=2.5~3.5$ $f_2=9$	
	35	1.0~1.5	2~100	$f_1=2~5$ $f_2=8~10$	一般路面
	35	1.5~2.5	2~100	$f_1=2~5$ $f_2=8~10$	恶劣路面
公路面	35	0.7~1.4	3~100	$f_1=3$ $f_2=9$	
	40	1.5~2.0	3~100	$f_1=3$ $f_2=8~11$	

表6-6为某电子产品包装件在汽车运输时的振动加速度测量值。

表 6-6　某电子产品包装件在汽车运输时的振动加速度测量实例

单位：g

路面条件	测量部位		
	车厢底板	包装箱内	包装箱顶
沥青路面	3.342 1	6.614 3	0.562 5
红土路面	3.981 7	6.071 4	0.510 3
碎石路面	6.053 1	13.386	0.614 9

汽车运输时包装件的共振频率一般小于 25 Hz。表 6-7 为三种路面上测得的某产品包装件的共振点加速度和频率。数据表明：汽车运输发生二次共振时其基频为 8.2~8.5 Hz，二次频率范围为 17.3~18 Hz，共振时加速度增大为外界激励的 18 倍。

表 6-7　装载某产品汽车行驶时产品的共振点测量实例

路面条件	共振点			
	第一共振点		第二共振点	
	频率/Hz	加速度/g	频率/Hz	加速度/g
沥青路面	8.296 0	5.503	17.763 2	1.612 4
红土路面	8.296 0	6.789	18.056 0	2.013 6
碎石路面	8.589 8	9.212	17.372 8	2.218 2

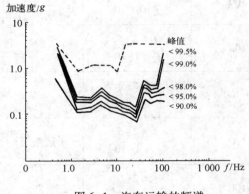

图 6-1　汽车运输的频谱

汽车运输的振动特性还可用图 6-1 所示的频谱来描述。此频谱图反映了运输过程的频率分布及其相关的加速度变化。交通部公路研究所对汽车运输的振动冲击测试结果如下。

（1）汽车运输的随机振动加速度功率谱密度以垂向（上下）为最大，横向（左右）为次，纵向（前后）最小。测得垂向最大值为 28.2 m^2/s^3，横向最大值为 23.55 m^2/s^3，纵向最大值为 12.16 m^2/s^3。

（2）汽车运输振动能量绝大部分分布在 0~200 Hz 频带内，其中能量最集中的处于 0~50 Hz 频带内。

（3）汽车运输随机振动加速度功率谱密度在 2 Hz 左右和 10 Hz 左右各有一个较大峰值。通常 2 Hz 处的峰值为全频带内最大值。采用汽车运输的包装件其固有频率应避开这两个频率值。

6.3.2　火车运输振动

火车驶过钢轨接头时车轮受到冲击，这对车辆是一种周期性激励，由此引发运行车辆的周期性强迫振动。

对 50 t 棚车运行振动的测量可知，在正常行驶、进出站、过道岔、车体摇晃、车体颤动、过钢轨接头、过桥梁等运行中，以过钢轨接头引发的振动最为强烈。

由表 6-8 可查取火车运输及汽车运输振动加速度统计值。

表 6-8 火车、汽车运输时所产生的振动

运输种类	运行情况		最大加速度/g		
			上下	左右	前后
铁路货车	运行时的振动（30~60 km/h）		0.2~0.6	0.1~0.2	0.1~0.2
	减速时的振动		0.6~1.7	0.2~1.2	0.2~0.5
汽车	一般公路 20~40 km/h	良好路面	0.4~0.7	0.1~0.2	0.1~0.2
		不良路面	1.3~2.4	0.4~1.0	0.5~1.5
	铺装公路 50~100 km/h	满 载	0.6~1.0	0.2~0.5	0.1~0.4
		空 载	1.0~1.6	0.6~1.4	0.2~0.9

火车运输的振动特性可用图 6-2 所示的频谱来描述。

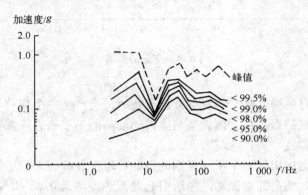

图 6-2 火车运输的频谱

6.3.3 空运与海运振动

1. 空运振动

空运时飞机的振动主要来自发动机振动，表现出单振动、高频率的特点，其振动加速度较小，且较稳定。图 6-3 为一典型飞行过程的振动强度示意图。

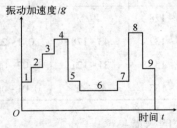

1—原地启动，发动机小功率；2—向主跑道滑行，振源为发动机和轮子；3—到达主跑道起点，开足马力；4—在主跑道上加速，功率达最大值，振源为发动机和轮子；5—离开地面，飞机爬行，振源为发动机和气流；6—到达飞行高度，平飞，振动最小；7—飞机下降，振动量增大；8—飞机着陆，制动与滑跑，达到振动最大值，振源为发动机、轮子、制动装置；9—制动停止，小马力滑行

图 6-3 空运飞行过程的振动状况

图 6-4 是螺旋桨飞机、直升机和喷气式飞机的振动频谱。由该图可知，在起飞滑行阶段，其频率通常为 15~100 Hz，在稳定飞行阶段，其频率为 100~1 000 Hz。

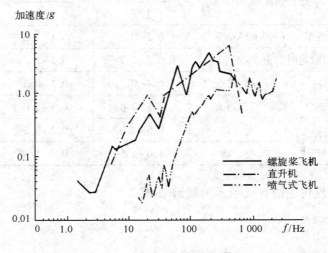

图 6-4　空运的频谱

2. 海运振动

航行中的船舶是自由弹性体，当受到外部干扰时，会产生一个或若干个调谐共振，其外部激励来自：①柴油机的振动；②螺旋桨与主传动轴系的不平衡力；③其他辅机的不平衡力及振动；④波浪的周期性冲击；⑤舵力。

一般情况下，海运中出现两个不同级别的振动：较平静海面上稳定航行时的振动；大风浪中或紧急操作航行时的高强度振动。海浪引起的低频振动为 0.03~0.2 Hz，对货物的共振影响不大。

表 6-9 给出了在货船不同部位处测得的振动数据。从表中可知，货船航行时尾甲板、前舱和后舱的左右振动加速度为最大。

表 6-9　货船振动数据

	频率/Hz			加速度/g		
	上下	左右	前后	上下	左右	前后
机　舱	17~95	35~128	49.5	0.17~8.2	0.11~3	0.03
尾甲板	21~95	30~132	43~128	0.1~2.8	0.02~2.2	0.02~0.04
前　舱	21~145	35~153	31~121	0.02~0.25	0.014~2.1	0.003~0.014
后　舱	41~207	12~153	45~48	0.01~0.74	0.01~1.7	0.006~0.007

图 6-5 为表征海运振动特性的频谱。

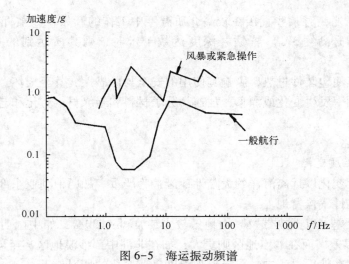

图 6-5　海运振动频谱

6.4　流通环境的气象条件

流通环境的气象条件,如水、温度、湿度、盐雾、辐射、气压等都会对包装容器及其内容物质量产生影响。

6.4.1　温度及其对产品的影响

6.4.1.1　低温

陆地上最低的环境温度出现在南极和北极。在西伯利亚的奥伊米亚康曾测得-73.0℃的低温,而在南极,苏联"东方"科学站曾记录到-88.3℃的最低气温(1960年8月24日)。在那里,年平均气温是-55.6℃;在离"东方"科学站不远处的"高原"站,年平均气温达到-56.4℃。

另外,随着海拔的升高,空气温度亦随之降低,在民用飞机飞行的高度(约12 000 m)以下及高原处,一般海拔每升高100 m气温降低0.5~0.65℃。

在国内,气象台站在黑龙江省的漠河测得的地面最低温度为-52.3℃(1959年2月13日)。有关单位也曾在黑龙江的孙吴县测得地面最低温度为-57.0℃(1959年1月3日),在新疆的富蕴县测得的地面最低温度为-54℃。我国境内,东北大小兴安岭地区的气温较低,年平均温度值在0℃以下。据统计,一月份气温出现低于-40℃的地区约占全国面积的3%,低于-30℃的地区约占全国面积的7%,低于-25℃的地区约占全国面积的25%。

低温对产品及包装件的影响是多方面的,并因产品的性能、精度和结构特点而异。如影响电子产品的触发性能,使电子设备不能正常启动;使塑料、钢铁等材料变脆,在应力不均或是受到振动应力时,即发生脆裂损坏,等等。

6.4.1.2　高温

世界上测得的最高空气温度是57.8℃,出现在利比亚的阿西西比亚。而在我国境内测得的最高空气温度为47.6℃(新疆吐鲁番,1956年)。

在户外强烈的日光照射下,产品内还会有15~20℃的附加温升,而产品的表面温度甚至可达 80~90℃。此外，对某些直接在较高介质温度中工作的产品，如柔杆钻探电机，每钻深 100 m，地温即升高约 3℃。若钻井深度达数千米时，则其所达到的高温也就可想而知了。

高温环境可能使包装件过热，影响其使用的安全与可靠性，甚至损坏。如使材料性能发生变化，设备的频率发生变化或漂移；加速高分子材料和绝缘材料劣化和老化过程，缩短产品的使用寿命等。

6.4.1.3 温度变化

1. 自然界的温度变化

自然界的温度变化以远离海洋的大陆性地区最为严重。如西伯利亚东部一些盆地，就是地球上最大的大陆性气候盆地。

昼夜最大日温差，以干热带及高山地区较大，常可达 30℃，如中国西藏的定日县，出现过 31.3℃ 的日温差，而在沙漠地区则更大，如在非洲中部沙漠地区甚至可达 40℃。

另外，包装件在使用过程中，可能出现温度迅速变化的情况如下。

（1）当包装件从温暖的室内环境中搬到寒冷的室外环境，或者是相反情况的时候。

（2）当包装件在户外受到强烈太阳辐射后，又受到突然的雨淋或是泡在冷水里突然冷却时。

（3）装在飞机上非密封舱中的包装件，在飞机迅速升高或下降时。

（4）在某些运输和储存过程中。

2. 温度变化对产品的影响

温度迅速变化对包装件的影响，除应注意温度变化的速率外，尚有温度变化的幅度、循环次数及其间的时间间隔等参数。温度变化得越迅速，其影响也越明显。当高温和低温之间的变换时间越短时，其影响也越明显。对于较小的包装件由于各部分温度易于均衡，故其所受的热应力要比大的包装件小得多。

温度变化时包装件所受的热应力的影响大致有两个方面。

（1）引起材料的膨胀或收缩，导致结构尺寸的变化而产生变形，或造成应力集中而发生开裂，如灌封胶碎裂，涂层剥落，密封体破坏等。

（2）引起封闭体内相对湿度发生变化，造成凝露、冻结或蒸发。

寒冷季节放在户外的包装件在短时间内搬入有采暖的室内时，由于温度变化剧烈，会出现凝露或结霜现象。

当户外包装件直接受太阳辐射时，其表面温度可高达 80~90℃，在突然受暴雨淋袭时，数分钟内可使其温度下降数十摄氏度。这种情况往往会加剧包装内容物的受潮和腐蚀。

6.4.2 潮湿环境及其对产品的影响

6.4.2.1 潮湿空气的定义和特征参数

由氮、氧和二氧化碳三种主要气体组成的空气中含有水蒸气时便称为潮湿空气。

潮湿空气可以用绝对湿度（AH）、水汽分压强（e）、露点（d）、相对湿度（RH）四个参数来表示它的特征。

1. 绝对湿度（AH）

通常将空气中的水汽密度称为绝对湿度。它是指单位体积的空气中所含水汽质量 $\rho(g/m^3)$。

一般绝对湿度不易测得。习惯上常用水汽分压强 e 来表示。

2. 水汽分压强（e）

大气中所含水汽的分压力称水汽分压强。在某一特定温度下，大气中所含水汽压有一极限值，这时的空气称为饱和空气。这一极限水汽压称饱和水汽压。

目前，国际标准中用 SI 单位制帕（Pa）表示水汽压强。1 Pa 等于 0.01 mbar，1 mbar 等于 0.75 mmHg。

3. 露点（d）

含有一定水汽量的空气在一定气压下降低温度，使空气中的水汽达到饱和时的温度称为露点温度。当露点温度与气温相等时，则空气相对湿度就等于 100%。因此用露点温度也可以表示空气中的湿度。

4. 相对湿度（RH）

在一定温度下空气中实际水汽分压强（e）与该温度下的饱和水汽压强值（E）的比值的百分数称为相对湿度

$$RH(\%) = (e/E) \times 100\%$$

一般用干湿球温度计测量相对湿度，干球温度反映空气实际温度，湿球是用湿纱布包裹并有持续水源湿润的温度计球体。湿球温度是在一定的气压和风速下，在空气冷却下蒸发水分带走热量，引起温度下降至一定的数值。在非饱和空气中湿球温度总比干球温度低。

6.4.2.2 潮湿的环境条件

自然气候中的潮湿条件是由地理和气候条件所决定的，一般情况下，自然界中最潮湿的地方是在湿热带地区，但是，有时往往也会受局部环境的影响。根据调查、分析和统计，在国家标准《电工电子产品　自然环境条件　太阳辐射与温度》（GB/T 4797.4—2019）中将全国分成六个气候区，每个气候区都有相应的湿度参数，其中最潮湿气候区为长江以南的湿热区和亚湿热区，它的最高绝对湿度是 29 g/m³，相对湿度在大于 95% 时最高温度为 29℃。

诱发的潮湿条件是指人类活动或工业产品生产过程中引起或造成的潮湿条件。它的严酷程度有时往往会超过自然界中的潮湿条件，例如，在坦克、坑道、帐篷、飞机密闭仓内，或化工厂、冶金厂、电镀厂、造纸厂等地方，由于通风不良局部潮湿不容易散发，相对湿度可以高达 95%~100%。而当时的温度也有可能高达 30~45℃。

6.4.2.3 潮湿环境的影响

高湿度会使霉菌迅速繁殖，破坏产品的外观和标志，会加速金属的腐蚀；有机材料吸湿后表面会发胀、变形、起泡而使其性能降低；纸制容器受湿度的影响也很大，如瓦楞纸箱的强度随相对湿度的增大而下降，如图 6-6 所示。

低湿度会使纸、皮革、塑料等材料产生干燥收缩、变形、龟裂。

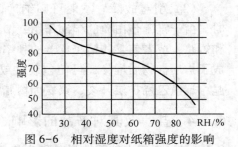

图 6-6　相对湿度对纸箱强度的影响

6.4.3　霉菌及其对产品的影响

霉菌在自然界分布极广，种类繁多，包括真菌门中的子囊菌纲、藻状菌纲和不完全菌纲等多细胞的代表种,据估计对工业材料有侵袭作用的有四万种左右。霉菌的繁殖主要依靠孢子,它体积小,质量小,很容易从子实体中分离出来传播到空气中,随同尘埃悬浮飘扬,并随着人体或物体的移动传播开来。霉菌孢子有着平整的表面,能长时间浮游在空气中,凡是空气可以流通的隙缝,霉菌孢子均可侵入,一旦遇到适宜于发育的环境,即可生长繁殖,传宗接代。

6.4.3.1 产品长霉的环境条件

霉菌的生长发育受自然界各种因素的影响,比较复杂。就包装件而论,受霉菌侵袭的环境条件概括起来为三大要素。

(1) 温度。每一种霉菌都围绕在某一特定的最适温度才能良好生长。一般情况下,青霉属的种其适宜温度是20~25℃,而近似的曲霉属却在30℃左右生长最好。这是一个极其粗略的概括,有很多例外,但对了解产品长霉的环境温度是有相当价值的。很多研究工作证实,腊叶枝孢霉能在-6℃时生长,烟曲霉能在50℃时良好生长,毛壳霉能在40~50℃时良好生长,还有一些曲霉属和青霉属的种能在37℃时旺盛生长。因此在人工长霉试验中,只能根据绝大多数霉菌的平均最适温度来确认。一般都把它划在25~30℃。

(2) 相对湿度。它是霉菌生长的必要条件。一般生长最适宜的相对湿度为85%~100%,但霉菌在相对湿度为70%时也能生长,低于65%时,除个别霉菌外,多数霉菌不再生长,孢子停止萌发。当相对湿度大于65%时,湿度增大,生长加快,所以在做长霉试验时,总是把相对湿度控制在96%以上。

(3) 营养物质。霉菌在生命活动的各个阶段,都需要吸取一定的营养物质,然而维持生长的营养物质是多方面的,实际需要的量却很少。已知碳、氮、钾、磷、硫和镁等是霉菌必需的养料。

6.4.3.2 霉菌的影响

霉菌在产品上生长,往往导致如下的不良后果。

(1) 外观恶化。这种现象可直接在产品上观察到。若与未长霉的产品相比较,明显的表征是在产品表面看到霉点、霉斑和菌丝(体)。擦去后产品表面变色、失光或出现凹痕。用光学棱镜或镜头,可明显地看到蛛丝状菌丝,若能擦去,产品表面则出现腐蚀的凹痕。总之,受到霉菌污染后的产品,不管外观恶化的程度如何,作为商品则导致价格下降,严重时将导致使用寿命缩短。

(2) 引起故障。一般可归纳为两种情况。第一种情况,当霉菌在产品表面生长繁殖时,由于霉菌蛋白质的湿润作用,增加了产品表面湿度,导致绝缘件的性能下降、局部击穿和短路,或者使某些精密仪器的频率阻抗特性改变。第二种情况,霉菌在产品表面生长,构成了扩展性物质堆集,可使包装件或保护层受到脆化、开裂和起泡等破坏作用。如塑料变脆,聚氯乙烯护层开裂,聚氨酯树脂管产生裂缝等。

6.4.4 盐雾及其对产品的影响

6.4.4.1 大气中盐雾的形成和分布

盐雾是由含盐的微细液滴所构成的弥散系统。大气中的盐雾,主要出现在海上、沿海地区及盐碱地区的空中。

大气中盐雾的出现与分布,与气候环境条件及地理位置有着密切联系。据报道,海面上的风力越大,大气中含盐量越大,例如,南海海面风力为1至3级时,含盐(NaCl)量为 6.2 mg/m³;无风时,含盐(NaCl)量为 1.0~1.65 mg/m³。内陆地区大气中含盐量受气流影响,每天11时左右气流抬升时最大,每天8时和14时出现最小值。海潮、降雨、温度、湿度等因素也影响大气中盐的含量。随着地区的不同,出现盐雾的时间也不同。如舟山地区,每天出现盐雾时间长达5.5 h,海南岛北部一年中有半年出现雾天,青岛市一年出现雾天天数为16.9天。

某研究所对沿海十大城市做过测量和调查,结果如下。

(1) 离海越远的大气中,含盐越低(见表6-10)。

表 6-10 大气中盐雾含量与距海远近关系

地点	距海距离/km	盐(NaCl)含量/(mg/m³)			观察次数
		平均	最大	最小	
广州	50	0.017 3	0.024 2	0.008 3	24
福州	25	0.113 0	—	—	2
陵水	15	0.115 0	0.275	0.036	18
汕头	8	0.335 7	0.578	0.220	135
海口	7	0.279 4	0.440	0.151	24
湛江	7	0.360 0	0.613	0.212	120
舟山	4	0.530 0	1.375	0.264	110
厦门	2	0.711 0			4

(2) 阻隔物的存在使大气中盐含量降低,如百叶窗内盐含量低于百叶窗外。又如,海南省距海边150 m、有山阻挡的地方,盐雾含量比无山阻挡的地方少一半。户外盐含量比户内的高。

大气中盐雾粒子,呈圆球形,90%以上的盐雾颗粒直径小于5 μm。离海越近大气中所含的盐雾越多。盐雾颗粒在空中下降速度,受气流及自身性质的影响。

6.4.4.2 盐雾对产品的危害及机理

众所周知,在含有盐雾的地区,产品最容易出现锈蚀。由于锈蚀,使产品的装饰性遭到破坏。当紧固零件锈蚀严重时,拆卸困难,影响产品的维修;腐蚀物能使可动元件卡死,结果无法发出该元件的指令行为;微细导线腐蚀严重时,将造成开路;晶体管管脚常因锈断而失去作用;某些排列紧密的印刷线路的腐蚀物,可以造成相近线路短路;这一切现象,都可能引起整台产品失效。

近几年来,人们对盐雾影响产品的绝缘性能越来越重视。据报道,某些绝缘体吸收盐雾以后,体积电阻下降1~4个数量级。我国用于海南海边的某军用电器绝缘体,吸收盐雾沉降液后,绝缘电阻急剧下降,以致经长时间清洗和烘干后,仍不能复用。湛江地区许多渔船上的直流电机电枢,由于盐雾的作用,使绝缘电阻普遍下降0.05 MΩ。巴拿马运河海岸使用的印刷电路板,因绝缘电阻下降而在五个月内失效。

盐雾还会改变接触电阻。某水上飞机电源触点上附着盐结晶,电阻增加,电路不通。而飞机铝板铆接件经盐雾腐蚀后，接触电阻降低。电子电器元件的触点，常常由于沉降的盐雾干燥结晶，增大该部位的阻抗，使触点压降增大。

自然界中盐雾对产品的腐蚀破坏作用，主要是由于盐雾中含有各种盐分。海洋环境中的盐雾，其组成与海水极为相似。

盐雾中含量最多的是氯化物，它几乎占总盐分的 90%。而其中含量最多的是氯化钠，占总盐分的 77.8%。氯化钠是一种强电解质，沸点为 1 413 ℃，极易吸潮，在水中完全电离。离解后成为钠离子和氯离子，离解方程式为：

$$NaCl = Na^+ + Cl^-$$

盐雾对金属和防护层的腐蚀，是由于其中含有大量的氯离子。氯离子约占离子总数的 55%，离子半径很小，具有强烈的穿透本领，容易穿透金属表面的氧化层。而金属氧化层通常是金属在大气中形成的保护膜，当氯离子穿透金属氧化层，进入内层金属时，与内层金属发生反应，引起腐蚀。同时，氯离子含有小的水合能，容易被吸附在金属表面的孔隙，裂缝、夹杂物等部位，排挤并取代氧化层中的氧，这样，不溶性的氧化层即变成可溶性的氯化物，钝化态的表面即变为活泼的表面。

在实际使用环境中，盐雾的腐蚀破坏作用与环境的温湿度有密切联系，随着温湿度的提高，腐蚀破坏能力加快（见图 6-7）。据报道，金属腐蚀有一个临界相对湿度，其数值约为 70%。当湿度低于这个数值时，盐液中的水分蒸发，浓度升高以至结晶，腐蚀减慢。而相对湿度高于 70% 时，盐发生潮解，形成电解液膜，腐蚀速率急剧上升。

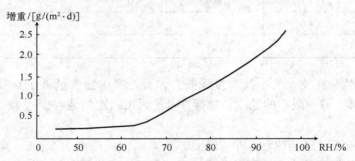

图 6-7　含盐 1.0%（以氯计）的大气中相对湿度对铝的腐蚀影响

6.4.5　太阳辐射及其对产品的影响

6.4.5.1　太阳辐射

太阳辐射是太阳以电磁波形式传到地球上的一种能量。常用的测量单位为 1 W/m² = 0.092 9 W/ft² = 0.001 428 cal/（cm²·min）。

从太阳表面辐射出的能量，其中有二十亿分之一到达地球大气外层。在大气外层的太阳辐射能量用"太阳常数"来表示，即当太阳到地球的距离等于地球轨道的平均半径时，在大气外层垂直于太阳光线平面上的太阳辐射强度来表示。

1956 年的一次国际会议上决定，全世界一律采用的太阳常数值为 1.33 kW/m²。

太阳辐射能在通过大气层时，由于大气中含有水汽、二氧化碳、臭氧、灰尘等物质，故到达地球表面的太阳辐射能仅为大气外层的一部分。

地球表面各地区由于所处的地理位置（纬度、海拔高度和气候状况）不相同，各地区地表所得到的太阳辐射及其光谱能量分布也不相同。

不同季节内，由于太阳高度角的不同，以及空气中所含水汽量的不同（即干燥或潮湿），不同纬度地区，所得到的太阳辐射光谱能量也不相同。

紫外光谱和可见光谱的能量随太阳高度角的减小而减弱，而红外光谱的能量则增加。

表6-11列出我国几个地区在不同季节实际测得的各光谱能量分布情况。其中上海地区为低海拔的工业区，空气中含尘量大，测试时间又在冬季，即太阳高度角较小时，所以紫外光谱能量较少，红外光谱能量较多。

表6-11 几个地区的实测光谱分布情况

地点	海拔/m	北纬	测试日期	紫外光谱/%	可见光谱/%	红外光谱/%
拉萨	3 658	29°42′	1976年8月 1975年7月	4.4 3.6	42.2 44.4	53.4 52.6
104道班	4 871.4	33°11′	1976年8月	4.3	39.6	56.1
格尔木	2 808	36°45′	1977年11月	3.5	36.9	59.6
西宁	2 261	37°11′	1977年3月	2.5	36.1	61.4
上海	4.5	31°10′	1977年1月	1.8	35.1	63.8

从表6-11中看出紫外光谱的百分率随海拔高度的增加而增加。在高海拔地区，由于太阳辐射经过大气的路程较短，空气稀薄且所含的杂质少，所以高海拔地区的地表面所得到的太阳辐射能量及紫外光谱能量要比低海拔地区的高。在湿热地区，由于空气中水汽较多，太阳辐射强度最大值小于干热地区。

6.4.5.2 太阳辐射对产品的影响举例

短波段的紫外光谱（波长 0.28~0.4 μm），虽然能量最大值只占太阳辐射能量的5%左右，平均值为3%左右，但它对塑料、橡胶、涂料等高分子材料的破坏作用是相当严重的。当太阳辐射与温度、湿度等气候因素组合时，它的破坏作用更为明显。据统计，全部的高分子材料约有1/4是在户外使用时损坏的。最易出现的损坏是变形、变色、失去光泽、粉化、开裂等表面损坏。同时，其内在的机械性能和电气性能也会随之降低，从而使材料的使用价值降低，甚至报废。

在海南某地区进行户外天然曝晒试验的常用工程塑料，经过半年曝晒后，乳白色的203A型改性聚苯乙烯试验样品变为黄色，抗冲击强度降低了78%，抗张强度降低了31%，抗弯强度降低了33.3%。淡黄色透明的聚碳酸酯，经过半年曝晒后，颜色变黄，且稍变形，抗冲击强度降低了96%，抗张强度降低了36%。

6.4.6 低气压及其对产品的影响

6.4.6.1 自然环境条件

大气压力是大气层主要参数之一。在地球引力作用下，空气依附在地球周围，形成大气层。大气层从地面一直延伸到数百公里高空。按温度的特点，大气层可分为对流层、平流层、中间层、暖层和散逸层五层。一般情况下，地面产品及航空产品仅在30 km以下使用，也就是说，仅在对流层、平流层及靠近平流层的部分中间层中使用。

地球的引力使空气具有一定的重量。某高度上的大气压是该点以上垂直于地面的单位面积上整个空气柱的重量。大气压是各向同性的。即在某一点上，不管在哪个方向测量，大气压总是相同的。在同一纬度同一高度上的大气压总是相同的。某一高度上的大气压随纬度改变而发生变化。一般情况，在同一位势高度上，赤道附近的大气压要比南北极大气压大，也就是说，随着纬度增加，同一位势米上的大气压降低。这是由于纬度越低，地球旋转产生的离心力越大，气温较高。在赤道附近，地球离心力大并且气温相对较高，于是赤道附近上空的大气层相对要厚些。反之，在南北极，地球离心力小，气温相对较低，因而南北极上空的大气层要薄一些。大气层厚度增加，使大气压随高度的变化变得平缓，于是在相同高度上的大气压要高。同理，由于夏天太阳入射角要比冬天太阳入射角大，夏天大气层温度要比冬天的大气层温度高，故同一地点在冬天的大气压要比夏天的大气压高。综上所述，较严酷的大气压条件发生在冬季高纬度地区。从我国情况来看，根据我国104个气象台站10年的统计资料，我国最严酷的大气压条件是在1月份发生在海拉尔地区。

大气压主要取决于海拔高度。随着海拔高度增加，大气压逐渐降低，大气逐渐变得稀薄。高度接近5.5 km处时，大气压降低到大约为海平面标准大气压的一半；高度接近16 km处的大气压为标准海平面值的1/10；在接近31 km处的大气压为标准海平面值的1/100。地球表面有相当大的地区地势较高。我国约有50%的面积高于1 000 m。约有25%的面积高于2 000 m。地势较高的地区的气压较沿海地区的气压要低。对于航空产品，由于飞机最低也要飞几千米高，一般高度在万米及万米以上，最高可达30 km，故飞机设备将承受更低的气压作用。气压的降低势必对高原地区使用的产品及设备产生影响。

6.4.6.2　产品受低气压环境应力的影响

许多产品的试验报告及实地考察都反映了气压降低对性能的影响。气压降低对产品的直接影响主要是气压变化产生的压差作用。这对于密封产品的外壳会产生一个压力，在这个压力作用下会使密封破坏。然而气压降低的主要作用还在于因气压降低伴随着大气密度的降低及空气的平均自由程度增大，由此会使产品的性能受到很大的影响。

低气压对密封产品的影响主要是由于大气压的变化形成压差。压差引起一个从高压指向低压的力。在该力的作用下，将发生气体的流动试图来平衡该力。对于密封产品，其外壳将承受此力。一般产品均是在地面上生产并密封，通常大多数产品生产于沿海地区。密封时产品内部压力一般与当地大气压力平衡（抽真空的产品除外）。当该种产品在高原或高空使用时，由于大气压力降低，产品外壳和密封体将受到一个向外胀的力，此力可以使外壳变形、密封件破裂，造成产品失效。

对于航空产品则面临更大危险。因飞机升降速度很快，航空产品承受着气压突然升降产生的冲击力，由于频繁的升降，该力将频繁地作用于产品上，产品将更易受损。

低气压对挥发性物质的影响表现在压力的降低会使液体的沸点降低。对于那些在正常海平面条件下有较高饱和蒸气压的液体，低气压促使其蒸发甚至发生沸腾。现代飞机油箱中的燃油蒸发损失是很高的，特别是当增压系统不能防止液体沸腾时更是如此。例如，在美国飞机中存在燃油从油箱通风孔溢出的情况。在燃油温度为43℃时进行试验，燃油损失达到油箱整个燃油体积的66%~75%。在高度为18.3 km处汽油初始温度为5℃时油箱中汽油损失1%~10%，初始温度为27℃时损失6%~19%。

对于润滑油或润滑脂也有类似的情况。液体中的分子在获得一定能量后会脱离液体表面进入周围空气中。这些分子在大气中将与空气分子相撞,有一部分将撞回液体表面而被液体束缚住,直至它重新获得能量再次脱离液体表面进入空气中。这个蒸发过程是一个动态平衡过程。当大气压降低,空气密度下降,进入空气中的液体挥发的分子与空气分子相碰的概率降低,被撞回到液体表面上的可能性也大大下降,因而液体挥发速度在低气压条件下大大增加。润滑油或脂的加速挥发,会造成活动部件摩擦加剧,使活动部件表面加快磨蚀。

有机材料中的增塑剂也会因气压降低而加速挥发。增塑剂的挥发促使有机材料老化,使其机械性能或电气性能发生变化。这将影响产品的性能。

这些挥发物的挥发也会污染产品周围其他物件,导致这些物件受腐蚀甚至损坏。

本章小结

只有对商品流通中各种不利因素作正确深入的分析归纳,才能得到对商品包装的具体要求。流通的基本环节包括:装卸搬运环节、运输环节和储存环节。冲击和振动是在装卸搬运环节和运输环节中普遍存在的外部因素,对商品的损坏非常大。要求学生掌握流通环境的冲击特性和振动特性。

流通环境的气象条件对包装容器及产品质量的影响也非常大,主要包括:水、温度、湿度、盐雾、辐射、气压等。分析各种环境因素对产品的影响,寻求合理的解决方案,对于商品包装具有重要意义。

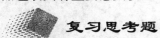

复习思考题

一、基本概念

流通环境　冲击特性　振动特性

二、判断正误题

1. 电子产品应考虑环境静电场对其性能的影响。　　　　　　　　　　　　(　　)
2. 仓库的建筑结构型式对储存环境中温度、湿度、气压等因素影响不大。　(　　)
3. 火车运行时,车轮滚过钢轨接头时不会产生冲击。　　　　　　　　　　(　　)
4. 低温会使塑料、钢铁等材料变脆,在应力不均匀或是受到振动应力时,即发生脆裂损坏。　　　　　　　　　　　　　　　　　　　　　　　　　　　　　　(　　)
5. 瓦楞纸箱的强度随相对湿度的增大而增大。　　　　　　　　　　　　　(　　)
6. 有机材料中的增塑剂会因气压降低而减缓挥发。　　　　　　　　　　　(　　)

三、问题与思考

1. 流通过程包括哪些环节？各环节对包装件有何影响？
2. 简述冲击的产生及其对包装件的危害。
3. 简述不同流通环境下的振动特性。
4. 温度和湿度对包装件有何影响？
5. 简述盐雾对金属等产品腐蚀的机理。
6. 太阳辐射对塑料等高分子材料有何影响？

第7章 包装材料与容器

包装容器是储运货物的载体,包装的盛装、保护、识别等功能是通过运输包装容器来实现的,而包装容器是由各种包装材料制成的。因此储运工作者必须了解和掌握包装材料与包装容器的性能,以及如何选用包装材料和包装容器。

7.1 概述

包装材料有纸和纸板、木材、塑料、金属、复合材料、玻璃陶瓷及其他材料。

7.1.1 包装材料的性能

包装材料与包装质量密切相关的性能主要有包装材料的物理性能、化学性能、力学性能和加工工艺性能。

7.1.1.1 包装材料的物理性能

包装材料的物理性能,是指包装材料在外界环境条件作用下,只发生物理形态的变化而不改变材料本身性能。主要有包装材料的密度、比重、吸湿性、隔阻性、导热性、耐热性、隔热性及冷脆性等性能。

7.1.1.2 包装材料的化学性能

包装材料的化学性能主要是指包装材料在外界环境条件作用下的化学稳定性。包装材料在储运过程中要经受日光中的紫外线照射,空气中的氧气及温湿度的影响,酸、碱、盐等物质的侵蚀和各种化学反应。包装材料的化学稳定性主要体现在材料的抗老化性、抗腐蚀性等性能上。

7.1.1.3 包装材料的力学性能

包装材料的力学性能,主要是指弹性、塑性、强度、韧性和脆性等性能,不同的包装容器对包装材料的力学性能要求不同。如对于缓冲防震包装来说,包装材料的弹性越好,保护内装物的效果就越佳;软包装则要求包装材料具有良好的塑性;包装堆码时,要求包装材料抗压强度高;包装起吊时,要求包装材料抗拉强度大;搬运过程中要求包装材料有一定的抗弯曲性、抗磨性、抗穿性等强度和硬度。所以,了解包装材料的力学性能,对于合理选择包装材料、包装结构和实现包装的防护功能,都具有重要的意义。

7.1.1.4 包装材料的加工工艺性能

包装材料的加工工艺性能是指包装材料在加工、使用过程中便于组装和成型,其中包括切削性、钉着性、可塑性、可锻性、可焊性、可黏性、可缝性以及可涂敷、印刷性等。

包装材料的切削性是指金属包装材料被刀具切削加工后成为合格包装件的难易程度。钉着性是指便于对木材钉钉进行组合包装。可塑性是指对塑料进行软化后,通过挤、压、吹、拉等工艺塑制成所需包装容器的性能。可锻性和可焊性主要是指金属包装材料的冷热加工和接头焊接等工艺性能。可黏性和可缝性主要是指对各种纤维材料通过黏合、缝合而形成包装容器的工艺性能。可涂性和印刷性是指便于对包装容器表面进行涂料、油墨等附着力的工艺性能,涂料可增强包装容器的防护性和外观性,而印刷性是为了包装装潢的美观和宣传效能的工艺手段。

7.1.2 包装材料的选用

选用包装材料时要充分考虑包装的流通环境条件,包装的有效期限和包装的类别及内装物的价值等因素,从而合理使用各种不同的包装材料,制作各种不同需要的包装容器是防护内装物完好的基础。

7.1.2.1 包装材料要适应流通环境条件

流通环境条件是选用包装材料最重要的影响因素,流通环境条件包括气候条件、运输方式、运输距离和装卸作业条件等。

气候条件的重要因素是各地温湿度的差异。高温多雨的热带地区与温带地区相比温差达 15~20℃,湿度相差 30%~40%,寒带地区与温带地区相比,冬季的温差达 30℃ 以上。我国南北地跨热带、温带和寒带地区,气候的温湿度变化很大,因此,所选用的包装材料针对不同的地区,要适应耐热、耐湿和耐寒性的需要。

运输方式包括铁路、公路、内河、海洋和航空运输,不同的运输方式具有不同的运输条件,发生振动冲击的条件也不尽相同。陆上运输由于路况条件引起振动,水上运输由于海浪引起振动、摇摆,航空运输由于气流引起振动等。

总之,运输方式、各种影响因素和差异是选用包装材料的重要依据。

7.1.2.2 包装材料要保证内装物在有效期限内的质量

现代化大批量生产的商品都规定有效期限,特别是食品、医药品更需要严格的有效期限。据统计,商品的有效期与流通期的比为 2∶1,也就是说商品有效期的一半时间消耗在流通过程中,因此,所选用的包装材料不仅要考虑气候条件、运输方式,还要充分考虑该地区的生物条件,如鼠害、虫害等因素,应选用具有阻隔性、高强度及具有防霉保鲜作用的包装材料来保证内装物的有效期限。

7.1.2.3 包装材料应适应包装容器的不同类别

包装容器有个体包装、内包装和外包装之分,不同的包装容器对内装物的保护作用不同,通过包装材料的选用,可以充分发挥不同包装容器各自的功能。

个体包装是直接与内装物相接触的包装,所以个体包装所使用的包装材料具有直接保护内装物质量的作用,绝不能用与内装物起化学反应的包装材料。常用的包装材料有纸、铝箔、锡箔、薄膜塑料、布料、复合材料等软包装材料。

内包装是介于个体包装与外包装之间的中间包装,该包装具有装潢与缓冲的双重功能,一般用各种加工纸板等材料，要求适于装潢印刷，表面光泽好，易于加工、填装和封缄等。

外包装是内装物最外层的包装，通常称为运输包装，承受运储过程中发生的振动、冲击、静压力、动载荷等外力，并防止包装被穿戳、撕裂、磨损。

7.1.2.4　包装材料应与内装物的价值相适应

内装物的价值高低有极大的差异，通常以运输包装为载体可把所装运的内装物分为高档、中档和低档三种档次来选用包装材料。

高档次的内装物包括精密仪器、仪表、电气设施、照相器材等，要选用性能良好的高档包装材料，强调包装容器的防护功能，确保其在流通中的安全，包装成本则是次要的。例如，高档化妆品是高档次的消费品，包装容器力求高雅豪华，满足消费者的心理需求，不必计较包装成本。

中档次的内装物主要是指日常用品、医药品等，要选用适中的包装材料，既要保证内装物在流通过程中的质量完好和数量完整，也要考虑包装成本不要过高，不增加消费者的经济负担。

低档次的内装物主要是指卫生设施、建筑材料、农副产品等。选用包装材料时在注重包装容器牢固的同时要考虑包装成本费用的降低。

7.1.2.5　出口包装要充分考虑国情和民俗

不同的国家和地区，由于民族生活习惯、宗教信仰的不同，对于包装装潢的图案、色彩的要求有很大的不同，例如，欧洲的意大利人热爱红、绿色和十字架图案而讳忌紫色和菊花图案；瑞士人热爱红、黄、蓝等颜色和月季图案，讳忌黑色和猫头鹰图案；中东和伊斯兰国家热爱绿、蓝、白等颜色而讳忌紫色、黄色和熊猫、六角形和女人图案；南亚的巴基斯坦人热爱绿色、讳忌黄色；印度人则热爱绿、橙、黄色而讳忌黑色、白色和牛、佛像图案。我国的《中华人民共和国商标法》对商品包装有明确的规定，在具体实施时应慎重考虑。

7.2　包装材料及应用

7.2.1　纸质包装材料

纸由于具有原料充足、价格低廉、易于成型、折叠性能好、缓冲性能良好、印刷性能优良、环保等优点，在包装材料中占有重要的地位，据一些工业发达国家统计，纸质包装在包装材料中占 40%～50%，我国纸包装的产值约占 40%。

7.2.1.1　包装用纸

1. 包装用纸的分类

纸和纸板是按定量和厚度来区分的。定量是指纸的单位面积质量，通常以每平方米的克重来表示。凡是定量在 200 g/m^2 和厚度在 0.1 mm 以下者通称为纸；定量在 200 g/m^2 和厚度在 0.1 mm 以上的则称为纸板。

纸可分为一般包装纸、特殊包装纸和包装装潢纸。一般包装纸有牛皮纸、纸袋纸、包装包裹纸等。特殊包装纸有邮封纸、鸡皮纸、羊皮纸、上蜡纸、透明纸、半透明玻璃纸、沥青纸、油纸、耐酸纸、抗碱纸、防水带胶纸、接触防锈纸、气相防锈纸等。包装装潢纸有书写纸、胶版纸、铜版纸、压花纸、肋纹纸、表涂层纸等。

纸板可分为纸板和瓦楞纸两类。纸板有箱纸板、黄纸板、白纸板等。瓦楞纸有瓦楞原纸和瓦楞纸板。

2. 包装用纸的主要性能

（1）外观性能。外观性能即外观质量，主要是指存在的尘埃、孔洞、针眼、透明度、皱褶、折筋、网印、斑点、浆疙瘩、裂口、卷边、色泽不一等肉眼能观察到的各种缺陷。

（2）物理机械性能。物理机械性能是指包装用纸的物理机械强度，是保证质量的重要性能，可分为静态强度和动态强度两种。

静态强度是指在静止或缓慢受力条件下测定的包装用纸的强度，包括抗张强度、耐破度、耐折度和撕裂度等。动态强度是指包装用纸受力后瞬时扩张而破裂的强度，包括破裂强度、戳穿强度、抗压强度等。

（3）化学性能。包装用纸的化学性能主要是指其化学成分、水分和灰分的含量，各种添加剂的含量、酸价、黏度和 pH 值等性能。这些性能取决于纤维原料的品类，非纤维物质添加数量、种类，以及蒸煮、漂白的方法和程度等。如防锈纸不能含游离酸、氯和碱性物质；食品包装纸不能含有毒物质，pH 值要适当，填料含量要适宜等，这些性能是对特殊包装用纸的要求。含水量是包装用纸的通用性能，当含水量高于 12% 时，会发生纸质松软、变色甚至霉变；当含水量低于 9% 时，纸容易发脆、干裂、翘曲，机械强度降低，易破裂。

（4）表面和适印性能。表面性能包括平滑度、粗糙度、抗磨性、黏合性和瓦楞性能等，这些都对包装的实施有重要影响，需要采用专用仪器测定。

适印性能包括吸墨性、印刷平滑性、表面均一性、可压缩性、抗水性、尺寸稳定性、表面强度及不透明度等。这些性能对印刷装潢、图案、字迹和标志的质量都有重要影响。

7.2.1.2 瓦楞纸板

瓦楞纸板是目前世界上最常用的一种包装纸板，具有良好的抗压强度和缓冲防震性能，而且能节省原材料。瓦楞纸板是由面层纸板、里层纸板和瓦楞芯纸黏合而成的复合结构纸板。面层和里层采用箱纸板，其作用是直接承受压力和振动力，增强瓦楞纸板的强度。芯纸使瓦楞纸板具有 60%~70% 的空隙，隔开面层与里层纸板，以增加瓦楞纸板的厚度，减轻重量，而且增强纸幅横向的耐压强度，使瓦楞纸极具有减振缓冲的作用。

1. 瓦楞芯纸的种类

瓦楞纸板的抗压强度与芯纸的瓦楞形状有直接关系。芯纸的楞形状是由两个圆弧及其相连接的直线构成的；楞形的区别是由圆弧半径不同所决定的，半径小的称 V 型芯纸，半径大的称 U 型芯纸，兼有两者的则称 UV 型芯纸，其形状如图 7-1 所示。

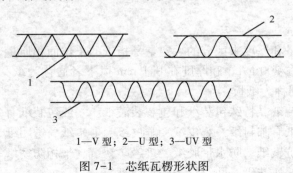

1—V 型；2—U 型；3—UV 型

图 7-1　芯纸瓦楞形状图

比较楞形芯纸，V型楞形芯纸的挺力好，但超过一定压力后易破坏，还原能力差，芯纸的黏合剂用量少，黏着力差。U型楞形芯纸的弹性和缓冲性能好，黏合性好，但抗压强度小，施压过重就不能恢复原形。UV型楞形芯纸兼有V型和U型两种芯纸的优点，抗压强度大，减振缓冲性能好，因此常被采用。

2. 瓦楞纸板的种类

瓦楞纸板按其结构可分为单面单瓦楞纸板、双面单瓦楞纸板、双面双瓦楞纸板和双面三瓦楞纸板四种。

（1）单面单瓦楞纸板是指由一层箱板纸和一层瓦楞芯纸黏合而成的两层瓦楞纸板，一般用于包装衬垫。如图7-2（a）所示。

（2）双面单瓦楞纸板是由面、里两层箱板纸中间夹一层瓦楞芯纸黏合而成的三层瓦楞纸板。一般用于制作中小型纸箱和内包装纸盒等。如图7-2（b）所示。

（3）双面双瓦楞纸板是由面、里、芯三层箱板纸中间夹两层瓦楞芯纸黏合而成的五层瓦楞纸板。作为运输包装的瓦楞纸箱常采用这种瓦楞纸板制成，使用极为广泛。如图7-2（c）所示。

（4）双面三瓦楞纸板是由面、里、芯四层箱板纸中间夹三层瓦楞芯纸黏合而成的七层瓦楞纸板，常用于制作大型或负载较重的运输包装纸箱。如图7-2（d）所示。

黏合瓦楞纸芯与箱板纸的黏合剂有淀粉和聚乙烯醇等。淀粉黏合剂和聚乙烯醇的黏合性能好，特别是聚乙烯醇黏合瓦楞纸板后，瓦楞纸板平整、挺直，黏合牢固，经久不变形，但成本较高。

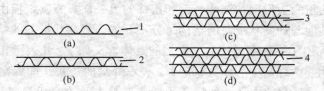

1—两层纸板；2—三层纸板；3—五层纸板；4—七层纸板

图7-2 瓦楞纸板结构图

3. 瓦楞纸板的型号

瓦楞纸板根据瓦楞芯纸每米长度内的瓦楞数和瓦楞高度而分为A型、B型、C型和E型四种型号，其技术参数见表7-1。

表7-1 瓦楞纸板型号技术参数

型号	每米长瓦楞数	瓦楞高度/mm	瓦楞长度/mm	瓦楞纸板厚度/mm	收缩系数
A型	120±10	4.5~5.0	8.0	5.55	1.58
B型	170±11	2.5~3.0	6.1	3.17	1.38
C型	140±10	3.5~4.0	7.4	3.96	1.50
E型	320±13	1.1~1.4	3.2	1.98	1.30

注：收缩系数是指在单位长度的瓦楞纸板内所容纳瓦楞芯纸的长度。

4. 瓦楞纸板机械性能比较

不同型号的瓦楞纸板，试验表明其机械性能优劣不同，见表 7-2。从表中机械性能比较来看，A 型和 C 型瓦楞纸板适用于需要耐压强度大和缓冲性能好的运输包装，B 型瓦楞纸板适用于耐压强度不高的运输包装，而 E 型瓦楞纸板仅适用于制作小型纸盒。

表 7-2 瓦楞纸板机械性能比较表

型号	耐压强度	端压强度	平压强度	缓冲性能
A 型	最优	最劣	最劣	最大
B 型	较劣	较优	较优	较小
C 型	较优	较劣	较劣	较大
E 型	最劣	最优	最优	最小

7.2.1.3 蜂窝纸板

1. 结构构造

蜂窝纸板一般是指以特制的植物纤维原纸为基材，经特殊的制作工艺加工而成的特种包装材料。近年来由军用转为民用。它一般由两层面纸板与中间蜂窝状纸芯通过胶黏剂黏合而成，具有轻质高强度的特征。

组成蜂窝纸板结构的重要部分——蜂窝状纸芯，一般由特制的蜂窝原纸首先切成一定规格的纸条，然后通过胶接、拉伸成型、固定等加工工艺而制成。从蜂窝状纸芯的横截面上看，它是一幅连续的正六边形网状结构，就如蜜蜂的巢一样，蜂窝纸板由此命名。应该说蜂窝纸板的许多应用性能与蜂窝状纸芯的结构是分不开的。蜂窝状纸芯的结构如图 7-3 所示。

在图 7-3 中，标出了一些字母代号，它们的具体含义如下：a 表示相邻两个蜂窝的孔间距，即拉伸方向上相邻两蜂窝中心距（mm）；c 表示蜂窝的边长，即蜂窝状纸芯的正六边形的边长（mm）；d 表示蜂窝的内径，即蜂窝状纸芯正六边形的内切圆直径（mm）；t 表示蜂窝状纸芯的高度（mm）。

通常将蜂窝结构中的蜂窝孔间距 a 与蜂窝正六边形的内切圆直径 d 的比值 i 称为孔径比，即 $i=a/d$。蜂窝结构孔径比的大小说明了在蜂窝结构成型时的成型好坏。例如，当拉伸得当时，$i=1$，此时为蜂窝成型的理想状态；当拉伸过分时，$i>1$；而当拉伸不足时，$i<1$。

蜂窝纸板属于一种轻型的夹层结构，这种特殊结构的出现也为诸多其他材料制作产品的轻型化和性能最优化打下了良好的基础。图 7-4 是一种典型的蜂窝纸板的结构示意图。

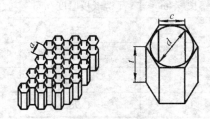

图 7-3 蜂窝纸板纸芯的结构示意图

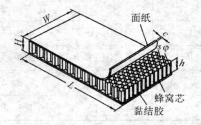

图 7-4 蜂窝纸板的结构示意图

如图 7-4 所示，蜂窝纸板的厚度 H 一般为 7~9 mm，宽度 W 最大为 120 mm，长度 L 可连续不断。蜂窝纸板的面纸一般采用定量不小于 120 g/m² 的特制面板纸或牛皮箱板纸或其他高强度箱板纸;蜂窝状芯纸可采用特制的定量不小于 120 g/m² 的原纸或较高强度性能的牛皮纸。蜂窝纸板的面纸厚度 c、蜂窝状芯纸的厚度 s、蜂窝芯柱的高度 h 和芯柱孔的内径 φ,都可以根据纸板的最终用途而决定。一般来讲,面纸厚度越厚,蜂窝芯柱孔径越小,蜂窝芯柱越高,则蜂窝芯纸越重,蜂窝纸板的性能越好。蜂窝纸板的独特结构设计,使其平面载重可达到很高的水平。

2. 基本性能

理论研究与生产实践表明:蜂窝纸板具有强度高、弹性大的特点,同时,它的抗压、防震、防潮、隔热性能都很突出,尤其是其可回收利用的无污染环保特性,使其具有很强的生命力。蜂窝纸板的主要特性可叙述如下。

(1) 强度性能好。蜂窝状纸芯因其独特的力学结构,使其具有较高的抗压、抗折性能及较高的刚度性能。试验证明,把纸做成蜂窝状,其立面抗压强度是其他方位的 100 倍,1 g 的蜂窝纸板能承受 800 g 的压力而不会变形。10 mm 厚的蜂窝纸板的抗压强度可达到 5~18.9 t/m²,是五层瓦楞纸板的 20~75.6 倍,其抗折挠度是五层瓦楞纸板横向的 2 倍、纵向的 59.3 倍。

(2) 承载能力大。由于蜂窝纸板良好的强度性能,用这种纸板制成的纸箱可以承载较大质量的物体。经试验测试发现,10 mm 厚的蜂窝状纸芯复合板可承重 0.5~3 t/m²,它是五层瓦楞纸板的 2~10 倍,且可以替代实木板使用。包装重物的范围从几千克到几吨之间,如果外面是复合纤维板、三合板时,其载重量甚至可达到十几吨。

(3) 强度质量比大。由于在蜂窝纸板的结构中蜂窝状纸芯的存在,使蜂窝纸板的质量大为减轻,一般来说,较用金属材料、原木材料、瓦楞纸板等制成的产品的质量轻,所以也非常有利于商品的运输。尤其在采用航空运输时,对质量的限制可能更苛刻一些,所以蜂窝纸板的使用为商品的流通带来了极大的方便。同时,蜂窝纸板呈现出较大的强度质量比,可以说质量轻而强度性能好是蜂窝纸板成功的关键。纸蜂窝产品的密度可以小到 0.024 g/cm³,比水还轻 40 多倍。因蜂窝纸板特殊的结构特性,使它在制造过程中的原纸用量约为同样面积、同样厚度实板材的 3%~6%,要比瓦楞纸板的原纸用量节省许多,这为降低原料成本和减轻蜂窝纸板箱体的质量创造了条件。

(4) 缓冲性能优良。独特的蜂窝夹芯结构提供了优异的缓冲性能,使其在众多的缓冲材料(如瓦楞芯纸、泡沫塑料等)中具有更高的单位体积能量吸收值,因而能够有效地抵抗外来冲击而起到很好的缓冲作用。只要将纸板的厚度加大,就可以吸收极大的冲击能量。同时,它与其他结构材料有很好的相容性,因此非常适合用作缓冲衬垫材料。

(5) 组织结构呈多相性。蜂窝纸板可以说由固、液、气三相组成。固相成分主要包括植物纤维、胶料、填料及染料等,是产生蜂窝纸板的力学性能的主要因素。液相成分主要是其中的含水量,而气相成分主要是指其中所包含的空气,这两者的存在使得蜂窝纸板的力学性质更为复杂多变。由于蜂窝纸板的芯纸结构内充满空气,因此,蜂窝纸板具有很好的隔音和保温性能。

(6) 可加工性好。由于构成蜂窝纸板的主要材料一般是植物纤维,使得蜂窝纸板易于切割、钻孔,可以根据需要加工成多种所需的形状和尺寸。

(7) 制造成本适宜。由于蜂窝纸板比瓦楞纸板用纸量少,蜂窝状芯纸及面纸板原纸也可以采用回收废纸、草类浆等为原料进行生产。其原料资源十分丰富，从而为蜂窝纸板的制造成本保持在较低的水平创造了条件。另外，由于制造过程中的原纸消耗量较小，因而综合制造成本一般不会太高。只要采用适宜的加工工艺，当生产规模达到一定程度后，就可以将其制造成本控制在合理的范围内。

（8）环保性能好。作为一种新型的包装材料，蜂窝纸板及其制品在用于包装商品时，可全部替代包括聚苯乙烯泡沫塑料缓冲材料在内的环境非友好型包装材料，同时蜂窝纸板可以全部采用能够自然降解的植物纤维材料加工而成，因此不会产生所谓"白色"工业污染物，且完全可以实现回收再生，是一种典型的绿色包装材料，所以它的应用前景应该比泡沫塑料等材料更加广阔。

就蜂窝纸板及其制品在包装中的实际应用情况来看，其应用范围主要体现在以下几个方面。

①用来制造包装产品以替代出口商品的木制箱、木制托盘等。

②可作为缓冲、隔板和衬垫材料，如运输包装或托盘包装单元的垫层、夹层、挡板及直接成型的缓冲结构件等。

③可用来制造储运使用的一次性周转托盘等。

④用以制作角撑与护棱，以对物品起到保护作用。

7.2.2 塑料包装材料

塑料是一种可塑性高分子材料，是近代发展起来的一种新型材料，由于塑料具有质量轻、耐腐蚀、机械性能好，易于加工、易着色和美观等特点，所以，广泛用于各类产品的包装。塑料制成的各种包装容器已逐步取代金属包装容器和玻璃、陶瓷包装容器。

塑料的主要成分是树脂，可根据不同包装材料的需要加入各种添加剂，如填料、增塑剂、着色剂、润滑剂、防老化剂、固化剂及抗静电剂等。树脂有天然树脂和合成树脂，天然树脂是从树木中分泌出来的脂质，受自然条件的限制。合成树脂是利用化学方法，从煤、石油和天然气中取得乙烯、丙烯等单体低分子化合物，再经合成而制得高分子化合物；由于其分子量特别大，故又称为高聚化物，在一定的温度和压力下可塑制成各种塑料包装容器和型材。由于在常温常压下，能保持形态固定不变，因此，通常在未成型前称之为合成树脂，而成型后称之为塑料。

目前，在世界上塑料包装材料的发展有三大趋势，即塑料制品向薄壁化、轻量化和大型化方向发展；塑料包装材料向共聚化、复合化和多功能化方向发展；塑料包装材料生产向高速化、自动化和无污染化方向发展。

7.2.2.1 塑料的分类、命名、代号和性能

1. 塑料的分类

塑料的种类很多，按性质可分为热塑性塑料和热固性塑料两种。

塑料加工时，原料受热后逐步变软而熔融，借助压力作用即可制成一定形状的塑料制品。有些塑料受热熔融时，冷却后硬固，再次加热又可软化熔融重新塑制。这一过程可以反复进行多次，其化学结构基本上不起变化，这类塑料称为热塑性塑料，如聚乙烯、聚丙烯、聚氯乙烯、聚苯乙烯、聚酰胺等。

还有一类塑料，在一定温度下，能变成黏流状态，经过一定时间加热塑制成型后，不能

再度加热而软化熔融,因其化学反应的结果,变为不熔的固态,因此只能塑制一次,不能反复塑制。这类塑料称为热固性塑料,如酚醛塑料、环氧树脂、聚氨基甲酸酯等。热固性塑料的质地一般坚硬而发脆,所以往往制成多组分的塑料,例如,加入适量的层片状填料制成层压塑料,以提高其强度。用玻璃丝、布增强的层压塑料,其强度可与金属媲美,其耐温性能、尺寸稳定性能均好。

2. 塑料的性能

各种塑料都具有不同的独特性能,但都具有高聚物的共同性能,作为包装材料的塑料,其性能主要如下。

(1) 物理机械性能好。包装用塑料其质量较轻,其密度大多数在 $1\sim1.4 \text{ g/cm}^3$ 之间。

塑料的机械性能,包括抗拉强度、抗压强度、抗弯曲强度、抗冲击强度等取决于塑料的聚合度、结晶度和内聚力等因素。塑料的聚合度、结晶度和内聚力越大,则其机械强度越大。在其他条件相同的情况下,当塑料晶体的品格与应力方向完全平衡时,这种取向结构的聚合物具有更高的机械强度。聚合物内部由于没有电子和离子,所以塑料无导电能力,是优良的绝缘体。

(2) 阻隔性能好。塑料的阻隔性包括对气体和水蒸气的阻隔性,不同的产品对包装的阻隔性有不同的要求,表7-3为实测得出的部分塑料的阻隔性能。

表7-3 部分塑料阻隔性能表

塑料名称	氧气/$[\text{cm}^3 \cdot \text{mm}/(\text{m}^3 \cdot \text{d} \cdot \text{Pa})]$	二氧化碳/$[\text{cm}^3 \cdot \text{mm}/(\text{m}^3 \cdot \text{d} \cdot \text{Pa})]$	水蒸气/$[\text{g} \cdot \text{mm}/(\text{m}^3 \cdot \text{d} \cdot \text{Pa})]$
丙烯腈共聚物(丙烯腈75%)	0.4×10^{-5}	4×10^{-5}	0.5
聚氯乙烯	8×10^{-5}	10×10^{-5}	0.7
聚丙烯	90×10^{-5}	330×10^{-5}	0.3
高密度聚乙烯	110×10^{-5}	400×10^{-5}	0.2
低密度聚乙烯	250×10^{-5}	$1\,100 \times 10^{-5}$	0.5
聚苯乙烯,双向拉伸	190×10^{-5}	$1\,200 \times 10^{-5}$	3.5

(3) 抗化学制品性能好。塑料对酸、碱、盐等化学制品,均有较好的抗腐蚀性能,其中聚四氟乙烯耐强酸性能最好,最稳定。防腐蚀包装常用石棉为填料塑制而成的石棉酚醛。塑料防腐蚀包装容器,可盛装浓盐酸、磷酸和氢氟酸;用硬质聚氯乙烯防腐蚀包装容器,可盛装浓硫酸和各种浓度的盐酸。

(4) 加工适应性能好。塑料中,特别是热塑性塑料的加工适应性能好,无论是热成型、机械加工,还是热封都有良好的适应性,便于塑制成型、机械加工和热封包装。但是塑料的缺点在于不耐高、低温,遇到高温时,塑料会变软、变形、强度变低,甚至分解变质;遇到低温时,塑料又会变脆,甚至变质。

7.2.2.2 塑料包装材料

常用的包装用塑料材料有聚乙烯、聚丙烯、聚苯乙烯、聚氯乙烯、聚酰胺、聚酯、酚醛树脂、脲醛树脂等。

1. 聚乙烯

聚乙烯（PE）是在包装中用量最大的一种塑料材料，约占总量的40%以上，具有良好的防潮性、热封合性，易于加工成型，价格便宜，故获得广泛运用。

（1）低密度聚乙烯（LDPE）。这是一种柔软而透明的塑料材料，具有良好的耐水性、防潮性、耐寒性、热封合性和热封强度。因此，用于冷冻食品包装、水果蔬菜的保鲜包装和复合材料的热封层，但其耐热性和耐油性较差。由于其防潮性能好，除用于食品外，还常用于医药品、日用品和金属制品的防潮包装。由于其热收缩性能好，又广泛用于各种热收缩包装中。

（2）高密度聚乙烯（HDPE）。这是一种具有韧性的半透明塑料材料。其抗拉强度、防潮性、耐热性、耐油性和耐化学药品性等均优于低密度聚乙烯。可作蒸煮袋的热封层，但其气密性差。

（3）中密度聚乙烯（MDPE）。其性能介于低密度和高密度聚乙烯之间，是一种较坚韧的塑料包装材料，具有较好的强度，适于做包装薄膜和包装容器。

2. 聚丙烯

聚丙烯（PP）可分为未拉伸和双向拉伸两种，而且在性能上有很大差别，分述如下。

（1）未拉伸聚丙烯（CPP）。与聚乙烯相比，聚丙烯具有更好的透明性、防潮性、耐热性、耐油性和耐磨性。但其耐寒性差，在0~10℃时会发脆，不能作冷冻食品包装。其热封性好，可作食品、蒸煮袋的热封层。但印刷性差，易带静电。

（2）双向拉伸聚丙烯（OPP）。与未拉伸聚丙烯相比，双向拉伸聚丙烯具有较高的透明度和光泽度，耐寒性好，可在-30~-50℃中使用。

由于聚丙烯透明度、光泽度等同于玻璃纸，而且其价格便宜20%，并且机械强度高、韧性好、弹性大、耐磨性好，故在食品、医药品、香烟、纺织品等包装中得到广泛运用。该材料具有较好的热收缩性，其收缩率高达60%~80%，是最便宜的热收缩包装材料。并可以与铝箔、纸或其他塑料薄膜制成复合薄膜，能满足多种内装物的包装要求。

3. 聚苯乙烯

聚苯乙烯（PS）是一种质轻、强度较高、尺寸稳定、收缩性小、印刷性较好、无毒、无味、耐化学腐蚀性强，但有微弱的吸水性的塑料，常用作盛装食品及酸、碱类的容器。

聚苯乙烯加入发泡剂而制成聚苯乙烯泡沫塑料。常用作仪器、仪表、家用电器等产品的缓冲包装材料，具有良好的防震缓冲、隔音和保温性能。

4. 聚氯乙烯

聚氯乙烯（PVC）是具有一定强度的热塑性塑料，是当前世界上产量最大的一种塑料，在我国的塑料产量中占第一位，而且价格也比较便宜。在聚氯乙烯树脂中添加适量的增塑剂、稳定剂后可制成透明、半透明和不透明的各种硬质、软质的包装容器。硬质容器的质量轻，约为钢重的20%，机械强度高，化学稳定性好，耐酸、碱性能极强。软质容器的透气性小，透光性好。

5. 聚酰胺

聚酰胺（PA）塑料，通称尼龙，是一种强度很高的热塑性塑料，其品种很多。尼龙具有较高的抗拉、抗压强度，由于弹性模数低，故能吸收冲击、振动的噪声，耐化学腐蚀，不受弱碱、弱酸、醇、酯、烃、酮、汽油等腐蚀品的影响，耐磨性好，尼龙无臭、无味、无毒、不腐烂，对燃烧具有自熄的特性。缺点是刚度、稳定性差，可通过添加助剂而得到改善。

由于尼龙具有优良的机械强度、耐磨性、耐腐蚀、耐油等性能，尼龙薄膜除用于油腻性的食品包装如肉肠制品、油炸食品、冷冻食品、蒸煮杀菌食品外，还常用于制造各种机械零部件、医疗用具及储油容器等。

6. 聚酯

聚酯（PET）是对苯二甲酸与乙二醇的缩聚产物。聚酯是一种无色透明又有光泽的塑料，有较好的韧性和弹性，机械强度高，耐热性、耐寒性、耐油性均较好，水蒸气透过率极小，有良好的防潮性、防水性、气密性，适宜做各种饮料的包装容器。缺点是不耐碱，热封和防止紫外线透过性较差。

7. 酚醛树脂

酚醛树脂（PF）是一种合成塑料，无色或黄褐色透明固体，因电气设备使用较多，也俗称"电木"。所谓"酚醛玻璃钢"就是用酚醛树脂浸渍玻璃纤维丝、玻璃布经热压而成的酚醛玻璃纤维增强塑料，其特点是机械强度大、刚性好，耐热性高，可在150～200℃的温度下长期使用，短期内可在300℃温度下使用，耐磨、耐腐蚀、尺寸稳定，绝缘性能好。在包装中可用作各种桶、罐状等包装容器及集装箱与各种集装器具。

8. 脲醛树脂

脲醛树脂（UF），俗称"电玉"，是由尿素与甲醛在催化剂作用下缩聚制得的树脂，再添加填充剂、着色剂和润滑剂而制成"电玉粉"，经加热、加压而成脲醛塑料，属于热固性塑料。该种塑料无臭、无味，着色力强，色彩鲜艳、美观，形似美玉，表面硬度大，不易燃烧、耐热，有一定的机械强度，不易变形，但其脆性较大，耐酸、耐碱和耐水性差，吸水性也较大。在包装中用脲醛塑料制成各种包装容器，在醋酸或沸水中浸泡，会析出游离甲醛，故不适于做鲜果汁、酱菜等食品的包装。用脲醛树脂制成泡沫塑料，具有减振、缓冲、质轻和保温的特点。

7.2.3 其他包装材料

7.2.3.1 木质包装材料

木材包装是天然木材和人造木材（如胶合板、纤维板等）制作包装的统称。木材包装容器有木箱、胶合板箱、纤维板箱、木桶、木匣等几大类，具有钉着性、抗震性、抗冲击性，不生锈，不易被腐蚀，有一定的防潮、防湿等良好的性能，而且能回收复用、便于加工等。因此，木材包装容器一般适用于较重的五金交电、机械及怕压、怕摔的仪器、仪表等内装物的运输包装。

1. 包装用木材的种类

包装用木材可分为天然木材和人造木材两大类。在天然木材中适用于包装材料的有红松、白松、落叶松、马尾松等针叶木材和杨木、柳木、桦木、榆木等阔叶木材。在人造木材中适用于包装的有纤维板、木丝板和刨花板等纤维板材和木胶板、竹胶板、复合板等胶合板材。

包装材料所使用的树种很多，用途也各不相同，可根据内装物的重量合理选用不同硬度的木材。木材根据硬度不同而分为软材、次硬材、硬材和最硬材四类，见表7-4。

表 7-4 木材硬度分类表

分类	端面硬度/(N/m²)	树　种
软材	$<3\times10^7$	红松、樟子松、马尾松、云杉、冷杉、紫椴、香楠、柳杉、山黄麻、台湾杉、台湾赤杨等
次硬材	$3\times10^7\sim4\times10^7$	白桦、毛白杨、核桃楸、枫杨、白皮榆、黄菠萝、拟赤杨、落叶松、柚木、香桂、樟、铁杉等
硬材	$4\times10^7\sim5\times10^7$	苦槠、栲树、番樟、楠木、擦树、红豆杉、糙叶树、重阳木、台湾五叶松等
最硬材	$>5\times10^7$	麻栎、柞木、青冈栎、椰榆、榉树、木荷、枫香、刺槐、花榈木、色木、黄连木、水曲柳、栓皮栎等

2. 木材的性质

(1) 木材的物理性能。木材的物理性能,包括密度、含水率、收缩率、膨胀率、气味等。

木材的密度在 0.8 g/cm³ 以上者称为最重材,如楚榆木、柞木、檞木等;密度在 0.7~0.8 g/cm³ 者称为重材,如色木、落叶松、杨木等;密度小于 0.5 g/cm³ 者称为轻材,如油松木、核桃楸等。重材,其强度高、变形大、握钉力也大,但钉钉时易裂。轻材,其强度低、变形小、握钉力也小,但钉钉时不易裂。包装材料一般应选用轻便和握钉力较好的木材,宜选用密度为 0.35~0.7 g/cm³ 的木材。

含水率的高低,会直接影响木材的强度。含水率过高会降低其抗弯和抗拉强度,含水率过低,握钉力差并出现裂缝,一般可选用含水率在 20% 左右的木材。

木材的收缩、膨胀和可燃性是包装木材的缺点。运储过程中,气候条件变化、温湿度变化都会引起木板发生不同程度的收缩与膨胀;木材的收缩率因树种、密度的不同而异,密度越大,收缩率变化也越大。由于木材的组织结构不匀整,所以不同方向的收缩率就不同,纤维方向的收缩率最小,一般为 0.1%~0.3%;弦切方向的收缩率最大,为 4%~15%;径切方向的收缩率居中,为 2%~8%。在不影响强度的条件下,应尽可能选用收缩率较小而较轻的木材制作包装容器。

木材含有树脂、胶质、挥发油、单宁质等成分,故有的木材带有某种特殊气味,作为包装容器要考虑木材的气味,例如,松木、柏木、樟木等不宜作茶叶、蜂蜜、糖果、点心等食品的包装容器,以免使食品熏染上松节油、樟脑等特殊气味而受损失。

(2) 木材的机械性能。木材抵抗外界机械力的能力,称为木材的机械性能。木材的机械性能包括木材的强度、硬度、弹性和可劈性等。

木材的机械性能随着木材的种类、密度、年轮、含水率和部位等因素的不同而不同,木材的顺纹抗压极限强度为 $2.5\times10^9\sim7.5\times10^9$ N/m²,横纹抗压极限强度为顺纹的 10%~30%;顺纹抗拉极限强度平均为 $1.2\times10^8\sim1.5\times10^8$ N/m²,横纹抗拉极限强度为顺纹的 4%~10%;顺纹抗剪极限强度为 $3\times10^6\sim1.2\times10^7$ N/m²,横纹抗剪极限强度为顺纹的 3 倍。木材具有良好的抗弯性能,抗弯强度为顺纹抗压强度的 1.52 倍。部分木材的极限强度值如表 7-5 所示。

表 7-5 常用木材极限强度值

单位：10^5 Pa

树种	抗压强度			抗拉强度			顺纹抗剪强度		弦向抗弯强度
	顺纹	横纹		顺纹	横纹		径向	弦向	
		径向	弦向		径向	弦向			
冷杉	388	39	47	973	27	18	50	55	700
云杉	419	36	52	984	27	23	65	64	829
长白落叶松	552	40	82	1 226	24	24	88	71	993
红松	328	38	39	981	31	20	63	69	653
刺槐	604	112	112	—	—	—	121	131	1 268
水曲柳	525	79	112	1 387	41	39	113	105	1 186
白桦	404	65	38	1 297	48	58	71	65	904
大叶榆	317	59	45	1 164	36	49	75	82	810

（3）木材的握钉性能。用木材制作包装容器都是用板条装配连接而成，普通连接方法是用钉钉接。钉接强度越高，包装容器越牢固，而钉接强度取决于木材的握钉力。木材握钉力又取决于木材的性质、铁钉的种类和进钉的方式。

握钉力是指木材对已钉入的铁钉、螺丝钉拔出的阻力，也就是木材对钉的抗拔力，抗拔力就是铁钉与木材间的摩擦力。

当钉子从木材的侧面钉入时，木材的部分纤维被切断，部分纤维产生弯曲，部分纤维受到压力，从而被钉子分开的木材部分由于弹性而对铁钉产生侧向压力，侧向压力越大，握钉力也就越大。木材横纹方向的握钉力大于顺纹方向握钉力 25% 左右。密度大的木材的握钉力大，木材随着密度的增大而握钉力增大，但易产生钉裂现象，而密度小的木材握钉力就小，但不会钉裂。因此木材的密度过高、过低都不适于保持合适的握钉力，因此选用包装容器的木材密度在 0.35~0.7g/cm³ 为宜。

铁钉的形状、表面光洁度不同，木材的握钉力大小也不同。铁钉表面越粗糙，则握钉力越大，因此，使用螺丝钉、螺纹钉或倒刺钉，均可提高木材的握钉力。

（4）木材的耐腐蚀性和酸性。木材是有机材料，是菌类和害虫的良好营养基，在运储过程中受木腐菌、白蚁的侵害，不同的树种及同一树种的不同部位的耐腐性和抗白蚁性能不同。如果木材的导管分子被侵填体所堵塞时，耐腐性能就强；木材含有单宁、树脂、芳香油、生物碱等有害成分时，其耐腐性能也强；木材的心材含有较多的有毒成分时，其耐腐性能也强。所以，以心材为标准，可分为最耐腐性、耐腐性、稍耐腐性和不耐腐性四个等级。对木材进行药剂防腐处理使其对菌类具有毒性作用而停止生长和发育，同时也可把木材的含水率降到 20% 以下，使木材保持干燥而停止菌类生存。白蚁的活动一般在阴暗、潮湿和不通风之处，所以改变其生存的环境条件，保持干燥、通风、透光的运储环境，以使白蚁等害虫难以生存。

木材又是含有甲酸、乙酸等酸性的材料，因此，对五金交电、机械、工具等金属制品应选用 pH>4.5 的木材，从而防止金属制品受酸性腐蚀。

3. 人造板材的种类和性能

人造板材主要有胶合板、纤维板和竹胶板等。

（1）胶合板。胶合板是由原木旋切成薄木片，再经选切、干燥、涂胶，并按木材纹理纵横交错重叠，通过热压机加压而成，其层数均为奇数，有3层、5层、7层乃至更多层。

由于胶合板按木材纹理纵横交错、木纹方向互相垂直，从而使多层的收缩、强度相互补充，避免顺纹和横纹方向的差异影响，使胶合板不会发生开裂和翘曲等变化。胶合板多用酚醛树脂、脲醛树脂及骨胶等作黏合剂，具有耐久、耐热、抗菌、无臭、无味等性能。

（2）纤维板。纤维板是木材加工后的下脚料、森林采伐剩余料及竹、蔗渣、芦苇、稻草、麦秆等经制浆、成型、热压等工序而制成。

纤维板的板面宽而平整，不易裂缝，不易虫蛀，也不腐朽，有一定的抗压、抗弯曲强度和耐水性能，但抗冲击强度较差。

纤维板有硬质纤维板和软质纤维板之分。

硬质纤维板可作包装容器，其抗拉强度和抗弯曲强度均可达5 000 Pa；软质纤维板结构松散，可作防震缓冲的衬垫之用。

（3）竹胶板。竹胶板是将竹材先劈成篾，即宽度×厚度的规格分别为4 mm×2 mm、5 mm×2 mm、6 mm×2 mm、8 mm×2 mm、10 mm×2 mm，长度分别为1 000 mm、1 500 mm和2 000 mm，再将各种规格的竹片编制成竹篾，在竹篾上浸涂黏合剂，经高压热合而成竹胶板。

竹胶板的厚度与其层数有关，2层胶板的厚度为1.5~2.5 mm，3层为2.5~3.5 mm，4层为3.5~5.6 mm，5层为4.4~5.6 mm，6层为5.4~6.6 mm，7层为6.4~7.6 mm等。

竹胶板的主要优点是幅面大、质量轻、强度大、耐水浸泡、防潮、防虫蛀、防鼠咬，可锯可钉，平整美观，可刷漆，可喷涂，可组装钉合成包装容器。

7.2.3.2　金属包装材料

金属包装容器具有良好的保护性能，尺寸精确、稳定，遮光性、阻隔性好，机械强度高，能经受在运输过程中各种外力的作用，是一种良好的运输包装。

目前在世界各国的包装材料和包装容器的产量和工业产值中，金属包装材料和包装容器仍占有相当的比重。据统计，美国的金属包装容器仅次于纸、纸板包装容器，占据第2位，西欧和日本的金属包装容器则次于纸、塑料而占据第3位。我国的金属包装材料和包装容器的生产，从20世纪80年代以来有了较大的发展，至2014年金属包装工业总产值达1 500亿元；占整个包装工业总产值的10%左右。随着包装工业的不断发展，金属包装材料和包装容器的产量和质量将会得到进一步的提高。

金属包装材料可分为两大类，一类是黑色金属类，亦称钢系金属，其中包括薄钢板、镀锌薄钢板、镀锡薄钢板和镀铬薄钢板等；另一类是有色金属类，亦称铝系金属，其中包括铝板、铝合金板和铝箔等。

1. 薄钢板

薄钢板亦称黑铁皮，是一种普通低碳素钢，厚度一般在0.25~2.00 mm，常见厚度为0.5 mm、1.00 mm、1.25 mm和1.5 mm。其化学成分有碳、锰、硅、硫、磷等，碳的含量为0.1%~0.12%，在碳素钢中所含的元素对其质量影响很大。含碳量高低是保证钢质量的重要指标，钢中融入碳原子而使其抗拉强度和屈服点均有所提高，但也不能过高。含碳量过高会使钢坯在冲压成型时易于破裂，并减小其延伸和弯曲性能。薄钢板主要用于制作桶型运输包装容器。

2. 镀锌薄钢板

镀锌薄钢板亦称白铁皮，是在酸洗薄钢板表面上经过热浸镀锌处理而镀一层厚度为 0.02 mm 以上的锌保护层，来提高薄钢板的抗腐蚀能力。镀锌薄钢板的厚度为 0.44~1 mm。

镀锌薄钢板主要用来制作桶型包装容器，可盛装粉状、糊状和液体状的各种货物。

3. 镀锡薄钢板

镀锡薄钢板，亦称马口铁。镀锡薄钢板是将薄钢板放在熔融的锡液槽中，用热浸镀或电镀的方法使薄钢板的两面镀上锡层，因而又分别称为热镀锡板和电镀锡板。

镀锡薄钢板的钢基是低碳钢制成的，具有足够强度，镀锡层的锡是很柔软的金属，不会裂开、不会脱落，易于镀到钢板上，易于焊接，表面光泽好、美观、无毒、无害、印刷性好。

镀锡薄钢板用来制作各种桶装、罐装容器，如果用于食品包装容器，要求锡的纯度必须达到 99.9% 以上，含砷量不得超过 0.015%，含铅量不得超过 0.04%，要保证达到卫生标准。

4. 镀铬薄钢板

镀铬薄钢板，又称铬系无锡钢板，简称镀铬板，是为节约用锡而发展起来的包装材料。镀铬的方法与镀锡一样，都是用低碳薄钢或带钢，只是把薄钢板表面镀锡改为镀铬，其工序完全相同。

镀铬板广泛运用于制作各种罐装容器，装运各种饮料、啤酒及各种液体货物。

5. 铝合金薄板

铝是在金属中发展和运用最快、最广泛的一种包装材料，铝的产量仅次于钢铁，在有色金属中占据首位。含铝 99% 以上的纯铝，强度低，实际运用很少。因此，在工业上以铝为基础，加入镁、锰、铜等金属元素所组成的铝合金，由于其强度、硬度好而得到广泛运用。在包装容器中所采用的铝合金主要是铝镁合金和铝锰合金，统称为防锈铝合金，其特点是耐腐蚀性能强、抛光性好，长期保存外表光泽美观。

6. 铝箔

铝箔是把纯铝或铝合金轧制成厚度在 0.2 mm 以下的薄膜。铝箔作为包装材料除质量极轻外，还有遮光性强，对光和热具有较高的反射能力；阻隔性好，不透气，防止内装物吸潮、氧化、挥发而变质；对生物的防护性强，能防虫、抗菌、防霉变；对热的稳定性能好；易于加工、印刷、着色、涂布、上胶、上漆等。铝箔有针孔、易起皱，不能受力，也无封缄性，若与塑料、纸等多层复合，不仅可以克服上述缺点，而且增强了阻隔性能，具有耐高温蒸煮和完全遮光的特性。因此，广泛运用于医药、食品、饮料、调味品等包装上。

7.2.3.3 玻璃包装材料

1. 玻璃包装材料的性能

玻璃包装材料主要是钠钙玻璃，它具有非常好的化学惰性和稳定性，几乎不与任何内容物相互作用。有很高的抗压强度，厚度均匀、设计良好的薄壁玻璃瓶，其静态抗内压强度可达到 1 700 kPa。良好的抗内压性使玻璃瓶适合于现代高速灌装生产线，并能承受含二氧化碳饮料所产生的压力。玻璃具有优良的光学性能，它可以制成透明、表面光洁的玻璃包装，也可根据需要制成某种颜色，以屏蔽紫外光和可见光对包装内容物的光催化反应。这些性能使玻璃成为一种优良的包装材料。

同时，玻璃作为包装材料，存在着抗冲击强度低、碰撞时易破损、自身质量大、运输成本高、能耗大等缺点，限制了玻璃的应用。另外，玻璃有一定的耐热性，但不能承受内外温度的急剧变化。

2. 玻璃包装材料的种类

玻璃包装材料有普通瓶罐玻璃（主要是钠、钙硅酸盐玻璃）和特种玻璃（如中性玻璃、石英玻璃、微晶玻璃、钠化玻璃等）之分。

（1）普通玻璃。普通玻璃是以二氧化硅为主要成分的玻璃。最常用的有钠钙硅酸盐玻璃、钠铝硅酸盐玻璃及钠硼硅酸盐玻璃。它们具有一定的化学稳定性、热稳定性、机械强度和硬度，但可溶解于氢氟酸。

（2）中性玻璃。19世纪末期，现代医药的发展急需一种与药液长期存放而不起化学反应的玻璃容器，其主要要求为：玻璃容器与药液长期接触过程中不会引起pH的变化，不会有沉淀物析出或玻璃屑脱落，因此将这类玻璃称为中性玻璃。中性玻璃即通常所称的I类玻璃，国内也有的称其为5.0玻璃或甲级料。这类玻璃以其良好的材质、性能，特别是优异的化学稳定性和热稳定性在包装领域得到广泛的应用。目前，国际上除我国和印度等几个少数国家未完全采用以外，中性玻璃已经得到国际医药包装市场的广泛认可。

（3）石英玻璃。石英玻璃被人们称为"玻璃王"，因为它具有一系列特殊的物理、化学性能。石英玻璃具有优越的耐酸性、耐热性、电绝缘性。

（4）微晶玻璃。微晶玻璃即玻璃陶瓷，是综合玻璃和微瓷技术发展起来的一种新型材料。该材料经人工智能化设计，其理化性能集中了玻璃和陶瓷的双重优点，即具有陶瓷的强度，又具有玻璃的致密性和酸、碱、盐的耐蚀性，在包装领域有巨大的应用潜力。

7.2.3.4 复合包装材料

复合包装材料是由两种或两种以上异质、异型、异性的材料复合形成的新型材料。一般由基体组元与增强体或功能组元所组成。复合材料可通过对原材料的选择、各组分分布设计和工艺条件的保证等，使原组分材料优点互补，因而呈现了出色的综合性能。复合材料按性能高低分为常用复合材料和先进复合材料两种。

常用复合包装材料通常包括防腐复合包装材料、耐油复合包装材料、代替纸的包装材料、特殊复合包装材料、防蛀复合包装材料和具有高气体隔绝性包装材料，主要用于食品包装。先进复合材料是以碳、芳纶、陶瓷等高性能增强体与耐高温的高聚物、金属、陶瓷和碳（石墨）等构成的复合材料。这类材料往往用于各种高技术领域中用量少而性能要求高的场合。

7.3 包装容器及应用

包装容器是用于包容和限制被包装物的固体容器，服务于商品的流通、储运和销售等环节。总的来说，包装容器主要应用于商品的运输包装和销售包装两大方面。本节主要探讨运输包装容器。

7.3.1 瓦楞纸箱

瓦楞纸箱具有质量轻，透气性、隔热性、化学稳定性、耐冲击性能好及折叠组装灵活和成本低等优点。在现代货物运输包装中是一种重要的包装容器，采用这种运输包装平均运输成本费用可降低20%，而且也符合我国"以纸代木"的包装发展方向，因此，具有广泛的发展前途。

7.3.1.1 瓦楞纸箱的种类

瓦楞纸箱根据所使用的瓦楞纸板种类、内装物的最大重量和包装箱最大综合尺寸规格的不同，按国家标准《硬质直方体运输包装尺寸系列》（GB/T 4892—2008）和《运输包装用单瓦楞纸箱和双瓦楞纸箱》（GB/T 6543—2008）的规定，分为两类20种，见表7-6。

瓦楞纸箱的最大综合尺寸，是指其内部尺寸的长度、宽度和高度之和。

表7-6 瓦楞纸箱分类及其代号表

种类	内装物最大重量/kg	最大综合尺寸 a/mm	代号			
			1类 b		2类 c	
			纸箱代号	纸板代号	纸箱代号	纸板代号
单瓦楞纸箱	5	700	BS-1.1	S-1.1	BS-2.1	S-2.1
	10	1 000	BS-1.2	S-1.2	BS-2.2	S-2.2
	20	1 400	BS-1.3	S-1.3	BS-2.3	S-2.3
	30	1 750	BS-1.4	S-1.4	BS-2.4	S-2.4
	40	2 000	BS-1.5	S-1.5	BS-2.5	S-2.5
双瓦楞纸箱	15	1 000	BD-1.1	D-1.1	BD-2.1	D-2.1
	20	1 400	BD-1.2	D-1.2	BD-2.2	D-2.2
	30	1 750	BD-1.3	D-1.3	BD-2.3	D-2.3
	40	2 000	BD-1.4	D-1.4	BD-2.4	D-2.4
	55	2 500	BD-1.5	D-1.5	BD-2.5	D-2.5

注：1. 综合尺寸是指瓦楞纸箱内尺寸的长、宽、高之和。
2. 1类纸箱主要用于储运流通环境比较恶劣的情况。
3. 2类纸箱主要用于储运流通环境比较好的情况。
4. 当内装物最大质量与最大综合尺寸不在同一档次时，应以其较大者为准。

瓦楞纸箱底面积外部尺寸，由国家标准和国际标准规定，根据内装物的质量和尺寸，优先选用下列规格：

400 mm×600 mm；　　300 mm×200 mm；　　200 mm×150 mm
400 mm×300 mm；　　300 mm×133 mm；　　200 mm×133 mm
400 mm×200 mm；　　300 mm×100 mm；　　400 mm×150 mm

也可以根据内装物的尺寸特点选用其他尺寸规格。

7.3.1.2 常用瓦楞纸箱

折叠类瓦楞纸箱是运输用瓦楞包装箱中最基本的一种，也是目前使用最广泛的一种，此类纸箱在使用前可折叠成平板状存放，具有占地少、便于仓储、使用方便、密封防尘、内外整洁等优点，箱面还可按包装商品的不同要求，设计印刷商品图案、商标、标志，它的种类可以分为以下几种。

1. 开槽型纸箱

开槽型纸箱是一页成型的四摇盖对口合拢箱，具有省料、牢固、生产效率高等优点，适宜于自动化机械生产。其中最常用的是 0201 型平盖箱和 0203 型全叠盖箱。全叠盖箱的上下外摇盖宽度与箱宽相等，封箱时外摇盖重叠，形成双层的盖和底，耗料比对口箱多，一般用于包装重量较重的工艺品之类的商品。如图 7-5 所示。

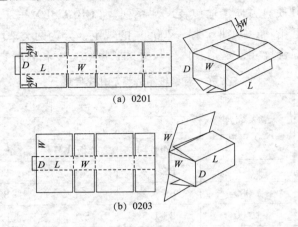

图 7-5 开槽型纸箱

2. 套合型纸箱（罩盖型）

套合型纸箱是两页成型的纸箱，由有底无盖与有盖无底两只内外尺寸不同的箱子对套而成，用于包装纺织品、印花布之类松软商品，以压缩打包的形式，里外两半箱子对套压紧，用打包带紧箍，这样可以压缩商品体积，节约运输费用。如图 7-6 所示。

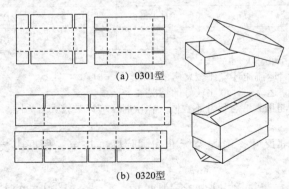

图 7-6 套合型纸箱

3. 锁底式开槽平摇盖箱

此类纸箱一般规格较小，常用于包装松软商品，如针织品、工艺绣花品、草织品等。优点是光洁、规格精确、不用封底、使用方便。如图 7-7 所示。

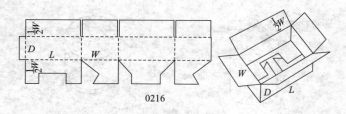

图 7-7　锁底式开槽平摇盖箱

7.3.2　塑料包装容器

塑料包装容器是以塑料为原料经加工成型而制成的各种销售包装、运输包装和集合包装。随着塑料工业的发展和应用领域的扩大,由于塑料包装容器质量轻、强度大、耐磨、耐腐蚀、防潮、防水、阻隔性好,易加工成形及价格低廉等原因而迅速进入包装领域。在销售包装中,塑料包装所占比重较大。在饮料、化妆品、药品、食品等领域内造型精巧、结构独特、功能多样的各类塑料包装几乎代替了其他各种材料的包装,而且深受消费者的欢迎。在运输包装和集合包装中,塑料包装虽然没有销售包装那样使用广泛,但运用数量也是相当大的,其结构型式有桶装、箱装和袋装等几种类型。

7.3.2.1　塑料桶

塑料桶按制作材料,可分全塑桶、钙塑桶和钢塑桶三类。

全塑桶用高密度聚乙烯(HDPE)、低密度聚乙烯(LDPE)、聚丙烯(PP)、聚氯乙烯(PVC)等塑料制成。钙塑桶是在塑料中掺入无机填料而制成。钢塑桶是内胆用塑料、外壳用钢板而制成,具有两者之长,耐腐蚀,机械强度高。

按结构型式,可分为顶开式、收口式和密封盖式三类。

顶开式塑料桶由桶身和桶盖组成,其接合形式有螺纹接合式和夹口封闭器接合式两种。如图 7-8 所示。

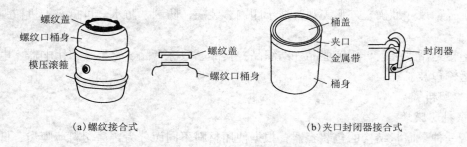

(a) 螺纹接合式　　　　　　　　(b) 夹口封闭器接合式

图 7-8　顶开式塑料桶

收口式塑料桶其桶颈收缩为小口,并设两个提手。密封盖式塑料桶的桶体顶部设注入口和塞孔,均在箝入槽口内,桶底为凹进型,如图 7-9 所示。

上述各类塑料桶主要用于装运各类液态货物和化工原料产品。此外,还有聚乙烯、聚丙烯、聚氯乙烯等桶通过中空吹塑法成型的各种造型的塑料桶,其结构类型如图 7-10 所示。

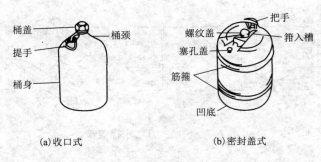

图 7-9 收口式和密封盖式塑料桶

图 7-10 常用全塑桶结构类型图

7.3.2.2 塑料箱

塑料箱有全塑箱和钙塑箱两类。全塑箱主要用作周转箱,其结构造型有孔格型、手板型、凹凸型等,按用途分为啤酒周转箱、饮料周转箱、食品周转箱和鲜蛋周转箱等。由于塑料箱质量轻、耐腐蚀、易清洗、运输方便、堆垛安全,极大地改善了对内装物的保护性,因而得到广泛运用。

钙塑箱是仿照瓦楞纸箱而制成的一种能折叠的箱型。钙塑箱是以高压聚乙烯、低压聚乙烯、聚丙烯等塑料为原料,添加碳酸钙($CaCO_3$)、硫酸钙($CaSO_4$)和亚硫酸钙($CaSO_3 \cdot 2H_2O$)等无机钙盐填料进行改性,用挤出法或压延法制成成型片板,热压成瓦楞芯材,然后用芯材与平片材热压成瓦楞板材,再按瓦楞纸箱的制作方法制成折叠式的钙塑箱。钙塑箱具有质量轻,尺寸准确,外形美观,适于印刷、装潢,防潮、防水,可折叠,机械强度高等优点。

钙塑箱是用来装运日用工业品、纺织品、食品、冷冻食品、水果、家用电器、电焊条等产品的运输包装。

7.3.2.3 塑料袋

1. 塑料薄膜袋

它是一种平面状结构的包装容器,根据使用材料不同而分为普通塑料薄膜袋、低发泡塑料薄膜袋和复合材料薄膜袋三种。

(1) 普通塑料薄膜袋。这种薄膜袋是用各种热塑性塑料吹塑而成,具有透明、柔软、质轻和化学性能稳定等特点。其特性及使用范围如表 7-7 所示。

表 7-7 普通塑料薄膜袋的特性及使用范围

薄膜种类	特 性	使用范围
低密度聚乙烯袋	防湿、不透明、耐挤压	药品、洗涤剂
高密度聚乙烯袋	防湿、不透明、刚性	药品、漂白粉
硬聚氯乙烯袋	阻隔、透明、刚性	油脂、洗涤剂、发乳
聚苯乙烯袋	刚性、耐酸	酸性物品、饮料
聚丙烯袋	透明、质轻	化学药品、输送液
丙烯腈袋	透明、阻隔、刚性	化学药品、饮料

(2) 低发泡塑料薄膜袋。以聚乙烯为原料,并添加发泡剂、活化剂掺和,通过吹塑工艺而制得。机械性能好、质量轻,适于装运各种轻泡货物。

(3) 复合材料薄膜袋。根据使用基材、涂料和黏合剂不同而具有不同的特性,一般具有单一材料薄膜袋所不具有的优良性质和特种功能。可用各种不同的塑料薄膜相互复合,也可用塑料薄膜与铝箔、化纤、纸张等进行复合。在选用复合材料时,要考虑内装物的性质、状态及内装物装袋后需要再加工的特殊要求等因素。例如,蒸煮食品袋,就需要具有阻隔性和耐蒸煮性,可选用铝型复合袋。

2. 塑料编织袋

塑料编织袋是用热塑性塑料薄膜拉伸、剪切成丝状,经编织机编织成筒形、片形材料,再经裁剪、缝合而成。具有质轻、韧性好、强度大、耐酸、耐碱、耐腐蚀、化学稳定性好、防潮、隔湿等优良性能。其主要类型有全塑编织袋和全塑涂膜编织袋。

(1) 全塑编织袋。全塑编织袋的经线、纬线均用塑料丝编织而成,具有较强的抗拉强度,但其经纬线的相对位置不够固定,丝位易滑动,甚至出现拼丝现象,袋体不够严密,有漏孔、漏缝现象等缺陷。

(2) 全塑涂膜编织袋。全塑涂膜编织袋的内层涂布一层聚烯烃薄膜,使其经纬线的相对位置固定,并堵塞其细微孔眼而使袋体紧密严实,避免渗漏,增强袋体的防潮、防湿性能。因此,适于装运各种怕湿、防潮的货物。

塑料编织袋的强度不仅与塑料丝的品种有关,而且与其经、纬线的密度有关。塑料编织袋视盛装的内装物质量不同分为 A 型、B 型和 C 型三种,见表 7-8。

表 7-8 塑料编织袋的类型及性能

类 型		C 型	B 型	A 型
允许装载质量/kg		50~60	30~50	20~30
经密×纬密/(根/10cm)		48×48	40×40	36×36
断裂强度/N	径向 不小于	800	650	550
	纬向 不小于	800	650	550
	缝边向 不小于	400	350	300
	缝底向 不小于	350	300	250

从表中可知塑料编织袋的断裂强度与其编织密度有直接关系,编织密度越大,则每根单丝

线所承受的拉力就越小，塑料编织袋的断裂强度就越大；反之，编织密度越小，则单位面积内构成的单丝就越少，因此每根单丝所承受的拉力越大，整个塑料编织袋的断裂强度也就越小。

7.3.3 通用木箱

7.3.3.1 通用木箱结构

通用木箱是由墙板（侧板）、挡板（端板）、底板和盖板组成的长方体、正方体箱型结构。

木箱板有满板和花板，而满板又有木板、胶合板、竹胶板和纤维板。

满板是用木板条相对接而成。对接型式有对口平接、扒钉平接、裁钉平接、槽口搭接和榫舌镶接等。

对口平接是将相邻木板条的侧面对齐合拢，用衬条板加钉固定；扒钉平接是将紧密拼合的木条用扒钉钉合成整体；裁钉平接是在相接木条板的侧面用两头尖的铁钉或竹签相裁钉而成；槽口搭接是将对接的两侧刨锯成厚度对半的槽口拼接而成；榫舌镶接是将相接木板条的两侧刨锯成凸凹榫槽，再将凸榫头嵌入凹槽而成。衬条板起着连接木板、加固木箱的作用，衬条板的长度、宽度和厚度视木箱规格和内装物的质量而定。箱体结合是先将墙板与挡板结合成箱框，再将底板钉接在箱框上而成。

7.3.3.2 通用木箱类型

目前国内通用木箱有四种类型。

1. 一类箱型

一类箱用于内装物质量在 25 kg 以下的各种产品，其结构特点是在箱体挡板外部两端钉有两条竖衬板条，用钉钉接而成，箱板有满板和花板之分。

2. 二类箱型

二类箱用于内装物质量在 75 kg 以下的各类产品，其结构特点是在箱体挡板外部两端除钉有两条竖衬条板外，其上下两端钉有两条横衬条板，用铁钉钉合而成木箱，在箱体的中部再用两道木板或铁腰加固。

3. 三类箱型

三类箱用于内装物质量在 50~200 kg 的各类产品，其结构特点是在箱体挡板外部各钉有两条竖衬条板和横衬条板外，在满板木箱的中部钉有两道衬板加固。花板木箱的墙板为竖木板，其箱盖与箱底用横衬条板加固。

4. 四类箱型

四类箱用于内装物质量在 40 kg 以下的产品，其结构特点是箱体的墙板、挡板和盖板均用胶合板或纤维板，其两侧、两端均用衬条板钉合加固。

7.3.4 金属包装容器

用作运输的金属包装容器是指用金属材料制成的各种结构和型式的金属桶、金属罐等，用来装运流体、半流体、粉状和粒状的各种货物。

7.3.4.1 金属桶的种类

1. 按使用材料分类

金属桶按使用材料可分为重型钢罐、薄钢板桶、铝桶、铝合金桶罐和钢塑复合桶罐等。

（1）重型钢罐，亦称为酸罐，是一种闭口式顶盖的大型包装容器，使用厚度为 3 mm 以上的钢板，并带有焊接凸边和 T 形钢制成的滚箍，容量为 50～500 L，用来盛装酸类液体。

（2）薄钢板桶，通称铁桶，是运用最广泛的一种金属容器，用来盛装各类食油、石油及化工产品。

（3）铝桶和铝合金桶罐，由于其硬度和强度低，需要用钢环筋和裙边加固，可用来盛装酒类和各种饮料。

（4）钢塑复合桶罐，其内胆用塑料，外壳用钢板制成，内外容器的两端凸出处高度要相等，使溢出的液体和雨水均可倾泻出去，也便于灌注流体内装物，保护性能好，适于装运具有腐蚀性的各类化工产品。

2. 按桶体形状分类

金属桶按桶体形状可分为圆柱形、方形、锥形等结构型式。

（1）圆柱形桶体的耐压强度大，制作省工、省料，可利用桶底边滚动搬运，但运输、存储空间的利用不够充分。

（2）方形桶体的耐压强度较圆柱形桶体低，但运输、存储空间的利用率高，占用容积小。

（3）锥形桶体的上部大而下部小，在空状态下，可以进行套装，节省所占用的空间。

3. 按开口形式分类

金属桶按开口形式可分为闭口式、开口式和中心式等结构型式。

（1）闭口式桶的顶盖、桶体和桶底固定在一起。在桶盖上安装有各种型式的塞口，大多为螺丝口盖，在塞口上加橡皮垫圈。闭口式桶用来盛装各种液体货物。

（2）开口式桶的顶盖是活动的，铁桶封装时，使用卡箍、扣环等扣件，将桶盖扣紧在桶体上，也可采用侧边的帽式盖。

（3）中心式桶的顶盖、桶体和桶底均固定一起，但在桶盖上留有较大的口及相应的口盖。开口式桶和中心式桶主要用来盛装黏糊状的流体或粉状、颗粒状及块状的各种固体货物。下面介绍闭口式钢桶、开口式钢桶和中心式钢桶的结构、规格和质量要求。

7.3.4.2 闭口式钢桶、开口式钢桶和中心式钢桶

1. 闭口式钢桶

闭口式钢桶又称小口钢桶，其桶身、桶顶、桶底均用整张钢板制成，不允许拼接，常采用冷轧碳素钢的薄钢板制成。桶身的直缝采用电焊焊接，桶身具有向外凸出的两道环筋。上环筋至桶顶和下环筋至桶底之间均有 6～7 道外凸波纹，用以增加钢桶的刚度。桶身与桶顶、桶底的组装，采用双重或三重卷边，卷边的型式可分为平卷边或圆卷边，卷边内的缝隙必须充填封缝胶。在桶顶上设置由桶口件组成的直径为 60 mm 的注入口和直径为 27 mm 的透气口各一个，其位置在同一条中心线上，注入口、透气口装配后的高度要低于双重卷边的檐边，螺圈锁装后，不凸出于桶顶的内表面。如图 7-11 所示。

钢桶的内表面，可根据内装物的不同，喷涂环氧树脂、酚醛树脂、沥青等耐腐蚀性的涂料，也可以采用镀锌板。外表面采用附着力强和耐气候性的涂料。

钢桶的质量要求是钢桶圆整，桶体光滑、无毛刺、无机械损伤，直缝不允许补焊，卷边无铁舌。漆膜要平整光滑，颜色均匀，无明显失光、失色，无流淌，不得有起皱等缺陷，漆膜厚度不小于 0.20 mm。桶口件要配套齐全，表面光滑、密封良好，螺圈锁装必须保证螺纹配合的互换性。

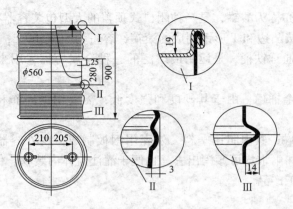

图 7-11 闭口式钢桶结构图

Ⅰ-卷边；Ⅱ-环筋；Ⅲ-波纹

闭口式钢桶还有下列类型。

（1）U 型滚箍不锈钢桶。这类具有 U 型低碳钢滚箍和凸边加强件的不锈钢桶，一般标定容量范围为 25~90 L，如图 7-12 所示。

（2）钢笼铝桶。置于低碳钢笼内的铝桶，用于盛装硝酸，其标定容量范围为 100~500 L，如图 7-13 所示。

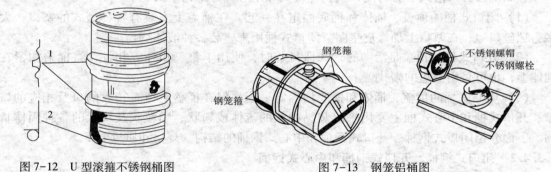

图 7-12 U 型滚箍不锈钢桶图　　　　图 7-13 钢笼铝桶图

（3）底端凹进钢桶。这类钢桶底端的直径缩小且凹进，并设有提手，便于搬运和堆放，标定容量为 5~24 L，如图 7-14 所示。

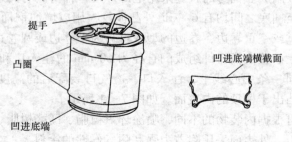

图 7-14 底端凹进钢桶图

（4）凸边断开钢桶。这类钢桶的桶顶为凸边，卸出内装物时可断开，并设有提手，如图 7-15 所示。

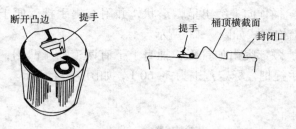

图 7-15 凸边断开钢桶

2. 开口式钢桶

开口式钢桶，亦称大口钢桶，是用普通碳素钢薄板制成的圆柱形钢桶，其桶顶口完全敞开，并有凸缘，使桶盖能用桶箍固定其上。开口式钢桶便于盛装内装物，且易于桶内清洗，适于装运各种腐蚀性的粉状、块状和糊状货物。其类型有下列几种。

(1) 桶顶全开式钢桶。这种钢桶带有冲压滚箍或可折滚箍，如图 7-16 所示。

(2) 缩颈开口式钢桶。可用薄钢板或铝板制成，标定容量范围为 10~60 L，如图 7-17 所示。

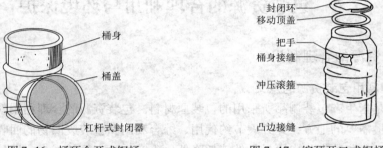

图 7-16 桶顶全开式钢桶　　　　图 7-17 缩颈开口式钢桶

(3) 手提式钢桶。这种钢桶可用马口铁或铝板制成，其标定容量范围为 4~60 L，如图 7-18 所示。

3. 中心式钢桶

中心式钢桶，亦称中口钢桶，是用普通碳素钢薄板制成的圆柱形钢桶，耐热、耐压，具有较好的密封性能，能承受一定的冲击力，在桶顶中心设有较大的桶口，并配有相应的封闭器，盛装各种粉状、颗粒状、块状和糊状货物，其类型可按桶顶形状不同，分为平顶型、帽顶型和锥颈型。

(1) 平顶型钢桶。桶顶呈水平形，也称宽口径盖钢桶，是中心式钢桶的主要类型，运用比较广泛，可装运有毒、有害的危险品，其结构型式如图 7-19 所示。

图 7-18 手提式钢桶　　　图 7-19 平顶型钢桶结构图

(2) 帽顶型钢桶。桶顶向上突出呈帽形状，并附有提手把，便于搬运，一般标定容量范围在 10~60 L，其结构型式如图 7-20 所示。

(3) 锥颈型钢桶。颈部突出如锥形，桶身上下有两道冲压凸圈，锥体与桶身用双重卷边或焊冲接，并设有手提把，标定范围为 5~60 L，如图 7-21 所示。

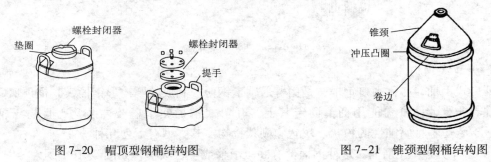

图 7-20　帽顶型钢桶结构图　　　　　图 7-21　锥颈型钢桶结构图

7.4　包装资源的合理利用与环境保护

7.4.1　包装资源的合理利用

7.4.1.1　合理利用包装资源的意义

包装资源是指生产包装制品所采用的包装原材料。包装资源的合理利用就是把有限的包装原材料用在最需要的地方，并开展节约代用、综合利用和包装废旧物的回收利用。包装资源的节约，表现为包装产品中原材料的消耗降低，生产中废弃物的减少。即最经济、合理地使用包装原材料，使它们发挥最大的社会效益和经济效益。

在包装工业中，随着生产规模的不断扩大，包装资源的消耗也会越来越大，包装资源短缺的矛盾也愈加突出，进口的各种包装材料在整个包装材料中占有相当的比例，包装原材料短缺已经成为我国包装工业面临的严峻挑战。包装资源短缺的问题不解决，包装工业的进一步发展将会遇到很大困难。而包装资源的节约，就能以同样的包装资源消耗，生产出更多的包装产品，或者说，以较少的包装资源消耗生产出同样多的包装产品。同时，随着生产社会化程度的提高和专业化生产的发展，包装原材料在包装产品成本中所占的比重也越来越大。目前，在包装产品成本中，包装原材料一般占到 60% 以上。包装资源的节约，就可以促进包装企业降低包装原材料的消耗定额；降低生产成本，从而增加企业盈利。

因此，包装资源节约利用不论是从全社会还是从各个包装企业来说，都是提高经济效益的重要途径。再者，包装资源的节约是提高包装企业劳动生产率、增加产量和扩大生产规模的一个重要条件。在包装资源节约中，通过挖掘生产潜力，合理使用原材料，用同等数量的包装材料生产出更多的包装产品，从而实现提高劳动生产率和扩大生产规模。包装资源的节约有利于包装工业扩大再生产。

7.4.1.2　包装资源节约的主要途径

包装工业生产领域合理利用与节约原材料的途径很多，主要包括以下几个方面。

(1) 合理选择包装原材料。合理选择包装原材料，并确定其适当的用途，是合理利用包装资源，提高经济效益的重要途径。包装工业要按照包装资源合理利用的原则，考虑国家和企业的具体情况，以及包装产品的功能特点和包装成本等，选择社会效益和经济效益最好的资源。

（2）改进包装产品的设计，提高包装产品的系列化、标准化和通用化的程度，发展新产品。改进包装产品设计是合理利用包装资源、节约包装原材料的一个重要途径。包装产品设计的不断改进，直接关系到包装原材料的节约，所以包装产品设计的不断改进，不仅可以改进产品的结构、性能和质量，也可以减少原材料的消耗。在保证包装产品质量的前提下，改进包装结构，减轻包装质量，提高标准化、系列化和通用化的程度，都可以大大节约原材料。

（3）采用先进的包装工艺和设备，加速设备的更新和改造，在生产过程中采用先进的包装工艺和技术设备，可以大幅度地降低原材料的消耗定额。减少工艺性损耗，提高加工质量，降低废品率，是充分发挥包装资源效应，提高原材料利用率的重要方面。加速包装设备的更新改造，可以提高劳动生产率，降低原材料消耗。

（4）提高包装产品质量。在包装产品的制造过程中，加强质量管理，提高产品质量，降低废品率，这样也能减少原材料消耗。

（5）采用代用品或采用新型包装材料。随着科学技术的不断进步，包装工业中采用代用品和新型包装材料将越来越广泛。这也是节约包装原材料，合理利用包装资源的一个重要方面。例如，木材作为重要的包装材料，广泛用于各种商品的包装，随着市场经济的发展，逐渐倾向于一次性包装。采用一次性包装后，以其他包装材料代替了木材，国内市场使用木材作为包装的比例大大减少，这样就缓解了木材包装资源的短缺问题。

7.4.1.3 包装废旧物的回收利用

包装废旧物是指包装工业生产和人们生活过程中废弃的各种包装物。根据包装废旧物的不同来源，可将包装废旧物分为两类。

（1）包装工业生产自身返回的包装废旧物。包装工业生产自身返回的包装废旧物是指包装产品生产过程中产生的各种废旧包装材料，如边角余料、下脚料及各种包装次品和包装废品。

（2）使用过的包装废旧物。使用过的包装废旧物是指生产和生活中使用过的各种废旧包装物，如金属包装物、塑料包装物、纸包装物、陶瓷和玻璃包装物等。包装工业生产和人们生活过程中废弃的各种废旧包装物并非无用之物，只是在一定条件下，失去了它们的使用价值。在新的条件下，它们又会变成有用之物。

包装废旧物回收利用的概念，就是将包装废旧物回收，或重新使用，或经过加工处理，成为新的包装产品或包装材料后再利用。包装废旧物的回收利用，是减少包装污染、保护环境、解决包装资源短缺的重要措施。

7.4.2 环境保护

环境保护是指保护和改善自然环境，创造保护人体身心健康和促进经济发展的适宜环境。环境保护管理是指为保护和改善自然环境所进行的一系列有组织、有计划的管理工作。防止包装污染，对加强环境保护管理有着重要的现实意义。

7.4.2.1 包装对环境的污染

1. 包装工业废弃物对环境的污染

包装工业的生产过程既是产品形成的过程，又是物质消耗的过程。也就是说，一部分原材料变成包装产品，另一部分工业废弃物将对环境造成污染。如包装企业排出的各种废气，会造成大气污染；排出的各种废水、污水会造成水质污染，生产过程中不能回收利用或没有回收利用的包装材料及包装工业产生的废弃物与有害物质，也会对周围环境卫生造成影响和污染等。

2. 使用过的包装废旧物对环境的污染

使用过的各种纸制包装物、塑料包装物、金属包装物、木制包装物及玻璃与陶瓷包装物等，如果不及时地回收和处理，就会出现到处都是包装废旧物的现象，影响环境卫生和危害人民身体健康。

7.4.2.2　包装企业环境保护管理的主要内容

生产包装产品和减少包装污染物流失是包装生产过程的两个方面。包装企业环境保护管理的中心任务，就是运用各种手段，协调各方面的管理，最大限度地减少包装废料、废渣等污染物的排放量，避免对环境的污染及损害。包装企业环境保护管理的主要内容如下。

（1）组织包装污染源调查，掌握污染状况，编制企业环境保护规划，结合企业技术改造，尽量减少包装废料、废渣等污染物，在发展生产的过程中，同时解决好环境问题。通过调查污染源，在确定主要污染环节及主要污染物的基础上，对污染情况及造成污染的原因进行分析，采取节约包装材料、改革工艺、控制包装废料、废渣的排放量等管理措施。

（2）贯彻执行《中华人民共和国环境保护法》和环境标准、污染物控制标准。根据环境标准，可以制订包装企业污染物的控制标准或包装废料、废渣等排放标准，它是污染控制的依据。已公布的《中华人民共和国环境保护法》中，对污染源的控制和管理在许多条文中都有所规定。企业环境保护管理就是组织、监督企业职工执行"标准"，遵守《中华人民共和国环境保护法》。

（3）研究和制订企业环境保护的指标体系。为了使环境保护工作有计划、有步骤地进行，并且与其他方面的管理工作协调配合，企业有必要编制环境保护计划，建立一整套企业环境保护指标体系。如包装资源利用指标、主要污染物控制指标、环境保护管理指标、文明生产指标等。

（4）组织开展环境科学技术研究和环境保护教育，积极试验防治和治理污染的新工艺、新技术。加强环境保护教育，提高各级干部和广大职工对环境保护重要性的认识。同时，大力培养从事环境保护的技术人才。

7.4.2.3　包装废旧物的处理

包装废旧物对公共环境卫生影响最大，包装产品完成其包装功能后，如何对包装材料垃圾进行处理，这是包装行业需要解决的主要问题。

1. 减少包装废旧物的方法

（1）减少包装材料使用量。在保证产品包装质量的前提下，减少包装材料的使用量，不但可以降低成本，还可以减少包装废旧物的处理。

（2）制造可重复使用的包装容器。可重复使用的包装容器不但能减少包装废旧物的处理量，而且可以节约包装资源。

（3）使包装废料适合于回收再制。包装废料的回收再制，不但可以减少包装对环境的污染，而且能节约包装资源。例如，纸制包装品、塑料包装制品和金属包装制品的回收再制，可以减少包装固体废物的处理量和节约包装材料。

2. 包装废旧物的处理方法

不能回收再制的包装废旧物必须加以适当的处理，主要的处理方法有两种。

（1）填塞陆地。不能分离回收利用和销售的包装废旧物，可以集中起来填塞陆地，这是一种经济的包装废旧物处理方法。

（2）焚烧。焚烧是处理包装废旧物最普遍的方法。采用焚烧的方法处理包装废旧物，必须考虑燃烧率、热量价值、燃烧后的气体会造成空气污染。因此，焚烧包装废旧物时必须防止包装废旧物处理过程中的再污染。

3. 缩小包装废旧物体积

缩小包装废旧物体积的技术和方法，适用于回收再制和不可回收再制的包装废旧物。前者减小体积后，便于运送到工厂进行加工；后者减小体积后运送到填塞陆地地点或焚烧地点进行处理，减少包装废旧物回收再制或处理的费用。

本章小结

包装具有保护产品、便于产品流通以及提高产品经济效益的作用，这些作用都是通过包装容器来实现的。在制造包装容器时，首先要根据包装物的特征选择合适的包装材料，在此，对包装材料性能的研究是必不可少的。要求学生掌握纸质包装材料、塑料包装材料、其他包装材料以及相应包装容器的种类和性能。

本章7.2节主要讨论了包装材料及应用，其中纸质包装材料和塑料包装材料是使用最多、应用最广泛的两种材料。7.3节主要介绍了各种包装容器及其应用，包装容器作为储运货物的载体，它的种类及性能是学生必须掌握的。

随着工业生产规模的不断扩大，包装资源的短缺问题和环境污染问题日益突出。包装资源的合理利用和包装废旧物的合理处理是解决资源紧缺和环境污染的重要途径。

复习思考题

一、基本概念

包装材料　包装容器　蜂窝纸板　包装资源　环境保护

二、选择题（含多选）

1. 包装材料与包装质量密切相关的性能主要是指包装材料的（　　）。
    A. 物理性能　　　　　　B. 化学性能　　　　　　C. 生物性能
    D. 力学性能　　　　　　E. 加工工艺性能
2. 纸和纸板是按（　　）来区分的。
    A. 定量　　　　　　　　B. 厚度　　　　　　　　C. 密度
    D. 机械强度　　　　　　E. 化学成分
3. 瓦楞纸箱的分类是根据所使用的（　　）来确定的。
    A. 瓦楞纸板种类　　　　B. 瓦楞纸板的厚度　　　C. 内装物的最大体积
    D. 内装物的最大质量　　E. 包装箱最大综合尺寸规格

4. 塑料桶按制作材料,可分为( )。
   A. 全塑桶　　　　　　　B. 半塑桶　　　　　　　C. 钙钢桶
   D. 钙塑桶　　　　　　　E. 钢塑桶
5. 金属桶按使用材料可分为( )。
   A. 重型钢罐　　　　　　B. 薄钢板桶　　　　　　C. 铝桶
   D. 铝合金桶　　　　　　E. 钢塑复合桶
6. 减少包装废旧物的一般方法是( )。
   A. 减少包装材料使用量　　B. 制造能多次使用的包装容器
   C. 使用一次性包装容器　　D. 加大包装材料的使用量
   E. 使包装废料适合于回收再制

三、判断正误题

1. 一般来讲,面纸厚度越厚蜂窝芯孔径越小;蜂窝芯柱越高,则蜂窝芯纸越重,蜂窝纸板的性能越差。　　　　　　　　　　　　　　　　　　　　　　　　( )
2. 个体包装是直接与内装物相接触的包装,所以个体包装所使用的包装材料具有直接保护内装物质量的作用,绝不能用与内装物起化学反应的包装材料。　　( )
3. 已使用过的纸质包装可以回收利用、回收再生,对于防止环境污染无任何意义。
   　　　　　　　　　　　　　　　　　　　　　　　　　　　　　　　　( )
4. 蜂窝纸板用来制造包装产品以替代出口商品的木制箱、木制托盘使用。　( )
5. 塑编袋的断裂强度与其编织密度有直接关系,编织密度越大,则每根单丝线所承受的拉力就越小,塑编袋的断裂强度就越小。　　　　　　　　　　　　　( )
6. 采用先进的包装工艺和设备,加速设备的更新和改造,在生产过程中采用先进的包装工艺和技术设备,不可以降低原材料的消耗定额。　　　　　　　　( )

四、问题与思考

1. 选用包装材料时要考虑哪些因素?
2. 瓦楞芯纸的种类有哪些?各有何特点?
3. 简述蜂窝纸板的结构和主要特性。
4. 塑料编织袋的编织密度和断裂强度有何关系?
5. 按开口形式分类,金属桶分为几种?各用来盛装什么货物?
6. 简述包装资源节约的主要途径。

包装技术

产品在流通过程中会发生各种变化或损伤,为保护产品的质量和使用价值,必须充分注意流通环境中的诸多因素,合理地选择包装方法。设计包装时通常从销售包装、运输包装和集合包装三个方面加以考虑。

销售包装技术是使产品同包装体形成一个整体,围绕商品销售中的保护功能,并兼顾其他功能而展开。主要有泡罩、贴体、收缩、拉伸、真空、充气、吸氧、防虫、灭菌、印刷等包装技术。

运输包装技术是将运输包装体和产品(包括小包装)形成一个有机的整体,目的是以最低的物质消耗和资金消耗,保证产品安全地送到用户手中。主要有缓冲、防潮、防锈、防霉等包装技术。

集合包装技术(又称成组包装技术或集装单元技术)是将若干包装件或物品包装在一起,形成一个合适的搬运单元或销售单元,以便于装卸、储存和运输。集合包装的种类很多,大致有集装箱、集装托盘、滑片集装、框架集装、无托盘集装及集装袋等。

本章主要探讨运输包装技术。

8.1 包装容器结构设计概述

包装容器结构设计在整个包装设计体系中占有重要位置,可以说是包装设计的基础。设计出的包装容器的结构性能如何,将直接影响包装件的强度、刚度、稳定性和使用性,即包装容器结构在流通过程中是否具有可靠地保护产品和方便运输、销售等各项实用功能。

8.1.1 概述

根据应用材料的不同,包装容器结构设计可以分纸包装容器结构设计、塑料包装容器结构设计、金属包装容器结构设计、木包装容器结构设计、玻璃和陶瓷包装容器结构设计等。此外,包装容器结构设计还包括缓冲结构设计,如缓冲材料的选择和衬垫的结构型式等。

包装容器主要服务于商品的流通、储运和销售等环节。在运输包装(工业包装)和销售包装(商业包装)中,由于流通条件与销售方式的不同,包装材料和产品性能的不同，其包装结构的设计自然也有所区别。但是，无论是哪一种包装，首先考虑的是商品对包装容器的基本要求，以便达到合理包装的目的。所谓包装合理性就是指包装容器对商品的保护程度是适合的，包装的程度往往与商品价值相适应。对于包装容器结构设计而言，应避免下述几种不合理现象。

（1）过度包装。即包装容器对产品的保护作用过分，以致使包装容器过大、过重，最终造成包装及运输成本过高。

（2）欠缺包装。即包装容器设计不够而不足以保护产品，致使产品在流通过程中发生事故，造成损坏或丢失。

（3）缺陷包装。即包装容器不能充分体现出其全面的使用价值，发生保护不可靠、装饰不合理等现象。

（4）夸张包装。即产品质量与包装价值不相匹配，容器的形态和外观造成产品过多或过度显示的包装。

一般说来，合理的产品包装容器结构设计应满足下述要求。

（1）包装容器能保护内装产品，使其在运输、装卸、使用过程中不受损坏，容器的结构符合动力学原理。

（2）包装容器所用的包装材料对内装产品应是安全的、稳定的，两者不发生互相作用。这一点对于精密仪器、仪表零件、食品、医药品等包装尤为重要。

（3）包装容器的结构形式和形状不会对人体造成伤害，在使用过程中适应人体的操作和搬运要求，符合人体工程学原理。

（4）包装容器的结构应适合容器的造型和装潢，应适合标志、符号或印贴的安排，要符合产品包装的美学要求。

（5）包装容器的结构设计与制造的总费用应与内装产品的价格相适应。

（6）包装容器及其材料必须适合回收利用或处理。

包装容器结构设计必须考虑到包装容器或制品在储运过程中对环境因素（如振动、冲击、温度、湿度、光、电、酸碱、氧化、昆虫、微生物和尘埃等）的全部反应。包装容器结构的这种反应及性能的预测，必须基于对其性能尽可能与实际结构相接近的模型所进行的验证和分析。在结构设计或确定实际结构的各组成部分时，可以利用物理试验模型，应用实验室的试验结果来进行设计。通常，包装容器结构设计使用的是物理试验模型和数学模型相结合的方法，在当前包装 CAD 等技术迅速发展的情况下，包装容器结构设计的过程往往主要应用数学模型。数学模型可以根据实践经验不断地加以修改和补充，这种操作循环不断，直至包装容器结构设计在根据数学模型承受外界环境因素条件下获得最佳性能为止。

8.1.2　包装容器结构设计原则

包装容器结构设计的原则可以概括为下列几点：科学性、可靠性、美观性和经济性。

8.1.2.1　科学性原则

科学性原则是指应用先进正确的设计方法，应用恰当合适的结构材料及加工工艺，使设计标准化、系列化和通用化，符合有关法律、法规，产品适应批量机械化自动化生产。

8.1.2.2　可靠性原则

可靠性原则是指包装容器结构设计应具有足够的强度、刚度和稳定性，在商品流通过程中能承受外界各种因素的作用和影响，包装件在储运、启封和使用中都符合设计要求。

8.1.2.3 美观性原则

美观性原则是指使包装容器结构达到造型和装潢设计中的美学要求，其中包括结构形态六要素：点、线、面、体、色彩、机理，结构形式六法则：安定与轻巧，对称与均衡，对比与调和，比例与尺度，节奏与韵律，统一与变化。

8.1.2.4 经济性原则

经济性原则是包装容器结构设计的重要原则。商品的经济效益与商品成本是分不开的。在包装容器结构设计中，要求合理选择材料、减少原材料成本、降低原材料消耗，要求设计程序合理、提高工作效率、降低制造成本等。通常所谓最佳包装容器结构设计，往往是以经济性作为最终设计目标的。

8.1.3 包装容器结构设计基本因素

在进行包装容器结构设计时，涉及的影响因素很多，其相互关系是很复杂的。就结构设计本身而言，就是要处理好被包装物与包装材料之间的关系，包装容器结构与流通环境之间的关系。所以，决定包装容器结构设计的基本因素是内装物、包装容器的材料以及流通的环境条件。

8.1.3.1 内装物的特性和状态

一切产品都可成为被包装物，但根据其物质属性是可以分类的。就产品而言，通常有机电工业品、轻工日用品、农牧水产品、建筑材料、食物饮料、化工材料、医药用品、电子设备和服装等。就某一种产品而言还可以进一步分类，例如，化工原料有固态、液态、粉状或气态；建筑材料有玻璃、水泥、陶瓷、装饰物和金属制品等；食品有肉禽蛋类和水果蔬菜类；等等。被包装产品是包装容器结构设计的研究对象，在进行设计之前必须了解其所有可表示的性能，包括用途和特性，形状和物态，重量和尺寸，易损性和变形性，耐水性和耐湿性，防锈性和抗霉性，危险性和污染性；等等。

8.1.3.2 包装材料的特性和适应性

包装材料五花八门，品种繁多。在现代包装工业中，主要的包装材料有纸、木、塑料、金属、玻璃、陶瓷及各种复合材料等。当前，材料科学正在迅猛发展，各种新材料层出不穷。作为包装技术工作者，不但要掌握现有各种包装材料的性能和特点，还应时刻关注各种新材料的开发动态，随时根据包装设计的需要，正确、适当地选择新材料。

8.1.3.3 流通环境的要求

产品包装完成后经过流通才能到达用户和消费者手中。流通过程包括装卸、运输、仓储、分发等多个环节。包装后的包装件在流通过程中所接触的一切外部存在的条件因素，都是流通环境。流通环境是导致包装件破损的主要外部因素，因此，要进行科学的包装容器结构设计，必须考虑产品的环境因素。通过对各类产品和各种流通环境的初步调查和分析，通常把流通环境归结为下列几类。

(1) 物理因素，包括冲击、振动和堆码静压等。

(2) 生物化学因素，包括温度、湿度、雨水、辐射、有害气体、光电、微生物和虫鼠害等。

(3) 人为因素，包括野蛮装卸和偷盗以及假冒和偷换等。

在进行包装容器结构设计时,就要考虑包装件在上述流通环境下所应采取的措施和解决的问题。例如,装卸作业中的问题包括人工作业、机械作业和转运作业时的状况;运输途中的问题包括铁路运输、公路运输、水路运输和航空运输的状况;保管中的问题包括堆码压力和保管期限长短的状况等。此外,作为已形成的包装件而言,其内部又形成一个小环境。包装容器及其材料等将与被包装物品直接接触,那么,前者会不会引起物品质量的变化,这就是包装与物品之间的相容性问题,也是结构设计时所必须重视的因素。

8.2 运输包装

运输包装主要研究在流通过程中引起包装件损坏的各种危害,研究造成这些危害的多种因素和将损坏减少到最低限度所应采取的技术或管理手段。它在减少产品的损坏,提高流通的效率,促进销售的利润和节约企业与消费者的费用等方面,都具有十分重要的作用。

8.2.1 运输包装技法的选用

商品运输包装的重要内容之一是包装技法的选用。运输包装技法是指在包装作业时所采用的技术和方法。任何一个运输包装物在进行包装操作时都有技术问题和方法问题,通过包装技法,才能将运输包装物形成一个有机的整体。

运输包装的技法可分为两大类,一类是针对产品(包括小包装)的不同形态特点而采用的技术和方法(技巧);另一类是针对产品的不同物性而采用的技术和方法。

针对产品不同形态特点而采用的技术和方法是多数产品都需要考虑采用的,故也称为一般包装技法。对于不同形态的产品如何进行包装,一个中心问题是如何合理选择内外包装的形态和尺寸。

针对产品的不同特性而采用的技术和方法是应产品的特殊需要而考虑采用的。由于产品特性不同,在流通过程中受到内外各种因素影响,其特性会发生人们所不需要的变化,或称变质,有的受潮变质,有的受振动冲击而损坏,有的接触氧气而变质等。所以需要采用一些特殊的技术和方法来保护产品免受流通环境各种因素的影响。因此,此类技术和方法也称特殊包装技法。它所包括的功能范围是极广泛的,有缓冲、保鲜、防潮、防锈、脱氧、充气、灭菌等。

8.2.2 一般包装技法

8.2.2.1 包装物的合理置放、固定和加固

在包装容器中装进形状各异的产品,必须要注意产品的合理置放、固定和加固。这类方法也可称为技巧。置放、固定和加固得巧妙,就能达到缩小体积、节省材料、减少损失的目的。例如,对于外形规则的产品,要注意套装;对于薄弱的部件,要注意加固;包装容器内质量要注意均衡;产品与产品之间要注意隔离和固定;等等。

8.2.2.2 对松泡产品进行体积压缩

对于羽绒服、枕芯、絮被、毛线等松泡产品,包装时占用容器的容积太大,会导致运输储存费用增加,所以对于松泡产品需要压缩体积。其有效的方法是真空包装方法,它可大大缩小松泡产品的体积,缩小率甚至可达 85%,即使是服装、毯子,缩小率也可达 50% 左右。应用真空包装方法压缩体积,需要注意的是,用于某些服装,会使服装留下不能复原的折

痕。为解决这一问题，必须对服装进行去除织物内水分的预处理，即用干燥的冷空气对服装进行缓慢干燥，因为织物内只含有微量水分时，就不会造成永久性折痕。真空包装方法的经济效益是显著的，估计平均可节省费用15%～30%，从而节省了可能出现的额外费用，节省了来自包装材料、运费、储存费、重新熨烫费等各个环节的费用。

8.2.2.3 外包装容器形状尺寸的合理选择

有的运输包装件，还需装入集装箱，这就存在包装件与集装箱之间的尺寸配合问题。如果配合得好，就能在装箱时不出现空隙，有效地利用箱容，并有效地保护产品。包装尺寸的合理配合主要指容器底面尺寸的配合，也就是说都应采用包装模数系列。至于外包装容器高度的选择，则应由产品特点来确定，松泡产品可选高一些的集装箱，沉重的产品可选低一些的集装箱。所以包装件装入集装箱时应注意只能平放，不能立放或侧放。在外包装容器形状尺寸的选择中，要避免过高、过扁、过大、过重等。过高的包装件（如针棉织品包装）会重心不稳，不易堆垛；过扁的包装件则给标志刷字和标志的辨认带来困难；过大的包装件，包装量太多，不易销售，而且体积大也给流通带来困难；过重的包装件，包装容器容易破损。

8.2.2.4 内包装（盒）形状尺寸的合理选择

内包装（盒）一般属于销售包装。在选择其形状尺寸时，要与外包装容器（箱）形状尺寸相配合，内包装（盒）的底面尺寸必须与包装模数协调，而且其高度也应与外包装容器高度相匹配。当然内包装容器的形状尺寸还应考虑产品的置放和固定，但它作为销售包装，更重要的是要考虑有利于销售，包括有利于展示、装潢、购买和携带等。例如，展销包装多数属于扁平形，很少有立方体，就是应销售需要而形成的。一盒送礼的巧克力，做成扁平形就很醒目、大方、有气派，如果做成立方体，所产生的效果就大不一样了。

8.2.2.5 包装外捆扎

包装外捆扎对运输包装功能起着重要作用，有时还能起关键性作用。捆扎的直接目的是将单个物件或数个物件捆扎，以便于运输、储存和装卸。捆扎的功用远多于此：捆扎能防止失窃，保护内装物品，能压缩容积减少保管费和运费；能加固容器，一般合理捆扎可使容器的强度增加20%～40%。捆扎有多种方法，一般根据包装形态、运输方式、容器强度、内装物重量等不同情况，分别采用井字、十字、双十字和平行捆等不同方法。

对于体积不大的普通运输包装，捆扎一般在打包机上进行，而对于托盘这种集合包装，用普通方法捆扎费工费力，所以发展形成了新的捆扎方法——收缩薄膜包装技术和拉伸薄膜包装技术。

1. 收缩薄膜包装技术

收缩薄膜包装技术是指用收缩薄膜裹包集装的物件，然后对裹包好的物件进行适当的加热处理，使薄膜收缩而紧紧贴于物件上，使集装的物件固定为一体。收缩薄膜是一种经过特殊拉伸和冷却处理的聚乙烯薄膜，当薄膜重新受热时，其横向和纵向产生急剧收缩，薄膜厚度增加，收缩率可达30%～40%。这种收缩特性是由于薄膜内部结构变化而造成的。

2. 拉伸薄膜包装技术

拉伸薄膜包装技术是在20世纪70年代开始采用的包装技术，它是依靠机械装置，在常温下将弹性薄膜围绕包装件拉伸、裹紧，最后在其末端进行封合而成，薄膜的弹性也使集装的物件紧紧固定为一体。拉伸薄膜包装技术无须进行加热，所消耗的能量只有收缩薄膜包装技术的1/20。

8.3 缓冲包装

产品在运输过程中，难免会受到各种因素的影响而受损。这些因素来自机械、环境、气候、生物等各个方面，其中来源于运输环节的冲击与振动引起产品包装系统的损坏，在产品流通过程的各种损坏中占70%~80%。装卸作业和运输作业中许多活动都会引起对货物的冲击和振动，如货物的抛掷和翻滚，堆垛的倒塌，交通工具的起动和制动，列车车厢的挂车，发动机的振动，不平路面引起的颠簸，海中航行船体的摇摆与振动等。

缓冲包装可使被包装物免遭冲击和振动的损坏，以达到保护产品的目的，在各种包装方法中占据十分重要的地位。

8.3.1 基本原理

缓冲包装是指解决所包装物品免受外界冲击、振动等作用，从而防止物品损伤的包装技术和方法。外界冲击或振动通过包装使所包装物品产生的损伤多数属于物理损伤，主要有以下几种。

①产品某一部位，特别是外侧突缘部位，受到的外力超过本身的强度，产生了变形或脆性破坏。

②产品表面受物理作用而破坏（往往是与缓冲材料接触的部分）。

③产品的原粘接部件受外力作用而脱落。

④产品的滑动部件受外力作用，使其固定设施失效，发生滑动撞击而受破坏。

为了防止损伤就需采用缓冲材料，使外力先作用于缓冲材料上，起到"缓和冲击"的作用。缓冲技术的基本原理，可以从下面两个公式来理解。

$$F_{冲} = ma = m\frac{dv}{dt}$$

式中：

$F_{冲}$——冲击力；

m——物体质量；

a——物体的加速度

v——物体的速度；

t——作用的时间。

冲击力是因运动着的物体，其速度瞬间消失时而产生的。冲击力的大小与物体的质量和速度成正比，与作用的时间成反比。缓冲材料首先受到外力作用产生形变，吸收了外界的能量，外力再传递到内装物时，外力作用的时间得到延长，加速度就大大减小了。一个包装件在一定高度跌落时，其能量转变情况是：包装件位能转变为动能，而动能传递到包装件内部，全部被缓冲材料吸收，即可用下式表示：

$$E = W(h+x_m) = \int_0^{x_m} p\,dx = \varepsilon AD$$

式中：

$W(h+x_m)$——包装件位能；

$\int_0^{xm} p \mathrm{d}x$ ——撞击地面时压缩缓冲材料的动能;

εAD ——缓冲材料吸收的能量;

E ——缓冲材料压缩 xm 时所需的能量（kg·cm）;

W ——包装件质量（kg）;

h ——包装件跌落高度（cm）;

x ——内装物压缩缓冲材料的距离（cm）;

p ——压缩缓冲材料的力（kg）;

xm ——内装物的最大位移（cm）;

ε ——压缩缓冲材料单位体积所吸收的能量（kg·cm/cm³）;

A ——缓冲材料的荷重面积（cm²）;

D ——压缩缓冲材料的厚度（cm）。

仅就上述原理，缓冲包装技术的效果与下列因素有关：包装件质量（W）、包装件跌落高度（h）、压缩缓冲材料单位体积所吸收的能量（ε）、缓冲材料的荷重面积（A）和压缩缓冲材料的厚度（D）。在实践中，设计一个合理的缓冲包装所考虑的因素范围更大，大致包括产品特性，流通环境，缓冲材料的特性和选择，缓冲包装结构和方法四个方面，下面就前几个因素加以介绍。

8.3.1.1 产品特性

产品特性包括产品形状、尺寸、重量、数量和产品抗冲击、抗振动、抗压缩、抗曲折的性能。有时要通过试验来查明产品易破损部分及破损原因，进而找出产品的允许加速度值，或称脆值。脆值就是产品不发生物理损伤所能承受的加速度最大值，或称致使产品破坏前的临界加速度值。它是以重力加速度的倍数来计量的，即 $G=a/g$。目前，有一些国家已取得了一系列产品的脆值数据。表 8-1 列出了日本得出的一些产品脆值。G 值表示产品对外力的承受能力。G 值越大，表明在设计缓冲包装时，可以选择刚度较大的材料；反之，则意味着在设计时应仔细考虑缓冲要求。因此，在不影响产品性能的条件下，努力提高产品本身对外力的承受能力，即提高脆值，可以大大简化缓冲包装，节约缓冲材料，减少劳动量，降低包装成本。

表 8-1 日本给出的产品脆值

序号	产品名称	脆值 G
1	大型计算机	10 以下
2	高级电子仪器，晶体振荡器，精密测量仪，航空测量仪	10~25
3	大型电子管，变频装置，精密指示仪，电子仪器，大型精密机器	25~40
4	微机，现金出纳机，大型通信、录音装置，彩电，一般测量仪器	40~60
5	磁带录音机，真空泡光学仪，照相机，可移动无线电装置	60~90
6	洗衣机，电冰箱	90~120
7	机械类，一般器材，小型真空管	120 以上

8.3.1.2 流通环境

缓冲包装的流通环境是指包装件在运输、装卸和储存过程中的机械环境，主要指冲击和振动。包装件在流通过程中可能受到的最大冲击是在装卸搬运过程中。人工装卸可能产生的冲击力远大于机械装卸产生的冲击力，因此装卸工作应尽量实现机械化。

据有关资料介绍，装卸搬运中产生的冲击加速度也可用包装件的等效跌落高度来表示，因为跌落高度是由装卸过程中包装件所承受的装卸类型决定的。例如，25 kg 以下的包装件应考虑在"一人投掷限度之内"，也就是说，这种包装件可以很容易地被扔到货堆上去，或由于它们的质量小而用其他粗鲁的方法装卸；质量在 25~50 kg 的包装件，应考虑在"一人搬运限度"之内，这种包装件对投掷来说有点重，但可以搬运，并可能从人肩那样的高度跌落下来；"两人搬运限度"可适用于 50~125 kg 的包装件，其对应的跌落高度为与人腰部等同的高度；质量在 125~250 kg 的包装件将用轻型起重机械装卸，可能经受过度的升高速度和下降速度的影响；质量在 250~500 kg 以上的包装件，将使用中型或重型机械装卸，一般将在较小的高度下跌落。同理，包装件的体积与包装件可能的跌落高度也有对应关系。表 8-2 和表 8-3 是包装件跌落试验的规范，也可看作是流通环境对缓冲包装方法的要求。表 8-3 中：Ⅰ适用于运转次数多和预计装卸条件较差的场合；Ⅱ适用于运转次数为 1~2 次和装卸条件不很好的场合；Ⅲ适用于直达和用机械装卸的场合。

流通过程中的冲击力使包装产品产生损伤是因所受到的外界冲击加速度超过产品本身的脆值而造成的。产品受到过大冲击力作用时，会由于局部应力集中而造成如变形、弯曲、折断、扭曲、凹瘪、破碎、裂缝等直接性破坏。

表 8-2　包装件质量与跌落高度的对应关系

包装件质量/kg	搬运方式	跌落高度/cm
25 以下	一人搬运，能投掷	100
25~<50	一人搬运	90
50~<125	二人搬运	75
125~<250	轻型起重机械搬运	60
250~<500	中型起重机械搬运	45
500 以上	重型起重机械搬运	30

表 8-3　包装件质量、尺寸与跌落高度

质量/kg	最大尺寸/cm	跌落高度/cm		
		Ⅰ	Ⅱ	Ⅲ
<25	<90	90	70	40
25~<50	90~<120	60	50	30
50~<75	120~<150	50	40	20
75~<100		40	30	10

运输工具运行中所产生的振动，对于所运输的包装件，是一个很不利的因素。任何包装件（容器—介质—内装物系统）都是一个有弹性和阻尼同时存在的多自由度振动系统，包装件系统所产生的振动是由运输工具振动所策动的受迫振动。一般来讲，运输工具的振动力

不是很大，振动加速度在 $0\sim 2\ g$（g，重力加速度）范围内，频率在 100 Hz 以内，但振动力是一种多次反复作用的外力，特别是包装系统的固有频率与运输工具振动频率相等或相接近时，内装产品可能因共振而遭破坏。

因此运输中的包装件，在受振动作用后会造成各种不同的破坏。常见的破坏有接触性破坏、疲劳性破坏和破损。接触性破坏是指产品受到机械性擦伤和表面图案、喷漆的磨损等；疲劳性破坏是指产品在多次反复外力作用下产生的强度降低、部件移位、微裂纹等；破损是指产品整体或附件因共振而破碎，如玻璃、陶瓷的破碎，电子产品机件损伤，金属罐头变形等。

8.3.1.3 缓冲材料的特性和选择

对包装件来说，其缓冲材料应包括容器材料、固定材料、连接材料、封接材料等，当然主要是指容器和产品之间的固定材料，但也不能忽视其他材料的缓冲作用。例如，瓦楞纸箱作外包装箱的碰撞作用时间是金属箱的 3 倍。表 8-4 列出几种不同材料的外包装的碰撞作用时间。

表 8-4　几种不同材料外包装的碰撞作用时间

外包装形式	碰撞作用时间/ms	外包装形式	碰撞作用时间/ms
无包装	2	瓦楞纸箱	6
金属容器	2	附有 25mm 的胶皮	8
木箱	4	附有 75mm 的胶皮	15

在包装件中，不同部位的缓冲材料所起的作用也不尽相同，但其基本作用都是吸收外部的冲击能量，然后在较长的时间内缓慢释放，从而达到缓冲的目的。缓冲材料的基本特性包括冲击能量吸收性、回弹性、温湿度稳定性、吸湿性、酸碱度（pH 值）、密度、加工性、经济性等。选择缓冲材料时，一定要把握住产品和流通环境的需要，合理地提出符合有关标准规定的性能要求。

1. 冲击能量吸收性

冲击能量吸收性是指缓冲材料吸收冲击能量的能力。选择包装缓冲材料时，并不是说，其冲击能量吸收性越大越好。冲击能量吸收性大，指它对大的冲击力有效，而对冲击力小的场合，则宜用能发生较大变形的材料，所以常用硬的材料来吸收大的冲击力，用软的材料来吸收小的冲击力。因此所谓缓冲材料冲击能量吸收性合适，并不是指其冲击能量吸收力大，而是指对同样大小的冲击，其吸收能量的能力大。

2. 回弹性

回弹性是指缓冲材料变形后，恢复原尺寸的能力。通俗地说，把负荷加到缓冲材料上，然后又放开时，缓冲材料能恢复到原厚度的程度即回弹性。在缓冲包装中，缓冲材料的回弹性使它与包装产品之间保持密切接触。为了使包装件防冲击防震效果不致显著降低，应选用回弹性好的缓冲材料。如果采用回弹性差的缓冲材料，它在储存或运输过程中会发生永久性变形，因此产品与缓冲材料之间或包装容器与缓冲材料之间产生间隙，导致产品在容器中位移，这是不允许的。

3. 温湿度稳定性

温湿度稳定性即要求缓冲材料在一定温湿度范围内保持缓冲性能。一般纤维材料中纤维素材料易受湿度影响，而热塑性塑料易受温度影响，特别是温度降低时，材料变硬，使包装件承受的加速度变大。

4. 吸湿性

吸湿性大的缓冲材料对包装有两个危害，一是降低其缓冲防震性能，二是引起所包装的金属制品生锈和非金属制品变形变质，纸、木丝等吸湿性强的缓冲材料不宜用于金属制品的包装；开式微孔泡沫塑料也易吸水，不宜用于包装金属制品；闭式微孔泡沫塑料则适用于金属制品包装。

5. 酸碱度（pH）

缓冲材料的水溶出物的 pH 要求为 6~8，最好为 7，否则在潮湿条件下，易使被包装物腐蚀。

6. 密度

对于缓冲材料，无论是成型品还是块状、薄片状的材料，从其使用状态来看都要求其密度尽量低，以减轻包装件的质量。

7. 加工性

加工性是指缓冲材料是否有易于成型、易于黏合等加工性能及易于进行包装作业的特性。

8. 经济性

合理地选择缓冲材料的目的是降低流通成本，因此缓冲包装技术应考虑其经济性。材料自身价格固然是重要的一个方面，但还必须把改变包装物的容积及形态对运输储存费用的影响等因素考虑进去。

除上述特性外，在不同情况下选择缓冲材料还需注意其振动吸收性、压缩蠕变性、磨耗、耐油性、抗霉性、耐化学腐蚀性、带电性等特性。

8.3.2 缓冲包装技术

缓冲包装技术一般分为全面缓冲和局部缓冲。

8.3.2.1 全面缓冲包装技术

全面缓冲包装技术是指利用缓冲材料对产品的所有面进行防护（见图8-1）。它依据产品不同和缓冲材料不同可分为以下几种。

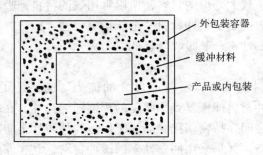

图 8-1 全面缓冲包装

1. 压缩包装技术

用丝状、薄片状或粒状缓冲材料把产品和内包装填塞加固。这样能把所吸收的冲击振动能量引导到内装物强度最高的部分。

2. 浮动包装技术

用块状缓冲材料把产品和内包装固定在其中。这种材料在包装箱内可以位移和流动，利用材料流动来分散内装物所受的冲击力。

3. 裹包包装技术

用片状缓冲材料把产品和内包装裹包起来置于外包装箱内。这种技术多用于小件物品。

4. 模盒包装技术

通常用聚苯乙烯泡沫塑料预制成与产品形状一样的模盒，将产品固定在其中。这种技术适用于小型轻质产品。

5. 就地发泡包装技术

这种技术所采用的设备是盛有异氰酸酯和盛有多元醇的容器及喷枪。使用时，先需把两种材料的容器内的温度和压力按规定调好，然后将两种材料混合，用单管道通向喷枪，由喷枪喷出，喷出的化合物在 10 s 后即开始发泡膨胀，不到 40 s 时间即可发泡膨胀到本身原来体积的 100~140 倍，形成聚氨酯泡沫体，经过 1 min 变成硬性或半硬性的泡沫体。这种泡沫体可现场喷入外包装内，能将任何形状的物品包裹住，起到缓冲衬垫作用（见图 8-2）。

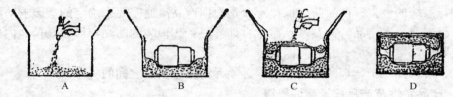

A—用混合枪将少量液体注在箱底；
B—当液体开始发泡时，放入一层塑料薄膜，把产品置于其上；
C—产品上面再放一层塑料薄膜，然后继续注入液体；
D—最后快速将箱子封好

图 8-2 就地发泡包装法

8.3.2.2 局部缓冲包装技术

局部缓冲包装技术是指仅在产品或内包装的拐角或局部地方使用缓冲材料衬垫。通常对整体性好的产品或有内包装容器的产品特别适用。它既能得到较好的效果，又能降低包装成本。

局部缓冲可以有天地盖、左右套、四棱衬垫、八角衬垫（见图 8-3）和侧衬垫（见图 8-4）几种。

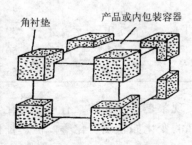

图 8-3 八角衬垫包装

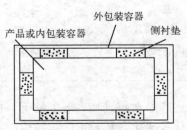

图 8-4 侧衬垫包装

8.4 防潮包装

在流通和使用过程中，商品不可避免地要受大气中潮气及其变化的影响。大气中的潮气是引起商品种种变质的重要因素，有些易吸潮的产品如医药品、农药、食盐、食糖等会潮解变质；有些含有水分的果品和食品会因水分散失而变质；还有很多食品、纤维制品、皮革等会受潮变质甚至发霉变质；金属制品会受潮气影响而生锈；等等。

所谓防潮包装就是采用防潮材料对产品进行包封，以隔绝外部空气相对湿度变化对产品质量的影响，使得包装内的相对湿度符合产品的要求，从而保护产品质量。所以，防潮包装要达到的目标是保护产品质量，采取的基本措施是以包装来隔绝外部空气中潮气变化的影响。

8.4.1 基本原理

为了弄清防潮包装的各种影响因素，以求得它的合理选择，有必要把防潮包装与周围环境一起进行系统的考察，产品防潮保存寿命是根据产品流通需要来确定的。影响防潮保存寿命的主要因素是：①产品特性及产品质量容许界限；②包装的防潮特性；③包装内部空气环境；④包装外部空气环境；⑤时间因素。

所以，要选择一个合理的防潮包装，必须弄清上述因素之间的关系。

8.4.1.1 产品特性及产品质量容许界限

产品的很多变质现象是由产品的吸潮性和失水性引起的。当产品含水率达到一定程度后，就会产生种种变质现象。通常与此含水率相对应的大气相对湿度称为临界湿度，或者称为吸湿（脱湿）允许水分界限。例如，茶叶临界湿度为 40%，苏打饼干临界湿度为 50%，等等。见表 8-5。

表 8-5　某些食品的水分和平衡临界湿度

制品	刚制造完时		容许值	
	水分/%	湿度/%	水分/%	湿度/%
巧克力	1.0	20	2.0	65
硬饼干	1.7	15	5.5	40
苏打椒盐饼干	3.5	20	6.0	50
糖果	2.0	20	4.0	45
炸马铃薯片	3.0	15	5.0	30
快餐糕点	2.0	20	5.0	50
片状点心	0.4	30	0.8	55

上述产品在超过临界湿度情况下保存所造成的变质现象是多方面的，有可能是化学、物理、生化等变化，甚至可能就是引起一些感官质量指标的变化如软硬变化等。但对任何一种变质现象，都需要确定其质量容许界限。

还有一类非吸湿性产品如金属、玻璃、塑料等制品，它们自身并不含有水分，或者并没有吸湿性，但也必须进行防潮包装，特别是金属制品。由于包装容器内水蒸气的存在，会因外面空气温度的变化而引起包装内相对湿度的变化而产生结露现象，进而导致生锈，金属制品需要防潮包装。

8.4.1.2 包装的防潮特性

包装的防潮作用，一是取决于包装材料的防潮性能，二是取决于封口的密封性质。通常在保证封口密封的条件下，包装的防潮特性主要指包装材料的水蒸气渗透性。包装材料主要有玻璃、金属、塑料薄膜和加工纸制品，像玻璃、金属和一定厚度的金属箔都是水汽完全不能透过的材料，而塑料薄膜和加工纸制品是在一定条件下能透湿的防潮材料。它们的透湿度是指单位面积在单位时间内透过的水蒸气的质量，其单位用 $g/(m^2 \cdot d)$ 表示。

在利用包装材料时，常进行如下分析：透湿度 $0\ g/(m^2 \cdot d)$ 为完全防潮材料；透湿度 $1\ g/(m^2 \cdot d)$ 以下为非常高的防潮材料；透湿度 $5\ g/(m^2 \cdot d)$ 以下为高度的防潮材料；透湿度 $15\ g/(m^2 \cdot d)$ 以下为较好的防潮材料。包装材料透湿度与材料的厚度成反比关系。表 8-6 表示聚乙烯薄膜的透湿度与厚度的关系。

如表 8-6 所示，厚度约在 0.03 mm 以上的薄膜，厚度与防潮性呈直线关系。至于特别薄的薄膜的透湿度，由于生产出来的薄膜结构不均匀，湿气可通过的通气孔隙较多，应从这一关系分离出去。另外，同一种薄膜相叠加时，其防潮性也同叠加的层数成正比关系。

表 8-6　聚乙烯薄膜的透湿度与厚度的关系

聚乙烯薄膜厚度/mm	透湿度/[g/(m²·d)]	换算成单位厚度的透湿度/[g/(0.1mm·m²·d)]	防潮性
0.018	43.7	7.78	2.3
0.029	17.2	4.99	5.8
0.039	12.2	4.76	8.2
0.052	9.0	4.68	11.1
0.065	7.4	4.81	13.5
0.078	5.9	4.60	16.9
0.102	4.6	4.69	21.7
0.122	3.8	4.64	26.3

8.4.1.3 包装内部空气环境（微气候）及其变化

由于包装容器（包装材料）的阻隔作用，会使包装内部空气环境和包装外部空气环境形成差异。也由于一些包装材料对水蒸气不是绝对的隔绝，外部环境的水蒸气会透向内部，或内部水蒸气会透出外部。如果包装内相对湿度和包装内包装物含水量较低，且比允许水分界限低，这样从外部透入的水蒸气就会被包装物吸收。当包装物吸湿速度与材料透湿速度相等时，即在一定时间内所透过的水分全部被包装物吸收，此时包装内微气候的相对湿度仍然是低的。所以只要在一定时间内，包装内的相对湿度保持在临界湿度以内，包装物仍然是安全不变质的。当然包装材料的透湿速度越低，出现这种情况的可能性就越大。图 8-5 表示茶叶包装内部相对湿度的变化。

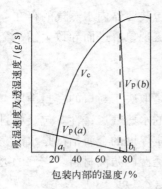

图 8-5 吸湿速度与透湿速度的关系

图 8-5 中 V_c 是含 3%水分茶叶的吸湿速度与包装内相对湿度的关系。$V_p(a)$ 和 $V_p(b)$ 是 A 材料和 B 材料的透湿速度与包装内相对湿度的关系。

V_c 和 V_p 的交点表示茶叶吸湿速度和材料透湿速度相等。这时包装内微气候的相对湿度为 a_1 和 b_1。如果茶叶的临界湿度为 40%，那么在这一时间内采用 A 材料，茶叶不会变质，而采用 B 材料则茶叶会变质。

根据产品水含量的允许值，就可算出允许透进包装的水蒸气量。

$$q = W(c_2 - c_1) \times 10^{-2}$$

式中：q——允许透进包装的水蒸气量（g）；

W——被包装物的净重（g）；

c_1——被包装物的含水率（%）；

c_2——被包装物允许的最大含水率（%）。

按照内装物吸湿的道理，包装内加一些能吸湿的干燥剂，可增加允许透进包装的水蒸气量，从而有利于包装内微气候保持在临界湿度以内。

8.4.1.4 防潮包装有效期

根据上述原理，因包装的阻隔作用和被包装物的含水量离允许的含水量之间的差距，会使包装物在一定期间内不变质。只有当包装材料透过的水蒸气总量等于所计算的 q 值时，包装物才开始受潮变质。根据包装材料透湿度的定义，就可从下式计算出透过水蒸气量 q 所需的时间，即防潮包装的有效期 t 为

$$t = \frac{q}{Q_\theta \cdot S}$$

式中：

Q_θ——在任意温湿度条件下，一定厚度材料在单位表面积（m^2）单位时间内（d）的透湿量；

t——防潮包装有效期（d）；

S——包装材料的有效面积（m^2）；

q——允许透进包装的水蒸气量（g）。

防潮包装有效期也可用下式表示：

$$t = \frac{W(c_2 - c_1) \times 10^{-2}}{R \cdot K \cdot S \cdot \Delta h}$$

式中：

t——防潮包装有效期（d）；

S——包装材料的有效面积（m^2）；

c_1——被包装物的含水量（%）；

c_2——被包装物允许的最大含水量（%）；

R——在 40℃相对湿度 0%~90%的条件下测得的透湿度 [$g/(m^2 \cdot d)$]；

K——与温度有关的系数;

Δh——在任意温度下,包装两侧的相对湿度差。

8.4.1.5 包装外部空气条件

包装外部空气条件主要指外界大气的温度和湿度条件。从上述公式可知,防潮包装的保存期与材料的温度系数 K 和包装两侧的相对湿度差 Δh 成反比。一般来讲,外界空气温度升高,材料的透湿性增大,Δh 随着外界空气相对湿度增大而增加。所以为了合理地选择防潮包装,常常根据外界温湿度条件的恶劣程度,将储运环境气候分为 A、B、C 三类。见表 8-7。

表 8-7 储运环境气候类别

气候种类		A	B	C
气候特征		高温、高湿	中等温湿度	常温常湿
气候条件	温度/℃	>30	30~20	<20
	相对湿度/%	>90	90~70	<70
	绝对湿度/mb	>38	38~16	<16

8.4.2 防潮包装方法

8.4.2.1 防潮包装等级的选用

选择防潮包装方法的一条重要原则是:既要防止不足包装,又要防止过分包装。防潮包装不足会使产品在储运流通过程中发生损坏,造成不必要的经济损失;过分包装在总体经济上亦如不足包装一样,会带来经济上的负担。为了使防潮适度,应正确地根据产品性质、储运地区的气候条件和储运期限来区分防潮等级,然后进行合理选用。国家标准《防潮包装》(GB/T 5048—2017)对防潮包装进行如下分级,见表 8-8。

表 8-8 防潮包装等级与储运条件

等级	包装储运条件		
	防潮期限	温湿度	产品性质
1 级包装	2 年	温度大于 30℃,相对湿度>90%	对湿度敏感,易生锈且易长霉或变质的产品,以及贵重、精密的产品
2 级包装	1 年	温度在 20~30℃,相对湿度 70%~90%	对湿度轻度敏感的产品、较贵重、较精密的产品
3 级包装	半年	温度小于 20℃,相对湿度<70%	对湿度不甚敏感的产品

在选择包装等级中,首先应分别根据产品性质、储运环境气候特征和估计需要的储运期限,确定包装等级;然后从所确定的三种等级中选择最高的等级作为防潮包装件设计的等级;最后,根据所选择的等级来选择防潮阻隔层材料的透湿度及容器。国家标准中推荐优先采用的防潮阻隔材料的等级标准见表 8-9。

表 8-9 包装用防潮阻隔材料和容器的透湿度

防潮包装等级	薄膜/[g/(m²·d)]	容器/[g/(m²·30d)]
1 级包装	<1	<20
2 级包装	<5	<120
3 级包装	<15	<450

8.4.2.2 防潮包装类型和方法的选用

对于上述三类防潮包装等级,都可采用不同类型的包装和方法来达到。如何选用防潮包装类型和方法,不能仅根据防潮需要这一要素,还需根据其他因素如所要求的销售包装和运输包装形式,所要求的机械强度、封口方法等来通盘考虑,选用保护性、经济性、操作便利性等均较优越的防潮包装类型和方法。可选用的防潮包装类型见表 8-10。

表 8-10 防潮包装类型

类型序号	名 称	方 法
1	刚性容器密封包装	采用透湿度为零或接近零的金属和非金属的刚性包装容器,应将干燥的被包装物置于其内,迅速密封
1.1	加干燥剂的密封包装	将干燥的被包装物,连同适量干燥剂置于刚性容器内,迅速密封
1.2.1	不加干燥剂的真空包装	将干燥的被包装物,装入气密性的刚性容器内,抽出包装内的残留潮湿气体并加以密封,以防潮湿空气及凝露对内装物的侵蚀影响
1.2.2	不加干燥剂的充气包装	将干燥的被包装物,装入气密性的刚性容器内,抽出包装内的残留潮湿气体,再充入干燥清洁的空气或惰性气体并加以密封,以防潮湿空气及凝露对内装物的侵蚀影响
2	柔性材料容器加干燥剂密封包装	采用低透湿度的柔性材料制成容器,将干燥的被包装物和适量干燥剂置于其中,然后密封包装容器使其内残留潮气为干燥剂吸收,以使内装物不受潮气影响
2.1	单层薄膜加干燥剂密封包装	采用的低透湿度的柔性材料为单一薄膜,然后加干燥剂并密封
2.2	复合薄膜加干燥剂密封包装	采用的低透湿度的柔性材料为复合薄膜,然后加干燥剂并密封
2.3	多层密封包装	采用塑料薄膜加干燥剂包装后再用蜡纸包装浸蜡,以提高防潮性或进行其他再次包装
3	复合薄膜真空包装	将干燥的产品装入防透气性、防潮性好的复合薄膜容器内,然后将容器空气抽出并加以密封,以隔绝内外空气
4	复合薄膜充气包装	将干燥的产品装入防透气性、防潮性好的复合薄膜制成的软性包装容器内,再将空气抽出并置换入等量干燥清洁的空气或氮气、二氧化碳气体,然后予以密封

续表

类型序号	名　称	方　法
5	热收缩薄膜包装	采用热收缩薄膜，将干燥产品包装起来，然后通过热空气加热，使薄膜收缩，从而使包装体内部空气压力稍高于外部大气压，隔绝内外空气以减少外界潮湿空气的侵蚀作用

在具体使用各种防潮包装材料时，应注意以下几点。

①产品在包装前必须是清洁干燥的，不清洁处应擦净，不干燥时应进行干燥处理。

②防潮阻隔性材料应具有平滑均一性、无针孔、砂眼、气泡及破裂等现象。

③当产品在进行防潮包装的同时尚需有其他防护要求时，应同时按其他防护标准规定的相应措施来加以解决。

④产品有尖突部，并可能损伤防潮阻隔层时，应预先采取包扎等保护措施。

⑤为防止在运输途中因振动和冲击有可能使内装物发生移动、摩擦等而损伤防潮阻隔层材料，应使用缓冲衬垫材料予以卡紧、支撑和固定，并应尽量将其放在防潮阻隔层的外部。所用缓冲材料应采用不吸湿或吸湿性小的，不干燥时应进行干燥处理。对内装物不得有腐蚀及其他损害作用。

⑥应尽量缩小内装物的体积和防潮包装的总表面积，尽可能使包装表面积对体积的比率达到最小。

⑦防潮包装应尽量做到连续操作，一次完成包装，若中间停顿作业，则应采取有效的临时防潮保护措施。

⑧包装场所应清洁干燥，温度应不高于35℃，相对湿度不大于75%，温度不应有剧烈变化以避免发生凝露现象。

⑨防潮包装的封口，不论是黏合还是热封合，均须良好的密封。塑料薄膜包装的防潮阻隔层的热焊或黏合封口强度应通过封口性试验。

8.5　防锈包装

防锈包装方法是在运输储存金属制品与零部件时，为防止其生锈而降低价值或性能所采用的种种包装技术和方法。其目的是：消除和减少致锈的各种因素，采取适当的防锈处理，在运输和储存中除了防止防锈材料的功能受到损伤外，还要防止一般性的外部的物理性破坏。

锈是指金属发生化学变化，在其表面生成的有害的化合物。一般来说，钢铁的防锈处理也能防止大部分非铁金属铜、铝、锌等的腐蚀。但其中也有些防锈剂仅仅对于钢铁有效，而对某些非铁金属不仅无效，反而有促进腐蚀和变色的作用。

从理论上讲，金属制品所使用的金属是处在较高能量状态，故放出能量返回较低的能量是必然趋势。因此所有防锈包装方法都只是推迟腐蚀和生锈的方法，绝对不可能完全防止腐蚀。

据报道，全世界每年因金属腐蚀造成的直接经济损失约为7 000亿美元，我国因金属腐蚀造成的损失占国民生产总值的4%。其实铁锈造成的间接损失数额更大。例如，精确度要求在 1/1 000 mm 以上的球形轴承稍有生锈，其商品价值就等于零，而即使没有这种精确度的要求，生锈的工具和机械零件也能造成损失。又如为取回商品，去锈，再次运送，再加上使防锈包装更加完善的一些费用（器材、人员费、运输费等），以及因迟误了交货期的损失赔偿，还有因失去信誉造成的无形损失等，生锈造成的损失是很大的。

总之，金属被腐蚀是不可避免的，即使制品仅一部分是由金属制成的，也绝对需要应用防锈包装方法。

8.5.1 基本原理

金属腐蚀有化学腐蚀和电化学腐蚀两种类型，电化学腐蚀是破坏金属的主要形式。根据金属化学腐蚀和电化学腐蚀的机理，金属腐蚀的过程是由许多因素左右的。这些因素之间又存在着复杂的相互作用关系。影响金属腐蚀速度和分布的因素，大致可分为内部因素和外部因素。

8.5.1.1 影响金属腐蚀的内部因素

影响金属腐蚀的内部因素，主要指金属本身的特征和金属表面的性状，它决定了金属腐蚀的内在依据。这些因素有：金属材料种类、金属表面加工特性、金属加工残留物、金属表面的锈迹、超过有效期的防锈材料、金属表面汗迹等。

金属制品所采用的各种金属材料如铸铁、碳钢、低合金钢、铜、铝及合金等，都会在一定条件下发生腐蚀。不过各种金属材料的腐蚀难易程度是不同的，一般来讲，铸铁、碳钢的耐锈蚀性较差；低合金钢内含铬等元素，它的耐锈蚀性比铸铁和碳钢强；铜及其合金的电极电位较高，而铝及其合金的电极电位虽低，但它们在大气中很快能生成致密的、有良好保护作用的氧化膜，这样铜、铝及其合金都表现出良好的耐锈蚀性能。

金属制品裸露面的粗糙度和加工方法对锈蚀速度也有影响。粗车加工或喷丸处理的粗糙表面容易吸水和积尘，将导致锈蚀速度加快；相反，经精加工后的金属表面的锈蚀速度相对减缓。另外，一些零部件经锻、焊、热处理或拉、压、弯加工后，引起金属内部应力变化，也会促进金属锈蚀，称之为应力锈蚀。

不少金属制品零部件要经热处理加工，而清理热处理残盐一般比较困难，残盐滞留在金属表面，对金属腐蚀会起加速作用。其他还有不少防锈材料和超过防锈有效期不及时清理的防锈材料，都会导致金属腐蚀。

8.5.1.2 影响金属腐蚀的外部因素

从防锈包装技术来看，影响金属腐蚀的外部因素就是储运的环境因素。外部因素决定了金属腐蚀条件的环境性质。这些因素有：空气中氧的作用，空气湿度、温度、雨淋的作用，大气中有害气体的作用，环境中尘埃的作用，等等。在一定空气相对湿度条件下，金属表面吸附水分而有水膜形成，会使金属的化学腐蚀转变为电化学腐蚀。金属材料都有它们的腐蚀临界湿度，大部分金属在 60%～65% 相对湿度以上时，锈蚀速度成倍增长。

金属锈蚀速度会随温度升高而加快，因为气温升高加速了金属锈蚀的电化学反应，特别是湿度高的雨季，温度的影响甚为明显。

空气中的有害物质，如二氧化硫、氯化氢、氯化钠及尘埃都会促进金属锈蚀的速度。雨水的冲淋有破坏防锈涂层的作用，同时雨水本身是腐蚀介质，雨水中溶解的大气中的有害物质都会导致金属锈蚀。另外，在湿热的条件下，无防霉作用的防锈材料容易生长和繁殖微生物，而微生物的代谢产物多为酸性物质,如蚁酸等,也是导致金属锈蚀的介质。

从上述影响金属锈蚀的内外因素可见,消除生锈的原因或把生锈的原因减少到最低限度是防止金属锈蚀的关键。从防锈包装技术的角度看,防锈的基本原理是清除金属表面影响锈蚀的有害物质和隔绝氧气、湿气、雨淋、尘埃和大气中有害气体的作用。清除金属表面影响锈蚀的有害物质即将水汽和氧气以外的生锈因素尽量排除干净,这是实施隔绝技术的前提条件。隔绝技术主要是指利用保护皮膜和密封包装。所谓利用保护皮膜就是利用防锈材料中的有机的或无机的腐蚀抑制剂,生成纳米级以下的不可见的氧化皮膜、不溶性皮膜或吸附皮膜,将水和其他生锈因素隔开。密封包装是指把包装内部的相对湿度控制在20%以下,以致在通常气温变化下不致结成水珠而起到防锈作用。

8.5.2 防锈包装方法

防锈包装是按清洗、干燥、防锈处理和包装四个步骤顺序逐步进行的。

(1) 清洗是指尽可能消除后期生锈原因的不可少的第一阶段。

(2) 干燥是指清除在清洗后残存的水和溶剂的工作。干燥应进行得迅速可靠,否则将使清洗工作变得毫无意义。

(3) 防锈处理是指清洗、干燥后,选用适当防锈剂对金属制品进行处理的阶段。这是最根本的、最重要的工作。在缺少适当的防锈剂或防锈剂应用得不理想时,应代之以密封防潮处理。

(4) 包装阶段。这一阶段除了要达到保证防锈处理效果,保护制品不受物理性损伤,防止防锈剂对其他物品造成污染之外,还要达到便利储运和提高商品价值等目的。在考虑清洗、干燥、防锈处理和包装时,应选择各种适当的方法加以应用。

制品主要根据下列条件选用防锈包装方法。

(1) 制品的特征和表面加工的程度。

(2) 运输和储存的期限及在这个期限内的环境条件(温度、湿度、空气中的污染物质等)。

(3) 在流通过程中包装件所承受的载荷程度。

8.5.2.1 清洗

制品在防锈包装前,选用下列方法进行清洗以除去表面的尘埃、油脂残留物、汗迹及其他异物。

(1) 溶剂清洗法。在室温下,将制品全浸、半浸在复合溶剂油、航空洗涤汽油、轻柴油等溶剂中,用刷洗、擦洗等方式进行清洗。大件制品可采用喷洗或蘸有石油溶剂的器具刷洗。洗涤时应注意防止制品表面凝露,且应注意安全。

(2) 清除汗迹法。在4号品种置换型防锈油中,或在石油溶剂中加入适量的1~3号品种置换型防锈油进行浸洗、摆洗或刷洗。高精密小件制品可在适当的装置中用温甲醇浸洗,或用其他方法清洗。

(3) 蒸汽脱脂清洗法。选用卤代烃清洗剂,在蒸汽清洗机或其他装置中对制品进行蒸汽脱脂。使用此类清洗剂时,应注意调整缓蚀剂和稳定剂含量,控制溶剂变质,并要求对金属不产生腐蚀。此法适用于除去制品油脂状的污染物,不适用于除去无机盐及在清洗时能与蒸汽发生反应的制品和复杂的精密制品。

卤代烃清洗剂包括:三氯乙烯、四氯乙烯、二氯甲烷、三氯氟烷、甲基氯仿、四氯化碳等。

（4）碱液清洗法。制品在碱液中浸洗、煮洗或压力喷洗。

（5）乳剂清洗法。制品在乳剂清洗液中浸洗或喷淋冲洗。

（6）表面活性剂清洗法。制品在离子表面活性剂（包括阴离子、阳离子和两性离子型）或非离子表面活性剂的水溶液中浸洗、刷洗或压力喷洗。

（7）电解清洗法。将制品浸渍在电解液中进行电解清洗。

（8）超声波清洗法。将制品浸渍在各种清洗溶液中，使用超声波进行清洗。适用于精密中、小件制品的清洗。

8.5.2.2 干燥

金属制品清洗后，表面常附着溶剂与水分，应立即进行干燥处理，特别是有些制品除锈后，其金属表面处于极易生锈的状态，应尽快进行干燥和防锈处理。

干燥处理的方法有压缩空气吹干、烘干、红外线干燥、擦干、滴干、晾干和脱水干燥。压缩空气吹干是指用经过净化处理的压缩空气来吹干；烘干是指将产品或零部件放在烘房或烘箱内烘干；红外线干燥是指用红外灯或远红外线装置直接进行干燥，此法效果好，适合大量生产；擦干是指用干净的布或棉纱擦干，但应注意不要将纤维物、指纹等留在金属表面；滴干、晾干是指用添加置换型防锈油清洗的方法；脱水干燥是指采用脱水防锈油对用水基金属清洗剂清洗后的制品表面残留的水分进行处理。

8.5.2.3 防锈处理

对清洗和干燥处理结束的金属制品，原则上应立即进行防锈处理。由于操作原因，不能马上进行防锈处理的，应将制品存放在洁净而干燥的空气中，或将其保持加温状态以防止在制品的表面凝结露珠，致使清洗过的金属表面再次污染或生锈。当然，如果采用干燥剂进行完全密封防潮包装，也可省去防锈处理，但是仅仅依靠密封防潮是不一定合理的，一是因为储运过程中包装有可能遭到破坏而导致生锈，二是因为要做到完善的密封防潮和坚固的外部包装，往往成本很高，经济上不划算。因此，即使采用密封防潮包装，如有可能最好也要进行防锈处理。

所谓防锈处理就是指将腐蚀抑制剂以某种形式涂覆到金属制品表面上防锈。通常有防锈油脂和气相防锈材料两种。

1. 防锈油脂的使用

使用防锈油脂时，根据制品的形状及防锈要求选用下列方法。

（1）浸涂法。将制品完全浸渍在防锈油中，涂覆防锈油膜。

（2）刷涂法。在制品表面刷涂防锈油脂。

（3）充填法。在制品内腔充填防锈油脂。充填时应注意使内腔表面全部涂覆，多余的防锈油脂应放出，不放出的，应留有能容纳因受热而膨胀的油脂所需的空隙。制品的开口处应密封，不允许有泄漏现象。

（4）喷雾法。将防锈油喷涂在制品表面上。

2. 气相防锈材料的使用

使用气相防锈材料时，按制品的形状、材质选用下列方法。

（1）气相缓蚀剂法。按制品的防锈要求，采用粉剂、片剂或丸剂状气相缓蚀剂，散布或装入干净的布袋或盒内。气相缓蚀剂的用量每立方米包装空间不少于30 g，其离制品的防锈面不超过 300 mm。

（2）气相防锈纸法。制品的形状比较简单而容易包扎时，用气相防锈纸包封后，套塑料袋或容器密封。气相防锈纸包封制品时，要求接触或接近金属表面。离金属表面超过 300 mm 的部位，应与气相缓蚀剂并用。

气相防锈纸与气相防锈油并用时，根据需要在气相防锈纸外包覆耐油性包装材料，但具有耐油性的气相防锈纸除外。形状复杂的大件制品，用气相缓蚀剂溶剂或悬浊液涂刷或喷涂后，再用气相防锈纸等材料包封。

（3）气相防锈塑料薄膜法。制品要求包装外观透明时，采用气相防锈塑料薄膜袋热压焊封。涂布的气相防锈塑料薄膜，涂覆面应朝袋内；吹塑的气相防锈塑料薄膜可直接使用。

8.5.2.4 包装

包装是防锈包装方法的最后阶段。从防锈角度看，包装的目的是防止外部冲击造成防锈皮膜的损伤，防止防锈剂的流失而污染其他物品，除此以外，包装还应有便利储运、提高商品价值等目的。

可选用表 8-11 中所列方法进行包装。

表 8-11 防锈包装方法

代号	名 称	方 法
B1	一般包装	制品经清洗、干燥后，直接采用防潮、防水包装材料进行包装
B2	防锈油脂包装	
B2-1	涂覆防锈油脂	制品直接涂覆膜或防锈油脂，不采用内包装；
B2-2	防锈纸包装	制品涂防锈油脂后，采用耐油性、无腐蚀内包装材料包封；
B2-3	塑料薄膜包装	制品涂覆防锈油脂后，装入塑料薄膜制作的袋中，根据需要用黏胶带密封或热压焊封；
B2-4	铝塑薄膜包装	制品涂覆防锈油脂后，装入铝塑薄膜制作的袋中，根据需要用黏胶带密封或热压、焊封；
B2-5	防锈油脂充填包装	对密闭内腔防锈，在制品内腔充填防锈油脂，充填时应注意使内腔表面全部涂覆，且应留有空隙，并不应泄漏，密封包装
B3	气相防锈材料包装	
B3-1	气相缓蚀剂包装	使用粉剂、片剂、丸剂状的气相缓蚀剂，散布或装入干净的布袋或盒中，或将含有气相缓蚀剂的油等非水溶液喷洒于包装空间，再密封包装；
B3-2	气相防锈纸包装	与气相防锈纸法相同。必要时，再加密封包装；
B3-3	气相防锈塑料薄膜包装	与气相防锈塑料薄膜法相同；
B3-4	气相防锈油包装	制品内腔密封系统刷涂、喷涂或注入气相防锈油
B4	密封容器包装	
B4-1	金属刚性容器密封包装	制品涂防锈油脂后，用防锈耐油脂包装材料包扎和充填缓冲材料，装入金属刚性容器密封。需要时，可做减压处理；
B4-2	非金属刚性容器密封包装	将防锈处理后的制品装入采用防潮包装材料制作的非金属刚性容器，热压焊封或用其他方法密封

续表

代号	名称	方法
B4-3	刚性容器中防锈油浸泡的包装	制品装入刚性容器（金属或非金属）中，用防锈油完全浸渍，然后进行密封；
B4-4	干燥剂包装	制品进行防锈处理后，与干燥剂一并放入铝塑复合材料等密封包装容器中。必要时可抽取密封容器内部空气
B5	可剥性塑料包装	
B5-1	涂覆热浸型可剥性塑料包装	制品长期封存或防止机械碰伤，采用浸涂热浸可剥性塑料包装。需要时，在制品外按其形状包扎无腐蚀的纤维织物（布）或铝箔后，再涂覆热浸型可剥性塑料；
B5-2	涂覆溶剂型可剥性塑料包装	制品的孔穴处充填无腐蚀性材料后，在室温下一次涂覆或多次涂覆溶剂型可剥性塑料。多次涂覆时，每次涂覆后应待溶剂完全挥发后，再涂覆
B6	贴体包装	制品进行防锈后，使用硝基纤维、醋酸纤维、乙基丁基纤维或其他塑料膜片作透明包装，真空成型
B7	充气包装	制品装入密封性良好的金属容器、非金属容器或透湿度小、气密性好、无腐蚀性的包装材料制作的袋中，充干燥空气、氮气或其他惰性气体密封包装。制品可密封内腔，经清洗、干燥后，直接充气密封

在进行包装操作时，还应注意以下几点。

（1）作业场所的环境应尽量使之对防锈有利，有可能的话，应进行空气调整，最好能在低湿度、无尘和没有有害气体的洁净空气中进行包装，还应在尽量低的温度下进行作业。

（2）进行防锈包装时，特别应使包装内部所容空气的容积达到最小，这能减少潮气、有害气体和尘埃等的绝对量。

（3）在着手处理包装金属制品时，不要沾上指纹，如沾上了指纹，需要使用指纹消除剂，妥善地进行处理。

（4）要特别注意防止包装对象的突出部分和锐角部分损坏，或因移动、翻倒使隔离材料遭到破损，故在应用缓冲材料进行堵塞、支撑和固定等方面，需要比其他一般包装周密些。一般来说，防锈包装因隔离材料的破损而遭受致命损害的情况较多。

8.5.2.5 防锈包装等级

应根据产品的性质、流通环境条件、防锈期限等因素进行综合考虑来确定防锈包装等级。防锈包装等级一般分为1级、2级、3级，见表8-12。

表8-12 防锈包装等级

等级	防锈期限	条件	
		温度、湿度	产品性质
1级包装	2年	温度大于30℃，相对湿度大于90%	易锈蚀的产品以及贵重、精密的、可能生锈的产品

续表

等级	防锈期限	条件	
		温度、湿度	产品性质
2级包装	1年	温度在20~30℃，相对湿度在70%~90%	较易锈蚀的产品以及较贵重、较精密、可能生锈的产品
3级包装	0.5年	温度小于20℃，相对湿度小于70%	不易锈蚀的产品

8.6 防霉包装

包装产品的发霉变质直接是由霉菌引起的。霉菌是一种真菌，在一定条件下很容易在各种有机物上繁殖生长。霉菌要从产品中吸取营养物质，就会产生生物酶，使产品中的有机物产生生物化学变化而分解，由此有的产品会变糟、牢度降低；有的产品长霉后影响外观，还会引起机械、电工、仪器、仪表的机能故障；对有的金属产品还能引起腐蚀的加快。据有关部门估计，仅在欧洲和北美，工业器材因发霉导致生物老化所造成的经济损失，每年就达10亿美元。我国电工产品在使用中因生物因素影响造成的故障，占故障总数的10%~15%。

防霉包装方法是包装防护措施之一，即为防止因霉菌侵袭内装物（产品）长霉影响质量所采取的具有一定防护措施的包装方法，其防护途径是通过包装结构或工艺对内装产品起到防霉保护作用的。

8.6.1 基本原理

要合理地选用防霉包装方法，必须弄清影响防霉包装技法的各种因素，而这些因素必然与霉菌生长繁殖的生存条件联系在一起。霉菌是无根、茎、叶的真菌，没有叶绿素，不能利用阳光吸收二氧化碳进行光合作用，必须从有机物中摄取营养物质以获取能源。霉菌还具有个体小、繁殖快、易变异、营养类型多等特性，故对环境适应能力很强而广布各处。对工农业产品及材料有侵蚀作用的菌种约有4万种，但霉菌的生长与所有的生命体一样，受到周围环境影响。环境适宜，霉菌能迅速地生长繁殖；环境恶劣，霉菌的生长繁殖受到抑制或完全停止。霉菌的生长繁殖除需外界提供一定的营养物质外，还需有一定的温度、湿度、酸度（pH）、氧气等条件。霉菌最适宜的生长温度是25~35℃，但个别菌种能在50℃以下和在-6℃的冷藏肉食上生长。

湿度是霉菌生长的必要条件之一，霉菌孢子只有在较高的湿度条件下，吸收了足够的水分后才能萌发，营养物也只有在湿润状态下才能吸收。对于大多数霉菌来说，都生长在相对湿度75%以上，只有少数耐干的霉菌能在60%~70%的相对湿度下生长。对于一般霉菌来说，空气相对湿度低于65%时，霉菌孢子就趋于不萌发和不生长状态。在该数值以上，湿度越大，霉菌生长越快。

霉菌还需要在一定的酸碱度环境中才能正常生长，pH过高或过低都会影响霉菌生长繁殖。霉菌一般在pH为4~6时发育最好。

另外，霉菌与植物一样，具有呼吸作用，即吸收氧气，放出二氧化碳，从而为生存提供能量。有试验表明，霉菌中的青霉、毛霉，在空气中 CO_2 浓度达20%时，死亡率就达 50%～70%；如空气中 CO_2 浓度达50%时，霉菌全部死亡（孢子除外）。

防霉包装要能防止其内装产品发霉，必须考察包装和内装产品及所处环境与霉菌生存条件之间的内在联系，即分析影响包装及内装产品发霉的种种因素。按系统观点，这些因素可分为内部因素和外部因素两大类。内部因素主要是指产品和包装及其材料的特性，包装内微气候条件如温度、湿度、氧气等。这些因素的差异性及包装时所进行的调整是决定内装产品发霉的内在依据。外部因素是指包装外部环境条件及其影响包装内部因素的程度。

8.6.1.1 产品和包装及其材料的特点

产品和包装所采用的材料中，有机材料的应用非常广泛，诸如塑料、橡胶、黏合剂、涂料、油漆、纸张、纸板、木材、棉、麻、丝、毛织品等。这些物质含有能被霉菌直接利用的丰富营养物，常常导致霉菌滋生。除此以外，一些非有机物如玻璃、金属等本身并不含有能被霉菌直接利用的营养物质，但因在生产、装配、运输、储存过程中，灰尘、油脂、汗水、昆虫尸体等物质污染，也为霉菌的侵蚀间接提供了条件，在适宜的条件下这些材料的表面也能有霉菌生长。另外，一些金属表面采用涂料作保护层，据一些资料介绍，涂料有20%～40%会被微生物破坏致使金属腐蚀。为了使产品和包装不利于霉菌的生长，可以选用抗菌性强的材料如金属材料；或改进材料的配方和工艺提高其抗霉性，如在塑料中减少有利于霉菌生长的增塑剂、稳定剂等有机物质的用量；或加工时在涂布过程中加入防霉剂，杀死或抑制霉菌的生长。

特别重要的是：包装本身的发霉会直接影响内装商品的霉变。所以选择抗霉性好的包装材料是很重要的。各种包装材料包括外包装、内包装和衬垫材料，它们的抗霉性有很大差异，大致可划分为下列几种类型。

1. 抗霉性较好的材料

它主要指金属材料和钙塑瓦楞纸和箱。金属材料以钢铁和铝为主。金属容器比任何其他材料制成的容器更能耐霉、耐湿、不透油、不透气、机械强度高，能承受压力和振动，适用于大、中、小型产品的密封（长期封存）包装。小型产品可用马口铁。钙塑瓦楞纸和箱是以聚烯烃树脂为基料，轻质碳酸钙为填料，配以少量助剂，通过压延热黏等成型加工方法制造而成的。钙塑瓦楞箱的防霉性和防潮性均较好，但耐老化性能差，且表面光滑不利于堆垛。

2. 半抗霉性材料

半抗霉性材料大多是一些塑料及其复合材料。塑料品种多，性能各异，能适应多方面的要求，适用范围广。在包装中使用较多的是将聚乙烯、聚丙烯、聚苯乙烯等热塑成型为软薄膜、薄片，熔化后通过挤压、吹塑等工艺成型为各种瓶、罐、盒等塑料容器。上述容器多数有可能不同程度地长霉，并因原料和配比量不同而有所差别。

复合材料是两种或多种不同薄膜材料相复合的包装材料。铝箔与多层塑料复合而成的铝塑复合材料，其阻隔性强，有较好的防霉防潮性能，但铝箔易折裂，出现针孔，会降低性能。另外，塑-纸或铝-塑-布等复合材料含有有机纤维材料，抗霉性差。纺织材料最好经防霉处理，再复合成复合材料。

3. 不抗霉材料

纸、纸板、油毛毡、木材、棉麻纤维织物、绳索等几大类材料都比较容易长霉，属不抗霉材料。由于这些材料均属有机物，经加工后的材料表面往往又涂覆有涂料、油墨、颜色等，使这些材料沾有更丰富的营养物质如多糖类、蛋白质和油脂等，有利于霉菌的生长。这些材料除非经干燥处理后在密封包装容器中使用，或包装采取防霉措施，否则必须经防霉处理来提高其抗霉性能。

不抗霉的材料进行防霉处理时，最好在材料的生产工艺过程中把防霉剂直接加入制成防霉材料后使用。如果用不抗霉的材料制作包装容器，可用下列两种方法进行防霉处理：浸渍或涂刷防霉剂溶液；浸渍或涂刷防霉剂涂料。

用于防霉处理的防霉剂应符合下列要求：防霉剂要具有高效、广谱、低毒、使用安全、操作简便等特性；产品及材料防霉处理后，不影响其外观、性质和质量，对产品的金属零件及镀层无腐蚀作用；防霉剂应具有较好的稳定性、耐热性和持久性。

8.6.1.2 包装内的微气候条件

从霉菌的生理出发，引起产品发霉的包装内微气候条件要素是：温度、湿度和氧气浓度。防霉包装技术的一个重要特点是：只要控制上述气候条件的任何一个要素，使之在最低临界点以下时，就可达到抑制霉菌生长的目的。

例如，湿度因素，在包装时把包装内的相对湿度控制在60%以下，就可抑制霉菌的生长。同样，控制温度、氧气等因素使之在霉菌生长的最低临界点以下，也可达到抑制霉菌生长的目的。若包装能达到这些要求，也就能确保包装容器内的产品免遭霉菌的侵蚀。

8.6.1.3 包装外部环境条件

外部因素，即包装外部环境条件，是指包装作业、运输、储存的环境。在包装操作时，要能进行整洁生产，防止油渍、灰尘进入产品包装容器内，不给霉菌留下养料。在运输中，运输条件恶劣程度、运输时间长短、装卸状况，以及在储存中库房结构、温湿度条件和库存时间都会对包装的防霉产生种种影响。

包装外部的大气湿度条件对包装防霉的影响较大，因为外包装材料的含水量直接与大气温湿度相关，在一定的湿度和温度条件下，经过一定时间后，各种材料均能达到该条件的平衡含水量。如果材料的含水量过高，就给霉菌的生长提供了条件，使材料长霉变质，但材料含水量过低，也会引起不利于包装的其他保护作用的变质现象，如干裂、发脆、变形等。所以包装外部环境的相对湿度最好能保证把包装材料的含水量控制在"安全水分"的一定范围之内。各种材料的安全水分范围是不同的，如包装用木材的安全水分范围为12%~15%。

8.6.2 防霉包装方法

8.6.2.1 防霉包装等级的选择

防霉包装分四个等级，即Ⅰ级包装、Ⅱ级包装、Ⅲ级包装和Ⅳ级包装。防霉包装的等级是根据产品抗霉菌侵蚀能力、运输、储运所涉及的环境条件、包装结构、选用的包装材料的抗霉性能以及样品霉菌试验的结果等因素来确定的。

Ⅰ级包装：产品表面用肉眼看不见菌丝生长。

Ⅱ级包装：产品表面或内包装薄膜表面均未发现霉菌生长，外包装局部区域有霉菌生长，生长面积不超过内外表面的10%，且不应因长霉影响包装的使用性能。

Ⅲ级包装：产品及内外包装允许出现局部少量长霉现象，试验样品长霉面积不应超过其内外表面的25%。

Ⅳ级包装：试验期内包装材料机械性能下降，产生霉斑影响外观。

合理选择防霉包装等级的原则：一是满足产品的运销、使用；二是尽量减少费用，经济合理。在具体选择时，对于外观和性能均有要求的产品，可以选择Ⅰ级包装；对于霉菌不敏感或要求较低的产品，可以选择Ⅱ级或Ⅲ级包装。这样可以起到抵抗或减缓霉菌生长的作用，满足产品的使用要求。

8.6.2.2 防霉包装设计原则

从上述影响包装防霉的种种因素来看，防霉的途径可以是多样的：可以选用耐霉材料来防霉；可以改变产品结构达到表面隔离而防霉；可以采用防霉剂处理来防霉；也可以通过包装结构和工艺来达到防霉；还可以控制包装件储运环境来防霉。所以正确选择防霉包装方法需要考虑下列多种因素。

①防霉包装等级，即在产品技术条件中规定的防霉等级，反映了对产品的防霉要求。
②产品的特点，即产品的抗霉性能，有无采用防霉措施及防霉处理。
③内外包装材料的特点，即包装材料受霉菌侵蚀损坏的敏感程度和防霉处理情况。
④销售目的地的气候环境。
⑤整个运输、装卸和储存环境条件的恶劣程度、时间长短，有无防霉措施等。

对于各类产品，应根据上述因素来设计防霉包装结构、工艺和方法，无须规定一种适合于所有产品防霉包装的统一结构，即可使包装达到防霉性能最佳。

8.6.2.3 防霉包装方法的类型和选用

防霉包装方法大致可分为两大类，一类为密封包装，另一类为非密封包装。

1. 密封包装

密封包装又可分为四种。

（1）抽真空置换惰性气体密封包装。采用密封包装结构，在密封容器内抽真空，置换惰性气体。

（2）使用防潮剂封存包装。选择气密性好及透湿度低的各类容器或复合材料等进行密封包装。在密封容器内放防潮剂，以控制包装容器内的相对湿度。

（3）除氧封存。选择气密性好、透湿度低、透氧率低的复合材料或其他密封容器进行密封包装。在密封包装容器内放置适量的除氧剂和氧指示剂。除氧剂可把包装容器内的氧气浓度降至0.1%以下，实现除氧封存来防止产品长霉。

（4）挥发性防霉剂防霉。根据产品的具体情况，在密封包装容器内放置具有抑菌的挥发性防霉剂进行防霉包装，可以在较长时间内抑制霉菌生长。

2. 非密封包装

非密封包装可分为两种。

（1）产品经有效防霉处理。对易长霉的产品及零部件经有效防霉处理后，外包防霉纸，然后再包装。

（2）包装箱开通风窗。对属于长霉敏感性较低或吸水率低的产品，同时包装箱的体积较大，可在包装箱两端面上部开设通风窗，以控制包装箱内的含湿量。通风窗的作用是防止和减少由于温度升降在产品上产生凝露，致使产品长霉。一般情况下，对经有效防霉处理的产品或对长霉敏感性较低的产品，可以采用非密封包装。

8.6.2.4 防霉包装的技术要求

防霉包装的技术要求包括对包装质量、包装材料和包装环境条件三方面的要求。

1. 质量要求

（1）根据产品的性质、结构、储运和装卸条件，以及被包装产品生产的工业等条件，进行防霉包装设计，使所包装的产品在有效期内符合包装件要求的防霉包装等级要求。

（2）密封包装要求在有效期内，包装容器或内包装袋内的相对湿度小于或等于60%。产品包装后，应保证在容器内外压差为 20 kPa 的情况下没有漏气现象。所包装的产品在有效期内不长霉。

（3）非密封性包装可在包装中采取有效的防潮防霉措施，使所包装的产品在有效期内达到专业产品技术文件所规定的防霉等级要求。

（4）产品经检查，确认其外观、性能及质量符合专业产品技术文件的规定，没有霉腐及其他缺陷，方可进行包装。

2. 材料要求

（1）与产品直接接触的包装材料，对产品不允许有腐蚀作用，亦不允许使用产生腐蚀性气体的材料。

（2）用于防霉包装的各种材料，必须是耐霉的，凡耐霉性差的材料，应按相应标准和专业产品技术文件规定进行防潮防霉处理。

（3）应选择吸水率和透湿度较低的包装材料进行防霉包装。

（4）可发性聚苯乙烯泡沫塑料及同类材料制成的包装容器必须干燥，防止包装后引起相对湿度升高导致产品生霉。

（5）用硅胶作干燥剂时，应选择细孔型的硅胶，其吸水率应大于33%。

3. 包装环境条件

（1）包装环境应保持清洁、干燥，无积水和有害物质。

（2）包装过程应保持产品和包装容器整洁，避免手汗油脂和其他有机物污染被包装产品和包装。

本章小结

引起包装件在流通过程中损坏的主要因素是：流通过程中装卸、运输、储存等环节的特征；内装物自身的特性；包装设计。因此，在包装设计时，要充分考虑到商品的流通环境和内装物特性。

包装结构设计是包装设计的基础，要求学生掌握包装结构设计的基本原则和基本因素。本章主要介绍了常用的运输包装技术与方法，包括：缓冲包装、防潮包装、防锈包装和防霉包装。掌握各种专用包装技术的基本原理和一般方法是进行包装设计的前提。

复习思考题

一、基本概念

缓冲包装　防潮包装　防锈包装　防霉包装

二、选择题（含多选）

1. 对于容器结构设计而言，应避免的不合理包装有（　　　　）。

    A. 过度包装　　　　　　　B. 欠缺包装　　　　　　　C. 缺陷包装

D. 夸张包装　　　　　　　　E. 精美包装
2. 决定包装结构设计的基本因素是（　　）。
　　A. 内包装物　　　　B. 包装造型　　　　C. 包装容器的材料
　　D. 包装装潢　　　　E. 流通的环境条件
3. 对于托盘集合包装，发展形成了新的捆扎方法：（　　）。
　　A. 井字捆扎　　　　B. 十字捆扎　　　　C. 收缩薄膜包装技术
　　D. 拉伸薄膜包装技术　　E. 双十字捆扎
4. 缓冲材料的基本特性包括（　　）。
　　A. 冲击能量吸收性和回弹性　　B. 吸湿性和温湿度稳定性
　　C. 酸碱度（pH）　　　　D. 密度　　　　E. 加工性和经济性
5. 影响防潮保存寿命的主要因素是（　　）。
　　A. 产品特性及产品质量容许界限
　　B. 包装的防潮特性
　　C. 包装内部空气环境
　　D. 包装外部空气环境
　　E. 时间因素
6. 防止金属锈蚀的关键是（　　）。
　　A. 消除生锈的原因　　　　B. 把生锈的原因减少到最低限度
　　C. 使用不生锈的金属　　　D. 制品仅一部分由金属制成
　　E. 经常清洗

三、问题与思考

1. 简述包装结构设计的原则。
2. 简述一般包装技法选用的原则。
3. 设计缓冲包装时，要考虑哪些因素？
4. 简述防潮包装的类型及方法。
5. 防锈包装方法分哪几个步骤？简述每个步骤。
6. 简述防霉包装的方法。

第9章

运输包装件的基本试验

包装检验是指通过包装测量（包括目测）、包装试验等方法，对包装的性能进行全面检查，以判断包装能否适应流通环境条件和有关规定。从20世纪80年代开始，国家技术监督局（现国家市场监督管理总局）就负责组织各方面力量，着手包装试验方法系列标准的制定工作。到目前为止已制定出一套比较完整的包装试验方法标准。

在包装标准制定、颁布的同时，许多省、市、自治区为了贯彻国家标准，从20世纪80年代以来，先后建起了包装检测机构，各包装生产企业和包装使用企业也不断建立和完善了自己的质量管理部门。随着我国包装质量检验和管理工作的逐步开展，我国包装行业得到快速发展。

包装检验包括包装材料检验、包装容器检验和运输包装件检验等。本章主要介绍运输包装件的检验。

9.1 运输包装件试验准备

9.1.1 流通过程对运输包装件危害的因素分析

包装件的流通过程是指从完成全部包装后算起，直至到达使用方这一全过程，其中包括交接、运输、储存等所有工作过程。

运输包装件试验是用以评价包装件在流通过程中的性能的试验。整个流通过程往往是十分复杂的，但可以把它分解为若干个环节，这些环节主要是：装卸、搬运、运输、储存等。在流通过程中，有的环节将会不止一次地重复出现。

在流通过程中，存在着可能引起包装件破坏的各种危害。危害是由多种因素造成的，主要取决于下列因素。

(1) 流通过程各个环节的特性。

(2) 内装物自身的特性。

(3) 包装设计，如包装件的尺寸、质量、形状、包装材料和包装结构及总体搬运辅助装置等。

正确选择试验项目应考虑流通过程中各个环节可能出现的危害。因此，要求对由这些危险所产生的应力有深刻的分析和理解，对所选用的试验项目进行模拟或重现上述这些应力的危害作用的能力有确切的了解。

根据包装件的流通过程正确选择试验项目，要适当考虑试验设备条件、试验时间、试验样品数量、试验费用、以往的试验经验等。当已经确切地知道流通过程中各个环节的实际情况时，可以根据包装和内装物的实际特性，对试验强度基本值进行必要的修正。也可以根据特定的试验目的，修正试验强度基本值。

9.1.2 包装件的部位标示

在对包装件或容器做机械因素的性能影响模拟试验时，包装件或容器受力部位不同，可能导致不同的损伤情况。为了避免搞错受力点和损伤的联系，在试验前应对包装件或容器各种基本形状的面、角和边进行编号，给以标示，以示区别部位。对此，国家标准《包装　运输包装件基本试验　第1部分：试验时各部位的标示方法》（GB/T 4857.1—2019）中分别做了规定，试验时应按照该标准的规定对包装件进行标示。

9.1.2.1 平行六面体试件

1. 面的编号

面的编号是将包装件按照运输时的状态放置，使它一端的表面对着标注人员。包装件上面标示为1，右侧面为2，底面为3，左侧面为4，近端面为5，远端面为6。如果包装件上有接缝，则按该接缝垂直地置于标注人员右方放置，近端面为5。如果遇到运输状态不明确而包装件又有几个接缝时，则应将其中任意一条接缝垂直地置于标注人员右侧。

2. 棱的编号

棱是以两面相交形成的直线，并用两面的号码来表示。如第1面和第2面构成的棱，其编号就是1-2棱，依此类推。

3. 角的编号

角是包装件或容器三个面相交构成的，故角以三个面的号码来表示。例如第1面、第2面和第5面所构成的右上角的编号为1-2-5角。

长方体试件面的编号见图9-1。

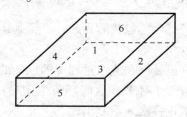

图9-1　长方体试件面的编号

9.1.2.2 圆柱体试件

圆柱体包装试件部位的标示方法如图9-2所示，将圆柱体垂直放置，在上圆面上作2条相互垂直交叉的直径，该两条直径与圆周线相交成4个端点，可自标注人员的前面起，按顺时针方向分别用1、3、5、7编号表示，再通过这4个端点，在圆柱体表面作与圆柱轴平行的4条平行线。它们与圆柱体下圆面圆周线相交的端点，分别对应编号为2、4、6、8。4条与圆柱体轴线平行的线编号分别为 1-2、3-4、5-6、7-8。这样就将圆柱体划分为四个部分，加上上圆面和下圆面，可标出六个区。

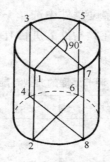

图 9-2　圆柱体的部位标示

当圆柱体包装件表面有制造接缝（一个或几个）时，通常将一条接缝放在编号为 5-6 线位置上，其余部分编号仍按上述方法顺序进行标示。

9.1.2.3　袋状试件

袋状包装试件部位标示的方法（见图 9-3），先是将袋卧放，标注人员面对袋的底部。若有制造接缝，将其放置在标注人员的右方；若无制造接缝，可以选择一个起始线，标注人员位于袋底部最短对称轴的延长线上。这样，标注人员面前的面被定为编号 1，以逆时针方向进行编号，即右侧面为 2，下面为 3，左侧面为 4，袋底为 5，袋口为 6。

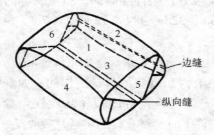

图 9-3　袋状包装件的部位标示

9.1.3　温湿度的调节处理试验

为了评价包装件或包装容器性能或质量优劣，评价包装件与包装容器对流通环境的适应性和对被包装物的保护效能，在模拟流通环境的机械或气候因素作用的试验前，为了减少或消除试验场地、试验前包装件、包装容器所经受的温湿度条件的影响，往往对包装件或包装容器先进行规定温湿度条件的调节处理，然后再进行有关机械或气候环境参数作用试验。这样可提高试验结果的再现性和重复性，可提高同一类包装所进行的同类试验结果的可比性。

在对同类包装件或包装容器进行质量检验时，一般取标准大气条件（通常温度为 20℃，相对湿度为 65%）进行温湿度调节处理，然后再进行单项试验，以保证试验结果的可比性，提高试验结果的再现性和重复性。

在模拟包装件储运地区的温湿度气候条件的情况下，由于世界范围的气候条件南北是相异的，因而对包装件的影响相差很大。为了标准化，将世界范围内的温度湿度自然气候条件，根据包装储运地区的特点归并成几种典型的标准条件（见表9-1），这样包装件在不同气候地区储运时就可以从这些标准温湿度条件中选择一种接近其实际储运地区的温湿度气候条件，来对包装件进行调节处理，并在此条件下进行有关机械或气候因素作用的试验，这样就能使结果符合或接近实际真实情况。

表 9-1 调节处理的典型温湿度条件

条件	温度/℃	相对湿度/%	条件	温度/℃	相对湿度/%
1	-55	—	5	20	65
2	-35	—	6	20	90
3	-18	—	7	40	85
4	5	85	8	55	30

若包装件的实际流通领域比较宽广，途经的气候范围或区域比较大，则可选定一种以上的温湿度条件来对试验样品进行调节处理，但这时需要准备一组以上的样品组，对各样品进行相应单项（机械的或气候的）试验，以检查包装件在不同气候或机械环境下的性能。

温湿度调节处理试验的方法如下。

（1）把已经准备好的试验样品放在温湿度箱（室）的工作空间内，将试验样品架空放置，使其顶面、四周及至少75%的底部面积能自由地与温湿度调节处理的空气相接触。

（2）按照预定的温湿度调节处理条件和时间，对试验样品进行调节处理。温湿度调节处理时间可选择 4 h、8 h、16 h、32 h、48 h、72 h 或者 7 d、14 d、21 d、28 d。处理时间从达到指定条件 1 h 后算起。

（3）在调节处理过程中不允许有冷凝水滴落到试验样品上。

（4）如果试验样品是用具有滞后现象的材料制作的，如纤维板，则可能需要在温湿度调节处理前先进行干燥处理。做法是：将试验样品放在干燥箱内，进行至少 24 h 的干燥，这样当其被转移到规定条件下时，试验样品可通过吸收潮气而达到接近平衡。当规定的相对湿度不大于40%时，就不做干燥处理。

9.2 运输包装件耐压力试验

运输包装件在运输和储存过程中常常需要堆放，堆码试验就是用来检查或评定运输包装件在堆码时的耐压强度，以及包装对内装物的保护能力的。既可以用静载荷也可以用压力试验机对完整、满装的运输包装件进行堆码试验。该试验既可以作为研究包装件在堆码过程中受压时的影响（变形、蠕变、压坏和破裂）的单项试验，也可以作为测定包装件在包括有堆码压力危害的流通系统中耐压能力的一系列试验的组成部分。

9.2.1 堆码试验

9.2.1.1 堆码试验的原理

按运输或仓储状态将包装件实验样品放在一个水平的平面上，在上面施加负载，使之经受类似于堆码时的压力。

9.2.1.2 堆码试验设备

（1）水平平面。该平面应平整、坚硬。任意两点之间的高度差不超过 2 mm，如混凝土平面，其厚度应不少于 150 mm。

（2）加载平板。加载平板放置在负载与样品之间，板面尺寸较试验样品顶面各边至少大出 100 mm。平板应坚硬，承受负载而不变形。

（3）偏斜测定装置（如有必要测定时）。所有测试偏斜手段的误差，应精确到±1 mm。

（4）安全装备。在试验时应注意所加负载的稳定和安全，为此，必须提供一套稳妥的试验设备，并能在一旦发生事故的情况下，保证负载受到控制，以防止对附近人员造成伤害。

9.2.1.3 堆码试验方法

（1）记录试验场所的温湿度。

（2）将试验样品按预定状态置于水平平面上，加载平板置于试验样品的顶面中心位置，然后再将作为负载的重物在不造成冲击的情况下放在加载平板上，并使它均匀地和加载平板接触。重物和加载平板的总重量与预定值的误差在±2%之内，负载中心与加载平板上面的距离，不得超过试验样品高度的50%。

（3）按规定的持续时间施加负载或者直至包装件压坏为止。

（4）去除负载，检查包装件。

试验通常是按运输包装件的实际储运情况来选择负载的，即根据储运过程中的堆码高度和堆码持续时间来确定相应的试验条件，一般推荐以表 9-2 来选择相应的堆码高度和持续时间的试验基本值。

表 9-2 堆码试验的基本值与储运方式的关系

储运方式	储运条件		试验基本值	
	堆码高度/m	持续时间	堆码高度/m	持续时间
公路	1.5~3.5	1~7 天	2.5	1 天
铁路	1.5~3.5	1~7 天	2.5	1 天
水路	3.5~7	1 天~4 周	3.5	1~7 天
储存	1.5~7	1 天~4 周	3.5	1~7 天

重量小于 500 kg 的运输包装件，堆码试验的载荷量（包括加载平板）由下式计算

$$F = K \frac{H-h}{h} W$$

式中：

F——载荷（N）；

K——流通期间包装件或容器的劣变系数，见表 9-3；

H——储存期间包装件的最大堆码高度（mm）；

h——包装件的高度（mm）；

W——包装件的重量（N）。

表 9-3　包装件的劣变系数与流通时间的关系

流通时间/月	<1	1~<3	3~<6	≥6
劣变系数	1.0	1.2	1.5	2.0

最大堆码高度，一般可根据储运条件在 1.50 m、1.80 m、2.50 m、3.50 m、5.00 m、7.00 m 内选择。

9.2.2　压力试验

9.2.2.1　压力试验机试验原理

将试验样品置于试验机的两个平行压板之间，然后均匀施加压力，直到负载压板位移到预定值，或是试验包装件发生破裂时为止。

9.2.2.2　压力试验机

1. 压力试验机装置

压力试验机用电机驱动、机械传动或液压传动，能使一个或两个压板以 (10±3) mm/min 的相对速度匀速移动而对包装件施加载荷。压板应符合以下要求。

(1) 平整。当压板水平放置时，其表面最低点与最高点的水平高度差不得超过 1 mm。

(2) 压板的尺寸应大于与其相接触的试验包装件表面尺寸。两压板之间的最大行程应大于试验样品的高度。

(3) 坚硬。当把试验机额定载荷的 75% 施加在压板中心的 100 mm×100 mm×100 mm 的硬木块上时，压板上任何一点的变形不得超过 1mm。

2. 记录装置或其他测量装置

记录装置或其他测量装置在测量记录载荷时的误差均不得超过该载荷的 ±2%，测量记录压板位移的准确度应达到 ±1 mm。

9.2.2.3　压力试验方法

(1) 将试验包装件按预定状态置于试验机的下压板中部。

(2) 通过上下两块压板之间的相对位移对包装件施加载荷，直至达到预定值为止。

(3) 在预定时间内保持预定载荷，或者直至出现破裂现象为止。

(4) 移开压板卸除载荷，对包装件进行检查。如有必要的话，还应对其尺寸进行测量。

9.3　运输包装件抗冲击试验

冲击试验主要用来模拟运输包装件在流通过程中装卸和搬运时的跌落；运输工具紧急制动、铁道车辆溜放和连挂时产生的冲击；装卸作业中出现的翻滚、倾倒等多种情况。

运输包装件的冲击试验有：垂直跌落冲击试验、水平冲击试验、倾翻试验、滚动试验等。

9.3.1　跌落试验

9.3.1.1　跌落试验原理

提起试验样品至预定高度，然后使其按预定状态自由落下，与冲击台面相撞。

9.3.1.2 跌落试验机

目前国内使用较为普遍的是 DJ-100 型包装件跌落试验机,其主要技术参数如下。

跌落高度:300~1 200 mm。

试件最大质量:100 kg。

试件最大尺寸:1 000 mm×800 mm×1 000 mm。

冲击面板尺寸:1 750 mm×1 200 mm×14 mm。

试验机超载能力:110 kg。

试件面跌落角度偏差:小于 3°。

跌落高度偏差:±2%。

托板中心处垂直方向加速度:4 g(g,重力加速度)。

(1) 提升装置:在提升和释放过程中,不应损坏试验包装件。

(2) 试验包装件支撑装置:释放前应使包装件处于预先规定的状态。

(3) 释放装置:在释放后,包装件在跌落过程中直到撞到冲击面之前,不得碰到装置上的任何部件。

(4) 冲击面:应为水平平面,重量足够大且质地很坚硬,使它在试验中心不移动、不变形。

一般情况下,该冲击面应符合以下要求:①整块,其质量至少应为最重试验包装件的 50 倍;②平整,其表面上任意两点的水平高度差不得超过 2 mm;③坚硬,冲击面上任何 100 mm^2 面积上放置 100 N 重的静载荷,其变形量不得超过 0.1 mm;④要有足够大的面积,保证试验包装件完全落在冲击面上。

9.3.1.3 跌落试验方法

(1) 提升试验包装件,并按预定状态将其支撑住,吊起高度与预定跌落高度之差不得超过±2%。此高度由包装件在释放时的最低点与冲击面上的最高点之间的距离所决定。

(2) 在下列允许值范围内,按预定的状态将包装件释放。

①面跌落或棱跌落时:冲击面或冲击棱与水平之间的最大夹角为 2°。

②棱跌落或角跌落时:包装件上规定面与水平面之间夹角公差不大于该角的±5% 或 ±10%,以较大者为准。

冲击速度与自由落下达到的冲击速度之差不应超过±1%。

跌落高度取决于包装件的质量和运输方式,如表 9-4 所示。

表 9-4 跌落高度与包装件的质量和运输方式的关系

运输方式	包装件质量/kg	跌落高度/mm
公路、铁路、航空	<10	800
	10~<20	600
	20~<30	500
	30~<40	400
	40~<50	300
	50~<100	200
	≥100	100

续表

运输方式	包装件质量/kg	跌落高度/mm
水路运输	<15	1 000
	15~<30	800
	30~<40	600
	40~<45	500
	45~<50	400
	≥50	200

9.3.2 水平冲击试验

9.3.2.1 水平冲击试验原理

使样品按预定状态以预定的速度与一个同速度方向垂直的挡板相撞。也可以在试验样品表面和试验样品的冲击面、棱之间放置合适的障碍物以模拟在特殊情况下的冲击。

9.3.2.2 水平冲击试验设备

1. 冲击面

当用于斜面试验时，冲击面应该是一个与铅垂线偏斜为 10°±1° 的平面；用于水平面试验或吊摆试验时，冲击面应该是一个铅垂度在 1°以内的平面。

冲击面的尺寸应大于试验包装件的冲击表面或所选定的冲击部分。

冲击面应有足够的硬度与强度，在其表面任何 100 mm^2 的面积上承受 160 kg 的负载时，其变形均不得大于 0.25 mm。

2. 冲击试验设备

（1）斜面试验装置及要求。

①双钢轨轨道，与水平面倾斜 10°，沿倾斜面以 50 mm 的间距划分刻度，如图 9-4 所示。

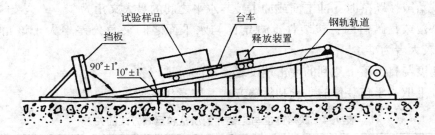

图 9-4 斜面冲击试验机

②滚轮车。滚轮车与包装件之间的表面摩擦力，必须足以保证二者在从静止到冲击的运动过程中无相对运动，但在冲击时包装件可以自由移动。

③冲击面（或称挡板），应符合冲击面的规定。将其装在轨道的最低端，其表面应与轨道上滚轮车下滚的方向相垂直。

（2）水平面试验装置及要求。

①双钢轨轨道，应将其固定在水平平板上。

②通过牵引电机对滚轮车进行机械驱动，通过测速装置测定滚轮车（台车）及试验样品与冲撞面冲撞瞬间的速度。必须保证滚轮车与包装件之间的摩擦力能使包装件从静止到冲击的运动过程中同滚轮车无相对运动，但在冲击时包装件可以自由移动。

③冲击面（或挡板）应符合规定。将其安装在轨道的一端，其表面与滚轮车沿轨道运动方向的垂直度应在1°以内。

9.3.2.3 水平冲击试验方法

（1）将包装试验样品置于台车上，使台车沿设有两条轨道的倾斜滑行台滑行，直至与碰撞冲击板相碰撞为止。

（2）包装试验样品在台车上的位置，原则上是使试验样品在停车前与碰撞冲击板相碰。根据碰撞冲击板的构造，将包装试验样品承受冲击的面或棱与台车的前端对齐，或从台车前端伸出5cm，如需对试验样品的特殊部位冲击，可在碰撞冲击板上附加障碍物，但在冲击时不可与台车相撞。

（3）冲击加速度。冲击处的瞬间速度，随高度的不同（即滑行距离的不同）而不同。可用下式表示：

$$v = 2gh$$
$$h = I \cdot \sin 10°$$

式中：

v——冲击处的瞬时速度（cm/s）；

I——台车的滑行距离（cm）；

h——台车发车位置的高度（cm）；

g——重力加速度（cm/s^2）。

预先根据上式求出台车在各个不同发车位置高度时的冲击速度，并且准备描绘出表示其关系的图表或曲线。

调整台车的位置，由滑行距离和所需的时间算出平均速度，冲击速度为平均速度的两倍为佳（测定从发车到撞击冲击板的电动计时器装置，以0.1s为单位）。

试验时把台车提到一定高度，此高度应与要求的碰撞瞬时冲击速度相符，可以同一速度反复进行试验，或每次以相同的比例增加速度进行试验。

（4）使台车反复滑行，当包装件达到以下状态时，记录冲击速度和冲击次数。

①包装容器发生预定的变形。

②包装容器结构散裂，能看到内部。

③包装容器产生异常的声音。

④包装内容物漏出。

⑤包装内容物的某一部位出现明显损伤、破坏。

9.3.3 倾翻试验

9.3.3.1 倾翻试验原理

将试验样品按预定状态放置在冲击台面上，在其重心上方的适当位置，逐渐施加水平力使其沿底棱自由倾翻。

9.3.3.2 倾翻试验设备

1. 冲击台面

冲击台面应为水平平面,冲击台要有足够的质量和刚性,试验时台面不移动,不变形。一般情况下,冲击台面应满足下列要求。

(1) 平整:冲击台面上任意两点水平高度差不超过 2 mm。

(2) 足够的刚性:冲击台面上任何 100 mm^2 的面积上放置 10 kg 的质量块时,变形不得超过 0.1 mm。

(3) 面积足够大:保证试验样品完全落在冲击台面内。

(4) 一整块:质量至少为最重试验样品质量的 50 倍。

2. 施力装置

应具有在试验样品重心上部施加足够水平冲击力的能力,且使试验样品倾翻时,不得引起试验样品在冲击台面上滑动。

9.3.3.3 倾翻试验方法

(1) 按 GB/T 4857.17—2017 的要求准备试验样品。

(2) 按 GB/T 4857.1—2019 的规定对试验样品部位进行编号。

(3) 按 GB/T 4857.2—2005 的规定,选定一种条件对试验样品进行温度、湿度预处理。

(4) 试验应在与预处理相同的温湿度条件下进行,如果达不到预处理条件,则必须在试验样品离开预处理条件 5 min 之内开始试验。

(5) 实验强度值的选择参见表 9-5 和表 9-6。

表 9-5 细高状包装件倾翻顺序

放置底面	旋转底棱	倾翻冲击面
3	3~6	6
3	3~5	5
3	3~2	2
3	3~4	4
1	1~6[①]	6[①]
1	1~5[①]	5[①]
1	1~2[①]	2[①]
1	1~4[①]	4[①]

注:① 倾翻顺序用于底面不确定的包装件。

表 9-6 扁平状包装件倾翻顺序

放置底面	旋转底棱	倾翻冲击面
1	1~5	5
2	2~5	5
3	3~5	5

续表

放置底面	旋转底棱	倾翻冲击面
4	4~5	5
1	1~6	6
2	2~6	6
3	3~6	6
4	4~6	6

（6）试验步骤如下。

①将试验样品按预定状态放置在冲击台面上。对于细高状试验样品，应以正常状态放置，对其侧面进行倾翻（见图9-5），对于扁平状试验样品或底面不确定的试验样品，应把较小的面作为底面，对其较大的面进行倾翻（见图9-6）。

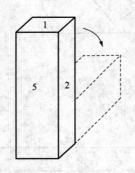

图9-5 细高状试验样品
（高度相对底面长、宽尺寸较大）

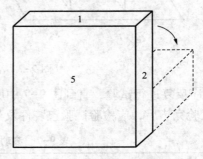

图9-6 扁平状试验样品
（高度相对底面长、宽尺寸较小，
但为节省空间以一侧面放置时）

②在高于试验样品重心或其上棱的适当位置上施加水平力。逐渐加大作用力，使试验样品绕底面倾斜直至达到平衡。然后使其在无冲击下失去平衡，自由倾翻到冲击台面上。

③检查试验样品并记录有关试验现象。

④按（5）的要求选择试验强度，重复①~③的步骤依次进行试验。试验完毕后按有关标准或规定检查包装及内装物的损坏情况，并分析试验结果。

9.3.4 滚动试验

9.3.4.1 滚动试验原理

将样品放置于一平整而坚固的平台上，并加以滚动使其每一测试面依次受到冲击。

9.3.4.2 滚动试验设备

冲击台面：应为水平平面，它重量大，质地硬，以使其在试验中不移动、不变形。

一般情况下冲击台面应具备以下特性。

（1）整块。其质量至少为最重的被试验包装件质量的50倍。

（2）平整。其表面上任意两点之间的水平高差不得超过2 mm；但若与冲击台面相接触的试验包装件中有一个尺寸超过1 000 mm，则冲击台面的最大高差可以为5 mm。

(3) 坚硬。在冲击台面上任何 100 mm² 的面积上放置 10 kg 重的静载荷，其变形不得超过 0.1 mm。

(4) 面积的大小要足以保证试验包装件能完全落在冲击台面上。

9.3.4.3 滚动试验方法

(1) 按照国标的要求对包装件的各面及各棱进行编号。

(2) 将包装件置于冲击台面上，其表面 1 应处于最高位置。

(3) 将棱 3—4 置于冲击台面上，用手推包装件使其倾斜，直到在此棱上达到平衡为止。然后在不加力的情况下使其自然失去平衡而跌落，以使表面 4 受到冲击。见图 9-7。

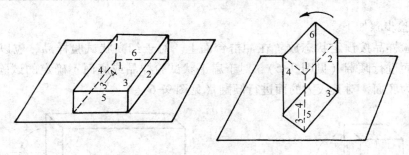

图 9-7　滚动试验方法

按此程序反复进行试验，直到图 9-7 中所列顺序完成为止。

(4) 试验完毕后，应检验试验包装件及其内装物的受损情况。

表 9-7　滚动翻倒试验的顺序

顺　序	支持棱边	被冲击面	说　　明
1	3-4	4	
2	4-1	1	
3	1-2	2	
4	2-3	3	如果包装件有一个表面尺寸较小，则有时发生一次松手后连续出现两次上述冲击情况，此时可视为分别出现两次冲击，试验仍继续进行
5	3-6	6	
6	6-1	1	
7	1-5	5	
8	5-3	3	

9.4　运输包装件抗振动试验

运输包装件在流通过程中，产生破坏并发生产品功能恶化的原因很多，但其中由于流通过程中的各种干扰力所引起的振动，是危害包装件的主要因素之一。机车、车辆运行中在轨道上引起振动，汽车、船舶、飞机的发动机在运动中引起振动等，特别是在船舶运输中，由于旋转动力机械的运动常常引起船舶产生周期性的定频振动，会传递到包装件从而对其产生影响，以及由于外力的振动频率与包装件的固有频率相一致而引起的共振现象，以致造成产品的损坏。

9.4.1 正弦定频振动试验

当已知包装件要经过诸如在轮船上、螺旋飞机上或其他具有旋转机械的运输工具上运输时，会遇到相当大的周期性振动的影响，而这些运输工具上的振动频率是已知的或是可以预测的，应进行包装件的正弦定频振动试验。

9.4.1.1 正弦定频振动试验原理

将试验样品置于振动台台面上，使其按规定（已知的或预测的）振动加速度和频率经受预定时间的振动。这一试验也可用来模拟包装件处于堆码底部条件下经受正弦振动环境的情况，这时只要在试验样品上添加一定负载后进行试验即可。

9.4.1.2 振动时间

振动时间一般可根据运输方式和路程的不同在 10~60 min 内变动，如表 9-8 所示。

表 9-8　振动时间与运输方式和运输距离的关系

振动时间/min	运输方式	运输距离	
		正常运输条件	恶劣运输条件
10	公路	运输时间不足 1 h	按正常运输条件的 1/2 来确定振动持续时间
	铁路	运输时间不足 3 h	
40	公路	1 000~1 500 km 以内	
	铁路	3 000~4 500 km 以内	
60	公路	1 500 km 以上	
	铁路	4 500 km 以上	

9.4.1.3 正弦定频振动试验方法

（1）将试验样品按预定的状态放置在振动台台面上。试验样品底面中心（或重心）与振动台台面中心的水平距离在 10 mm 之内。试验样品可以固定在振动台上，也可以用围框围住。必要时可在试验样品上添加载荷。

（2）使振动台在 3~4.6 Hz 之间振动，其最大加速度为 5~11 m/s²。振动持续时间按表 9-8 的规定选择。

（3）试验后按有关标准、规定检查包装及内装物的损坏情况，并分析试验结果。

9.4.2 正弦变频振动试验

当外源振动频率与包装件的固定频率相一致时，会使包装件发生共振现象，导致产生比外源加速度更大的加速度值。正弦变频振动试验就是检查或评定包装在正弦变频振动或共振情况下的强度，以及检验包装对内装物能否起到减振、缓冲作用的保护能力。

9.4.2.1 正弦变频振动试验原理

将试验样品按预定状态置于振动台的台面上，在预定的时间内按规定的加速度值及扫描速率在 3~100 Hz 频率往返扫描，然后在 3~100 Hz 的主共振频率左右偏离 10% 的范围内经受预定时间的振动。必要时也可在试验样品上添加一定的负载，以模拟包装件处于堆码底部条件下经受正弦变频振动环境的情况。

9.4.2.2 正弦变频振动试验方法

（1）按预定的状态将试验样品置于振动台台面上，试验样品底面中心（或重心）与振动台台面中心的水平距离在 10 mm 之内。试验样品可以固定在振动台台面上，也可以用围框围住。必要时可在试验样品上添加负载。

（2）按下列两种方法进行试验。

【方法1】 使振动台作垂直振动，按下列要求进行扫频试验。

频率范围：3~100 Hz；重复扫描次数为 3 Hz~100 Hz~3 Hz，重复两次。

扫频速率：每分钟 1/2 个倍频程。

最大加速度：可根据不同的运输条件在 (2.5 ± 1) m/s^2、(5 ± 1) m/s^2、(7.5 ± 1) m/s^2 中选择。

使用加速度计测量时，要将加速度计尽可能紧贴到靠近包装件的振动台台面上，但要有防护措施以防止加速度计与包装件相接触。

当存在水平振动分量时，由此分量引起的加速度峰值不应大于垂直分量的 20%。

【方法2】 试验按方法1的程序进行，在主共振频率的±10%内变化。也可用在第二和第三共振频率±10%内变化的垂直振动频率来进行。

振动持续时间为在共振频率上停留 15 min。

（3）试验后按有关标准、规定检查包装及内装物的损坏情况，并分析试验结果。

9.4.3 振动试验设备

振动台应具有充分大的尺寸、足够的刚度及承载能力。将其架在一个机械结构上，该结构应能保证振动台台面在振动时保持水平平面。台面最高点及最低点之间的水平高度差不得超过 10 mm。

振动台可配备以下设施。

（1）低围框。用以防止在试验中向两端和两侧移动。

（2）高围框或其他装置。用以防止加在包装件之上的载荷振动时移位。

（3）用以模拟运输包装件的定位方法的装置。

9.5 运输包装件耐水、耐低气压试验

模拟火车、汽车、轮船受到雨淋、水浸及在低气压状态下，运输包装件的损坏情况，以及包装件对雨淋、水浸及低气压的抗御能力和对内装物的保护能力。

9.5.1 喷淋试验

9.5.1.1 喷淋试验原理

将经过温湿度处理的包装试验样品放在试验场地上，在稳定的温度条件下，按预定的喷水量（或喷水速度）、预定的时间进行喷淋。

9.5.1.2 喷淋试验设备

（1）试验场地。试验场地面积至少要比试验包装件底部面积大 50%。如有必要对场地温度进行控制，可对场地进行绝热或加热。地面应有格条板和足够容量的排水口，使喷洒的水能自动排泄出去，使试验包装件不泡在水里。

（2）喷淋装置。喷淋装置应满足（100±20）L/（m²·h）速度的喷水量。喷出的水要求充分均匀，喷头高度应能调节，使喷嘴与试验样品顶部之间能保持 2 m 的距离。

9.5.1.3　喷淋试验方法

（1）调整喷头的高度，使喷嘴与试验包装件顶部最近点之间的距离至少为 2 m。开启喷头直至整个系统达到均衡状态。除非另有规定，否则喷水的温度和试验场地温度均应在 5~30℃。

（2）在整个系统喷出的水达到稳定后，再放置试验样品。

（3）将试验样品放在试验场地中心位置，使水能够按照校准时的标准落到试验样品上，在预定的时间内持续地进行喷淋。

（4）检查被试包装件及其内装物，是否出现防水性能下降或渗水现象。

9.5.2　浸水试验

9.5.2.1　浸水试验的原理

将经过温湿度处理的试验包装件样品按预定的时间完全浸于水中，让水浸透或浸入包装件，然后从水中移出试验样品，并在规定的条件下沥干。

9.5.2.2　浸水试验设备

（1）水箱。应具有足够大的容积，以使包装件能够完全浸入水中，水平面至少应高于包装件 100 mm。

（2）浸水装置。该装置应能宽松地盛装包装件，应能放得较低，并能提升。为此，最好有一只尺寸合宜的笼箱。

（3）刚性格栅。能够支撑潮湿的试验包装件而不变形，这样就能使空气自由地流经包装件底面。

9.5.2.3　浸水试验方法

（1）在水箱内充以一定深度的水，水温在 5~40℃ 范围内选择，浸水过程中水温变化在 ±2℃ 以内。

（2）将试验样品放入浸水装置内，一同浸入水中，浸水下放速度不大于 300 mm/min 直至试验样品的顶面沉入水面 100 mm 以下，并保持一定的时间。保持时间从 5 min、15 min、30 min 或 1 h、2 h、4 h 中选择。

（3）达到预定时间后，以不大于 300 mm/min 的速度将试验样品提出水面。

（4）将试验样品按预定状态放在格栅上，使其暴露在预定的大气条件下。暴露时间从 4 h、8 h、16 h、24 h、48 h、72 h 或 1 周、2 周、3 周、4 周中选择。

（5）记录试验样品浸水、沥水、干燥引起的任何明显的损坏或任何其他变化。按有关标准或规定检查包装及内装物的损坏情况，并分析试验结果。

9.5.3　低气压试验

9.5.3.1　低气压试验的原理

将试验样品置于低气压试验箱（室）内，然后将该试验箱（室）关闭，并使其内空气压力降低至相当于 3 500 m 海拔高度压力（约相当于 65 kPa），且在此压力下保持需要的预定时间，以检查包装件承受低气压的能力，然后使其恢复到常压。

9.5.3.2 低气压试验设备

压力容器应具有足够大的尺寸以容纳试验包装件，应能进行气压控制及温度控制。

9.5.3.3 低气压试验方法

（1）将试验样品置于气压试验箱（室）内，以不超过 15 kPa/min 的速率将气压降至 65 kPa（1±5%），在预定的持续时间内保持此气压。气压保持时间可在 2 h、4 h、8 h、16 h 内选取。

运输包装件进行低气压试验时，如有必要综合考核气压和温度的影响，则在试验时保持气压试验箱（室）内温度为 -8 ± 1℃。

飞行高度超过 3 500m 的非增压仓飞机内的运输包装件进行低气压试验的气压值可按表 9-9 选取。

表 9-9 海拔高度与气压的对应关系

海拔高度/m	压力/kPa	海拔高度/m	压力/kPa
6 000	47.0	15 000	12.0
8 000	36.0	18 000	7.5
10 000	26.5	20 000	5.5
12 000	19.0		

（2）以不超过 15 kPa/min 的增压速率，充入符合试验室温度的干燥空气，使气压恢复到初始状态。

（3）试验后按有关标准规定检查包装及内装物的损坏情况，并分析试验结果。

9.6 大型运输包装件试验

9.6.1 试验原理

大型运输包装件，是指质量为 500~20 000 kg 并至少有一条边长在 120 cm 以上的运输包装件。大型运输包装件试验主要适用于箱结构包装件，如大型框架木箱等；对于质量和体积相当的其他类型包装件也可选择使用。大型运输包装件试验包括的各项试验，采用环境模拟的方式，重现包装件在流通过程中由于跌落、堆码、起吊、铁路运输等引起的危害。

9.6.2 试验设备

（1）采用起吊机、叉车、滑轮组或专用试验设备等任何适宜的设备进行跌落、堆码和起吊试验。

（2）跌落、堆码和起吊试验应在平整、坚固的混凝土地面上，或在具有足够刚度和面积的钢板上进行。

（3）各种试验设备必须保证安全作业，重心较高的包装件进行跌落试验时，应具有防止倾翻的措施。

9.6.3 试验方法

9.6.3.1 试验样品的准备

试验样品各部位的编号应符合国家标准《包装运输包装件基本试验 第1部分：试验时各部位的标示方法》（GB/T 4857.1—2019）的规定。包装件内一般应为实际产品，在不能使用实际产品时可采用模拟物。模拟物在质量、形状、重心位置等方面应与实际产品相近。

9.6.3.2 试验项目

本试验的试验项目包括：跌落、倾翻、滚动、堆码、起吊、喷淋等试验。

1. 跌落试验

跌落试验包括面跌落试验、棱跌落试验和角跌落试验。

（1）面跌落试验。将包装件置于地面，提起一条底棱到预定的跌落高度后，使其自由落下。跌落高度按照 GB/T 5398—2016 的规定，根据具体情况按表 9-10 所示在 10~35 cm 选择，或选择不致使包装件倾翻的最大高度，并在试验大纲中体现，如图 9-8 所示。

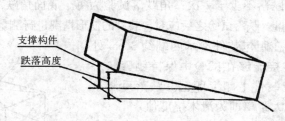

图 9-8 面跌落试验

试验大纲根据《包装 运输包装件基本实验第 17 部分：编制试验大纲的通用规则》（GB/T 4857.17—2017）的规定编制。

表 9-10 大型包装件跌落高度与其质量的关系

包装件质量/kg	跌落高度/mm	
	Ⅰ级	Ⅱ级
500~1 000	350	250
>1 000~2 000	250	200
>2 000~5 000	200	150
>5 000~10 000	150	120
>10 000~20 000	120	100

该试验可采用下述方法。

①用起重机或其他提升设备提起包装件的一条底棱，在包装件顶面上方的吊绳处设置能迅速脱开的装置。

②用保证预定跌落强度（高度）的支撑构件支起包装件的一条底棱，然后用其他方法将支撑构件迅速拉出。

③使包装件自由落下的其他方法。

（2）棱跌落试验。将包装件端面的一条底棱垫起 10~15 cm，再提起相对一侧的底棱到预定的跌落高度后，使其自由落下。该项试验的跌落高度与面跌落高度相同，试验方法也相同。该项试验是对包装件的底棱进行试验，如图 9-9 所示。

（3）角跌落试验。将包装件底面的相邻两个角分别垫起 10 cm 和 25 cm，再将与垫起 25 cm 的角相对的底角提起到预定的跌落高度后，使其自由落下。跌落高度和试验方法与面跌落试验相同。图 9-10 为角跌落试验示意图。

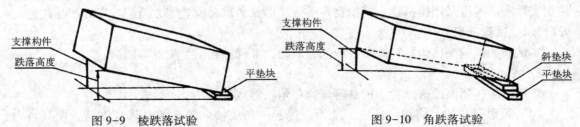

图 9-9　棱跌落试验　　　　　　　　　图 9-10　角跌落试验

（4）跌落次数。面跌落试验，应分别将每条底棱置于地面使底面跌落，各不少于一次；棱跌落试验为每条底棱跌落不少于一次；角跌落试验为每个底面角跌落不少于两次。

（5）跌落试验的测量。跌落试验之后应对包装件的变形情况进行测量。测量主要包括两项。

①测量滑木挠度。在距包装件滑木两端约 3 cm 处钉上钉子，在钉子间连接能够在试验中保持绷紧状态的细绳，并沿细绳在包装件上印上印记。跌落后测量细绳与包装件印记间最大距离即为滑木挠度值。

②测量包装件各面对角线的变形。在跌落前确定各面两条对角线的端点，印上标记并测量两标记间的距离，其差值即为各面对角线的变形值。各条线的标示方法如图 9-11 所示。

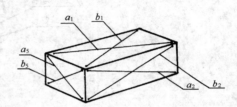

图 9-11　对角线的标示方法

2. 堆码试验

堆码试验包括顶面承载试验和侧、端面承载试验。

（1）顶面承载试验。在包装件的顶面施加均匀分布的负载，载荷的大小按 500 kg/m² 确定，载荷误差应不大于预定值的 2%。负载的放置形式可从下述两种情况中选择。

①用木板钉成与包装件顶面尺寸相同的围框，在里面均匀堆放沙石，如图 9-12 所示。

②用底面尺寸约为 25 cm×25 cm 的方形箱盒内装砂石或其他重物，每 0.1 m² 的面积放置一个，如图 9-13 所示。

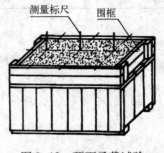
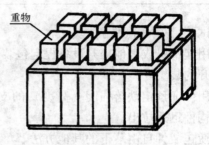

图 9-12　顶面承载试验　　　　　　　　图 9-13　顶面承载试验

(2) 侧、端面承载试验。在包装件顶面放置加载平板。加载平板可采用木板、钢板或其他材料的平板,但必须具有足够的刚度。加载平板的尺寸应大于包装件顶面各边 10 cm。将重物放于加载平板上,均匀摆放。载荷的大小可参照表 9-11。侧、端面承载试验时顶面载荷量,按包装件质量和顶面面积确定,载荷误差应不大于 2%。载荷重心距加载平板顶面的距离一般不超过试验包装件高度的 50%。

表 9-11 侧、端面承载试验时顶面载荷量参照表

包装件质量/kg	载荷量/(kg/m²)
≤10 000	1 500
>10 000~20 000	2 000

(3) 堆码时间。堆码时间一般为 24 h,需经远洋运输的包装件为一周。

(4) 堆码试验的测量。在加载前和卸载前、后都应进行测量。测量包括以下四项。

①测量上框架挠度。在侧面两端距顶面及端面均约 3 cm 处钉上钉子,在钉子间连接能够在试验中保持绷紧状态的细绳,并沿细绳在包装件上印上印记。试验后测量细绳与包装件上标记间的最大距离即为挠度值。

②测量端面及侧面的对角线变形。

③顶面承载时,测量包装件顶面凹度。选择顶面的中心部位及其他几处预料变化较大的部位为测量点。当采用砂石堆放时,可在测量点设置垂直于顶面的标尺进行测量;当采用箱盒等重物堆放时,可用直尺沿箱宽方向横跨在顶面上进行测量。

④测量包装件侧面的凸、凹度。用挂有重锤的细绳及直尺测出包装件侧面最凸处和最凹处距底部滑木间的垂直距离。如图 9-14 所示。

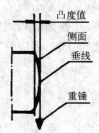

图 9-14 包装件侧面凸凹度的测量

3. 起吊试验

(1) 试验方法。将钢丝绳置于包装件滑木上的预定起吊位置。钢丝绳于包装件顶面之间的夹角 α 为 45°~50°。用起吊装置以正常速度将包装件提升至一定高度(100~150 cm)后,以紧急起吊和制动的方式反复上升、下降和左右运行 3~5 min,再以正常速度降落至地面。重复试验 3~5 次。图 9-15 为起吊试验示意图。

(2) 起吊试验的测量。在每次起吊前、后测量各对角线的变形和滑木挠度,滑木挠度测量应在包装件落于地面之前进行。

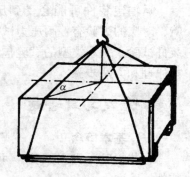

图 9-15 起吊试验示意图

测量包括下述两项。

①测量包装件各面对角线的变形。

②测量滑木的挠度。

一般大型运输包装件除进行以上试验外，尚需进行铁路运输试验和公路运输试验。通过以上试验，检验大型运输包装件的包装设计是否合理；强度是否满足要求，从而为包装的定型、改进和使用提供依据。

4. 铁路运输试验

铁路运输试验是用于模拟铁路调车作业中，车辆连挂和驼峰溜放过程的试验。

（1）车辆连挂试验。将一个或多个包装件按铁路运输的有关规定装载于铁路货车上，以3~5辆的车组冲击装有试验样品的试验货车（试验货车可为单辆货车或连挂有阻挡车的车组）。冲击速度从3.0 km/h、5.0 km/h、6.5 km/h、8.0 km/h、9.5 km/h中选择，冲击速度的误差应不超过预定冲击速度的10%。

（2）驼峰溜放试验。将包括装有试验包装件的货车在内的车组，经过驼峰进行溜放。在驼峰下，当溜放速度达到20 km/h时，按铁路的操作规定使用铁鞋制动。试验也可在平直线路上进行，使车组速度达到20 km/h后加以铁鞋制动。冲击速度的误差应不超过预定速度的10%。

（3）冲击次数。连挂试验及溜放试验中所产生的冲击次数应近似于包装件在运输过程中预期遇到的列车连挂及驼峰溜放次数。

（4）铁路运输试验中的测量。在试验过程中需对下列数据进行测量。

①测量包装件及车体上所产生的冲击加速度值。将冲击传感器分别安装在包装件及车体的适当位置，测量在试验过程中所产生的加速度值。

②测量车组连挂冲击前、后及溜放制动前、后的速度。

③测量包装件各面对角线的变形。

在试验测量的同时还应观察并记录包装件的其他损坏情况。

本章小结

在流通过程中，存在着可能引起包装件破坏的各种危害，在包装设计时要充分考虑到这些危害。根据这些危害进行相应的包装件试验，为包装设计提供切实可行的依据。

运输包装件可能会受到压力、冲击、振动、气候条件、自身体积和重量等因素的影响，对应的试验有：耐压力试验、耐冲击试验、耐振动试验、耐水耐低气压试验以及大型包装件试验。每一类型的试验包含针对性比较强的具体试验方法，要求学生掌握各种试验的基本原理和方法步骤。

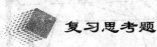
复习思考题

一、基本概念

包装检验　堆码试验　冲击试验　振动试验　耐水试验　耐低气压试验　大型运输包装件

二、选择题(含多选)

1. 包装检验包括( )。
   A. 包装材料检验 B. 包装容器检验 C. 运输包装件检验
   D. 销售包装件检验 E. 包装设备检验

2. 在模拟流通环境的机械或气候因素作用的试验前,往往对包装或包装容器先进行( )的调节处理,然后再进行有关机械或气候环境参数作用试验。
   A. 人员条件 B. 规定气压条件 C. 试验设备
   D. 规定温湿度条件 E. 试验方法

3. 按照预定的温湿度调节处理条件和时间,对试验样品进行调节处理。处理时间从达到指定条件( )后算起。
   A. 10 min B. 0.5 h C. 15 min
   D. 1 h E. 2 h

4. 堆码试验通常是按运输包装件的实际储运情况来选择负载的,即根据储运过程中的( )来确定相应的试验条件。
   A. 堆码占用面积 B. 堆码持续时间 C. 运输货物
   D. 运输人员 E. 堆码高度

5. 压力试验中,当压板水平放置时,其表面最低点与最高点的水平高度差不得超过( )。
   A. 2 mm B. 3 mm C. 0.5 mm
   D. 1 mm E. 0.1 mm

6. 跌落试验中,一般情况下,冲击面应符合以下要求( )。
   A. 整块 B. 平整 C. 坚硬
   D. 面积足够大 E. 表面足够粗糙

7. 台面最高点及最低点之间的水平高度差不得超过( )。
   A. 5 mm B. 6 mm C. 8 mm
   D. 10 mm E. 12 mm

8. 喷淋试验中,喷淋装置应满足( )速度的喷水量。
   A. (120±10) L/(m²·h) B. (80±20) L/(m²·h) C. (100±10) L/(m²·h)
   D. (100±20) L/(m²·h) E. (100±5) L/(m²·h)

9. 大型运输包装件试验包括的各项试验,采用( )的方式,重现包装件在流通过程中由于跌落、堆码、起吊、铁路运输等引起的危害。
   A. 运输设备模拟 B. 环境模拟 C. 模拟包装
   D. 模拟运输量 E. 模拟运输利润

三、判断题

1. 在试验前不需要对包装件或容器各种基本形状的面、角和边进行编号。 ( )
2. 试验前,对包装件或包装容器先进行规定温、湿度条件的调节处理,处理时间从达到指定条件2 h后算起。 ( )
3. 压力试验中,两压板之间的最大行程应小于试验样品的高度。 ( )

4. 跌落试验中，面跌落或棱跌落时，冲击面或冲击棱与水平之间的最大夹角为 2°。（　　）

5. 倾翻试验中，冲击台面上任何 100 mm² 的面积上放置 10 kg 的质量块时，变形不得超过 1 mm。（　　）

6. 倾翻试验中，对于扁平状试验样品或地面不确定的试验样品，应把较大的面作为地面，对其较小的面进行倾翻。（　　）

7. 滚动试验中，在冲击面上任何 100 mm² 的面积上放置 10 N 重的静载荷，其变形不得超过 0.1 mm。（　　）

8. 正弦变频振动试验中，按预定的状态将试验样品置于振动台台面上，试验样品底面中心（或重心）与振动台台面中心的水平距离在 15 mm 之内。（　　）

9. 喷淋试验中，喷嘴与试验包装件顶部最近点之间的距离至少为 2 m。（　　）

10. 大型运输包装件试验中，重心较高的包装件进行跌落试验时，应具有防止倾翻的措施。（　　）

四、问题与思考

1. 运输包装件在试验前为什么要进行温湿度调节处理？
2. 振动试验分为哪两种试验？简述每种试验的基本原理。
3. 耐冲击试验包括哪些试验？简述每种试验的基本原理。
4. 大型运输包装件主要进行哪些试验项目？